U0572954

中国食疗产业发展报告

(2022)

CHINESE DIET THERAPY INDUSTRY DEVELOPMENT REPORT

(2022)

主　审 / 张伯礼

主　编 / 林瑞超

社会科学文献出版社

SOCIAL SCIENCES ACADEMIC PRESS (CHINA)

《中国食疗产业发展报告（2022）》
编 委 会

主　审　张伯礼

主　编　林瑞超

副主编　（以姓氏拼音为序）

　　　　陈兆东　杜　铭　郭德勇　郭玉海　李　勇

　　　　李宏亮　李向日　刘振江　苏　颖　汤国朝

　　　　王金辉　徐怀德　闫亚美　张贵锋　朱大洲

编　委　（以姓氏拼音为序）

　　　　曹有龙　陈　曦　董晓博　韩国府　何　飞

　　　　何　军　黄　健　霍军生　贾　哲　雷宏杰

　　　　李　光　李　梅　李　珊　李光韬　李颜秘

　　　　刘　睿　禄　璐　米　佳　任　潇　石连杰

　　　　盛　燕　宋高峰　田志刚　万　燕　王　丹

　　　　王　军　王飞腾　王锦春　徐美虹　杨明志

　　　　张　磊　张丽霞　张文婷　张学武　赵新江

　　　　钟云波

本报告行业数据由深圳市中研普华管理咨询有限公司提供！

主要编撰者简介

张伯礼　"人民英雄"国家荣誉称号获得者，中国工程院院士，国医大师，天津中医药大学名誉校长，中国中医科学院名誉院长，中国工程院医药卫生学部主任，组分中药国家重点实验室主任。兼任国家"重大新药创制"专项技术副总师、国家重点学科中医内科学学科带头人、教育部医学教育专家委员会副主任委员、第十一届药典委员会副主任、世界中医药学会联合会副主席、世界华人中医医师协会会长、环球中医药杂志总编辑等。

长期从事中医药现代化研究，完成了中医药防治血管性痴呆系统研究，创立了脑脊液药理学方法，建立了中医药循证评价技术体系；创建了以组分配伍研制现代中药的模式和技术平台，开拓了名优中成药二次开发领域，促进中药产业技术升级；组织制定世界中医学本科教育标准并编撰国际通用中医药本科教材。获得包括国家科技进步一等奖在内的国家奖7项，省部级科技进步一等奖10项，国家教学成果一等奖2项。发表论文400余篇，SCI收录80余篇，培养毕业硕士、博士及博士后200余名，指导博士论文获全国百篇优博3篇、提名2篇。享受国务院政府特殊津贴，曾获何梁何利基金奖、吴阶平医学奖、光华工程奖、教育部教学大师奖等。被国务院、中组部等授予全国优秀共产党员、全国杰出专业技术人才、全国先进工作者、全国优秀科技工作者、国家级有突出贡献中青年专家等荣誉称号，获颁国家科技计划组织管理突出贡献奖、天津市科技重大成就奖等。

林瑞超　法国药学博士，教授，博士生导师。现任中药品质评价北京市重点实验室主任，国家药典委员会执行委员，世界卫生组织传统医学顾问，法国国家药学科学院外籍院士，兼任《药物分析杂志》《中成药》《中草药》等编委，上海中医药大学、澳门科技大学等院校博士生导师，中国药学会中药和天然药物专业委员会副主任委员，世界中医药联合会中药专业委员会会长，中国中医药信息学会食疗分会会长，中国中药协会科技交流与合作专业委员会主任委员等。历任法国第戎大学副教授、北京市政府顾问、中国药品生物制品检定所中药室主任、中药民族药标准研究与检测中心主任、中国食品药品检定研究院中药检定首席专家、中药民族药检定所所长、北京中医药大学中药学院院长。

主要从事中药民族药品质评价，中药民族药活性成分、质量标准及其标准物质研究和中药材规范化种植等多学科的研究。承担国家科技攻关支撑项目或国际合作项目，教育部、原人事部、国家中医药管理局及省部级科研专项共 20 余项，研究成果获国家科技进步二等奖 1 项、省部级成果奖 11 项。在 *Journal of Natural Products*、《中草药》等杂志上发表论文 500 多篇（其中 SCI 150 多篇）；主编《中国药材标准名录》《中药化学对照品应用手册》《矿物药检测技术与质量控制》《实用中药药品检验检测技术指南》等论著。

序

新冠肺炎疫情仍在全球肆虐，重创世界经济社会发展。特别是 2022 年以来，奥密克戎毒株成为流行的优势毒株，其免疫逃逸能力更强，传染性也更强，掀起了新一波传播态势。

在以习近平同志为核心的党中央坚强领导下，我国坚持人民至上、生命至上，坚持"外防输入、内防反弹"总策略和"动态清零"总方针，努力做到"疫情要防住，经济要稳住，发展要安全"的总要求，在疫情呈现点多、面广、频发的情况下，仍然取得疫情防控和经济发展的双重成绩。无论是 2022 年初天津首次发现奥密克戎毒株所致感染的小规模暴发，还是随后的吉林、广西、上海、海南等地的新冠肺炎防治中，我们仍坚持中西医结合、中西药并用的方法，都取得了阶段性成果。目前仍在坚持加强中医药第二道屏障作用，做好疫情防控工作。

中医典籍《瘟疫论》指出，"正气充满，邪不可入"。无论是新冠肺炎还是其他疫病，都是病毒和人体抵抗力之间的博弈。免疫力强，感染病毒的风险会大大降低。而通过对"三药三方"作用机制的研究，也揭示了中药的多靶点作用，但主要是通过改善机体的免疫功能，抑制免疫炎症过度活化，防止病情由轻转重。除药物以外，太极拳、八段锦等多种疗法也有调节免疫功能、增强抗病能力作用。而中医还讲究药食同源，很多具有改善机体状态的食物也有一定的防病甚至治疗的作用。通过补充有益的食物也可以提高正气，增强人体的免疫力去和病毒斗争。

新冠肺炎疫情使绝大多数行业受到巨大的冲击，行业发展严重受阻。食疗行业有很多正常的学术活动和商业工作都无法开展，但食疗行业市场规模和产值并没有缩小和降低，反而增长较快，尤其是药食同源市场增长更为明显，这从一个侧面反映了食疗价值和群众需求。

为总结分析食疗行业的经济效能和市场规模，梳理发展的思路，为其他行业提供借鉴和学术思考，课题组在原有工作的基础上组织力量编撰了第二本食疗产业发展报告，即《中国食疗产业发展报告（2022）》一书。

《中国食疗产业发展报告（2022）》由总报告、行业报告和专题报告三个部分组成。总报告重点回顾了 2019～2021 年国内和国外食疗行业发展状况，分析了国内食疗行业发展环境、运行情况、数据监测、市场格局和区域市场现状，对 2022～2027 年中国食疗行业发展前景进行了分析与预测，特别是对国外食疗行业的发展现状、电商销售平台渠道的成功应用以及疫情防控常态化时代行业发展走向和行业销售格局的变化，都作了重点介绍，有的还进行了分析和提出了可行的建议。行业报告和专题报告中对部分传统的药食同源和现代营养保健品行业发展状况进行了分析和总结，特别是增加了《高尿酸血症营养干预行业调研报告》和《我国食疗产品相关标准法规现状》等文章，都具有一定的学术参考价值。

书将付梓，谨呈序以资鼓励。

中国工程院院士　国医大师
天津中医药大学　名誉校长　张伯礼
中国中医科学院　名誉院长
2022 年 9 月于天津团泊湖畔

目 录 ⤵

Ⅰ 总报告

Ⅱ　行业报告

Ⅲ　专题报告

总 报 告

General Report

中国食疗产业发展状况分析与展望[*]

林瑞超　李宏亮　苏　颖　何　飞[**]

摘　要： 健康是最大的生产力，是民族昌盛和国家富强的重要标志。关注健康、促进健康是国家、社会、个人和家庭的共同要求。合理的饮食是维持人体生命机能的源泉，是健康的基础。食疗产业的发展关乎国计民生和国家竞争力。本报告分析总结了2019~2021年我国和全球食疗产业的发展情况，介绍了国内食疗产业的发展环境、运行情况、运行数据监测、市场格局，重点分析了我国食疗产业需求特点和动态、行业区域市场现状、行业竞争情况等，对未来几年我国食疗产业的发展前景、投资战略规划进行了分析和预测，对新冠疫情对

* 本报告行业数据由深圳市中研普华管理咨询有限公司提供。

** 林瑞超，法国药学博士，教授，博士生导师，北京中医药大学中药学院原院长，现任中药品质评价北京市重点实验室主任，国家药典委员会执行委员，兼任中国中医药信息学会食疗分会会长，主要从事中药民族药品质评价、中药民族药活性成分、质量标准及其标准物质研究和中药材规范化种植等多学科的研究；李宏亮，现任国家卫生健康委主管的《环球中医药》杂志社社长，兼任中国中医药信息学会食疗分会副会长兼秘书长；苏颖，博士，研究员，现任北京健客双创产业信息技术研究院副院长，国家软科学计划（2011GXQ4K029）项目负责人，兼任中国中医药信息学会食疗分会副会长；何飞，健康管理师，中国中医药信息学会食疗分会副会长兼常务副秘书长，主要研究方向为慢病健康管理、食疗产品营销服务等。

行业发展带来的影响进行了介绍并提出了可行性建议。

关键词： 食疗　食养　药食同源　健康养生

一　中国食疗产业发展概述

（一）食疗产业发展情况概述

1. 食疗相关定义

食疗主要研究不同食物对疾病的作用及其机制，以及如何利用食物中的营养成分及加工烹调方法调节机体，配补虚损，恢复元气，抵御疾病侵袭，促进病人恢复健康。狭义的食疗与营养治疗学关系密切，不仅包括合理地继承传统医学著作中记载的理论与经验，还包括收集、整理至今还流传在民间的食疗、食养经验，并应用现代医学、营养学知识对其进行科学验证，阐明其确切疗效及机制。如对食物进行营养成分分析，发现补气补血的食物多富含蛋白质、锌、铁、维生素 B_2 等营养物质；健脾理湿的食物多有高钾低钠的特点，且富含锌；养阴滋补食物中抗氧化营养素含量较高。

食疗产业涉及的范围非常广，由于精力和能力有限，我们在本报告中提及的食疗产业，数据统计范围主要来自药食同源产品和营养保健品这两大板块。

2. 食疗产业基本情况介绍

食疗是我国博大精深的中医文化和源远流长的饮食文化相结合的产物，其理论基础是在传统中医学"药食同源"基础上产生的饮食养生学。随着信息时代的发展，人们获取健康知识的途径越来越多，健康观念也在不断地更新与发展，人们的饮食观念也日趋养生保健。如今食疗保健书刊相继出版，食疗保健食品生产企业相继出现，食疗产业也在蓬勃发展之中。

然而，目前我国食疗产业仍然存在较多问题。比如，药膳食疗开发的产品品种少，质量不高，口味欠佳；假冒伪劣商品大量存在，食品添加剂太多，存在食品安全隐患；药膳食疗的原料、配方及适应症、烹饪或成品加工程序缺少标准与规范；食品包装落后，创新性不够甚至危及食品安全；生产企业势单力薄，部分企业产能过剩，导致资源浪费、利润减少；学术界与产业界联系不够紧密，学界脱离业界，成果难以转化，业界缺乏学界的科学指导及行业的有效监管，出现盲目发展，不专业、不规范现象让消费者对食疗产业的信任度难以提高。

3. 食疗产业发展特点分析

一是双向性。食疗是通过饮食的途径达到其目的，最大特点是能起到既是饮食又是药物，既能充饥又能疗疾的双向作用。其双向作用多是偏于疗疾，从"药食同源"到"药食同功"。

二是简廉性。饮食不仅是维系人体生命的必要手段，而且通过饮食又能达到防治疾病的目的，可谓两全其美。因此，食疗的应用是提高身心素质、优化生活质量的最佳方式，集中体现在"简"和"廉"两个字上。一日三餐的正常饮食即能得到补益身体的功效，无须再去求医问药，既简便易行，又经济实惠。

三是广泛性。推广和普及食疗是当今人们日常生活的需求。随着食疗作用的日益明显，其运用范围也日益大众化，使人们易于接受并乐于接受，这是因为食疗具有"未病先防、未衰先养"的特点。时下，无论是家庭用餐还是社会用餐，菜肴中的食疗都得到了广泛应用。

四是地域性。我国地大物博，风土人情、气候习性都有较大差异。如东南西北、春夏秋冬、寒热温凉、甜酸苦辣诸方面都在食疗方中体现其地域的针对性。北方多寒，南方多湿，春寒夏炎，秋凉冬冷，这些因素都直接影响食疗的组方与制作。

（二）中国食疗产业上下游产业链分析

1. 食疗产业链条分析

产业的上游主要是各种原材料的生产商及贸易商，包括各种动植物提取物的生产厂商、药品辅料、食品添加剂、部分农产品生产和加工厂商以及化学制品厂商。下游客户主要是营养保健食品的品牌运营商；自主品牌业务的渠道主要是流通领域的经销商、药店超市等线下渠道以及京东、天猫、抖音、快手等线上平台，食疗产品最终由销售终端销售给终端消费者。食疗行业产业链如图 1 所示。

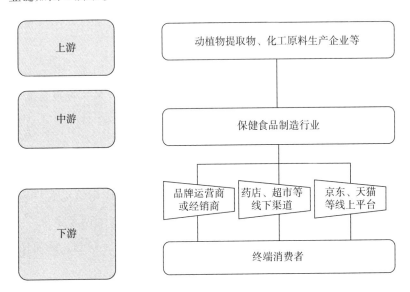

图 1　食疗产业产业链

资料来源：中研普华。

2. 中国食疗产业上游环节分析

上游原材料本身的质量和价格直接影响本行业中如药食同源产品和营养保健食品的品质及生产成本。原材料采购单价的变动主要受国内外供求关系变化、国家相关政策以及国际价格的影响。上游原材料的供需变动、价格波动及安全生产情况，将直接影响食疗产品生产企业的采购成本，进而影响食疗产品的价格波动。同时，上游行业新产品研发、新技术应用有利于推动营养保健食品行业的发展。近年来的发展趋势主要是科技推动、成本降低以及安全生产，这均有利于本行业的持续发展。

3. 中国食疗产业下游环节分析

下游主要是品牌运营商、经销商、商超、药店等线下渠道以及京东、天猫、抖音、快手等线上渠道，通过这些渠道，传统滋补养生和现代营养保健等食疗产品最终到达消费者手中。虽然我国食疗产品市场整体规模较大，但与发达国家人均消费水平相比，我国食疗产品人均消费水平还有较大的提升空间。随着我国消费者消费能力的不断提升和对食疗产品的需求不断增加，将推动食疗产业的快速发展。

（三）中国食疗产业生命周期分析

1. 食疗产业生命周期理论概述

产业的生命周期是指产业从出现到完全退出社会经济活动所经历的时间。行业的生命周期主要包括四个发展阶段：初创期、成长期、成熟期、衰退期（见图2）。识别产业生命周期所处阶段的主要指标有市场增长率、需求增长率、产品品种、竞争者数量、进入壁垒及退出壁垒、技术变革、用户购买行为等。下面分别介绍生命周期各阶段的特征。

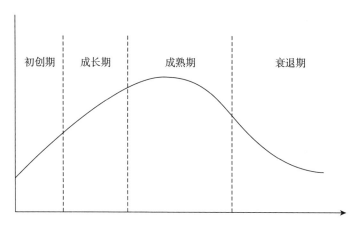

图2　产业生命周期示意

资料来源：中研普华。

初创期。这一时期产品设计尚未成熟，行业利润率较低，市场增长率较高，需求增长较快，技术变动较大，主要致力于开辟新用户、占领市场，但此时技术上有很大的不确定性，在产品、市场、服务等策略上有很大的余地，对行业特点、行业竞争状况、用户特点等方面的信息掌握不多，企业进入壁垒较低。

成长期。这一时期市场增长率很高，需求高速增长，技术渐趋定型，行业特点、行业竞争状况及用户特点已比较明朗，企业进入壁垒提高，产品品种及竞争者数量增多。

成熟期。这一时期市场增长率不高、需求增长率不高，技术上已经成熟，行业特点、行业竞争状况及用户特点非常清楚和稳定，买方市场形成，行业盈利能力下降，新产品和产品的新用途开发更为困难，行业进入壁垒很高。

衰退期。这一时期行业生产能力会出现过剩现象，技术被模仿后出现的替代产品充斥市场，市场增长率严重下降、需求下降，产品品种及竞争者数目减少。

从衰退的原因来看，可能有四种类型的衰退。

一是资源型衰退，即由生产所依赖的资源枯竭所导致的衰退。

二是效率型衰退，即由效率低下的比较劣势而引起的行业衰退。

三是收入低弹性衰退，即由需求—收入弹性较低而导致的行业衰退。

四是聚集过度性衰退，即由经济过度聚集的弊端所引起的行业衰退。

2. 食疗产业所属的生命周期分析

我国食疗产业当前处于成长期阶段，国家的相关管理不够严谨。1987 年国家颁布的相关文件，对于食疗行业进行操作规范，至今已经 30 多年了，但食疗行业很少认真执行，导致部分混乱和安全问题。专业从事食疗行业的人才较少，各大高校培养出来的中药学专业、食品专业和餐饮专业人才与当前市场需求人才需求匹配度有待提高。

"药食同源"产业既是中国健康产业，也是民族文化传承产业，还是新时代快速兴起的产业，是中国医药行业的重要组成部分。

研究成果指出，国内的环境条件、人口增长、老龄化、城镇化、居民收入增加、生活资源丰富、文化旅游环境改善等因素产生的需求亟须"药食同源"产品满足。"药食同源"产品的安全有效使人们逐步由依赖药物转向食疗，是人们寻求健康的体现。"药食同源"产品的市场越来越大，需求快速增长。

我国"药食同源"产业结构的调整，预计将集中表现出来。中医药保健产品生产企业间的合作、合并，在未来几年内将逐步爆发，将与食品行业进行重新融合发展。这些基本因素对食疗产业的发展将起到推动作用。

我国营养保健品企业数量众多，但大多规模偏小，市场集中度较低。近年来，随着市场的发展，行业整合逐渐开始，优秀企业加速扩张，一些大中型企业通过建立研发中心或加大品牌投入力度提升竞争力，获得了更大的市场份额，行业集中度上升。部分传统医药企业也开始积极布局或加大在养生保健领域的投入力度。

（四）中国食疗产业进入壁垒分析

1. 食疗产业资金壁垒分析

在营养保健食品行业，规模较大的企业具有显著的优势。首先，较大规模的企业有充裕的生产能力，可以同时满足多个客户的开发、试制新产品的需求，有利于企业储备更多技术和配方。其次，较大规模的企业可以在短时间完成大规模的订单，同时在生产效率、采购成本、管理费用上能获得规模优势，而新进企业很难在短时间形成规模化优势。

2. 食疗产业技术壁垒分析

研发能力和生产工艺技术是营养保健食品行业的核心竞争力之一。目前，保健食品批准证书的申请一般需要 2 ~ 3 年时间，而保健食品备案凭证从配方研究到完成备案也需要 3 ~ 5 个月时间，其间还需要进行大量的研究与实验，包括产品配方研究、产品质量标准研究、生产工艺研究、功效验证、稳定性测验等，这对企业的研发水平、经验积累、资本实力以及相关产品的生产能力均有较高的要求。此外，由于营养保健食品市场存在变化较快的特征，企业需要不断地跟踪市场变化，迅速响应并开发出符合消费者需求的产品，这就要求企业具备较强的研发能力。综上，本行业存在较高的技术壁垒。

3. 食疗产业客户壁垒分析

营养保健食品的安全与人们的健康安全息息相关，品牌运营商在选择合作生产企业时，往往会对其产品质量、规模化生产能力、研发实力等进行全方位的考察，若非产品质量问题，一般不会轻易更换生产商。对自主品牌运营企业而言，目前线下销售渠道主要是药店、商超和专卖店，优质渠道资源是有限的，先进入的企业与渠道商在长期合作中已经形成了良好的合作关系，占据了有利位置，面对庞大的销售网络和复杂的市场管理，新进入企业很难在短时间内形成获客优势。

4.食疗产业政策壁垒分析

我国在保健食品的原料使用、产品准入、生产（条件）许可、产品流通、广告发布等方面制定了一系列法律法规，以加强对行业的监管。《保健食品注册与备案管理办法》（2016 年 7 月 1 日施行）出台后，我国保健食品行业进入"注册制"与"备案制"双轨并行时代。根据注册管理的要求，申请保健食品注册需要经历提交申请资料（包括产品研发报告、产品配方材料、产品生产工艺材料、安全性和保健功能评价材料等）、专家评审、现场核查、检测机构检测等一系列流程，通常耗时较长；根据备案管理的要求，申请保健食品备案的主体应当是保健食品生产企业或原注册人，不具备生产能力的企业无法再取得相关产品的备案许可。此外，根据《食品生产许可审查通则》《保健食品良好生产规范》《保健食品生产许可审查细则》的要求，保健食品生产场所应当合理布局，洁净车间应符合保健食品良好生产规范要求；保健食品生产企业还应具备与生产工艺相适应的生产设备、清晰完整的生产过程、完善的质量管理体系和严格的检测系统，确保最终产品质量符合法规要求。因此，产品及市场准入是进入本行业的主要壁垒之一。

二　全球食疗产业市场发展现状分析

（一）全球食疗产业发展历程回顾

随着人们生活水平的提高以及人类对自身健康状况的日益关注，人们对营养保健食品的需求日渐旺盛，其市场规模逐年增长。Nutrition Business Journal 数据显示，2011 年全球膳食补充剂市场消费规模为 904.3 亿美元，

2021 年已增至 1596.3 亿美元，年均复合增长率为 5.85%，预计 2023 年将达到 1789.7 亿美元。

受西方发达国家影响，全球营养学观念正逐步从强调生存、饱腹感、无副作用向利用食品保持和促进健康并降低发病危害转变。

（二）全球食疗产业市场区域分布情况

世界营养保健食品的消费地区主要分布在美国、欧洲及亚洲等国家和地区，其中美国、欧洲营养保健食品行业发展较早，市场较为成熟，需求较为稳定；与之对应的是，拉美、亚洲地区（除中国和日本外）作为营养保健食品的新兴市场，近年来增速较快。

（三）亚洲食疗产业地区市场分析

1. 亚洲食疗产业市场现状分析

亚洲地区（除日本和中国外）经济增长和健康意识的增强带动了营养保健食品市场的快速增长。根据 Nutrition Business Journal 数据，2021 年亚洲地区（除日本和中国外）膳食补充剂市场消费规模为 187.1 亿美元，与 2011 年的 82.4 亿美元相比，年均复合增长率为 8.54%。

2. 亚洲食疗产业市场前景分析

随着亚洲各国如中国、日本、韩国等老龄化社会的加速到来，食疗产业的发展迎来了前所未有的契机。中青一代工作生活压力的增大使自身处于亚健康状态，预防糖尿病类的食品和无糖食品逐渐进入市场，迅速发展，有针对性的功能性营养食品消费人群日益增多，且呈年轻化趋势。

（四）北美食疗产业地区市场分析

1. 北美食疗产业市场现状分析

作为全球最大的营养保健食品市场，美国营养保健食品行业起步较早，已形成相对成熟和稳定的体系，涌现出一批如 GNC、NBTY 等具有悠久历史和重要影响力的国际品牌。根据 Nutrition Business Journal 数据，2021 年美国膳食补充剂市场消费规模为548.4亿美元，与2011年的302亿美元相比，年均复合增长率为6.15%，预计2023年将达到624.3亿美元。

2. 北美食疗产业市场前景分析

预计在2022年，消费者依然会十分关注提升免疫和情绪支持。适应原和Nervines（神经元）类别的草药销售额仍在高速增长，适应原在传统上用于建立人体对压力的抵抗力并滋养腺体系统，而Nervines草药则用于缓解压力和放松心灵，黄芩、柠檬香脂草、留兰香、洋甘菊、酸枣仁、薰衣草都具有温和的镇静作用，而更强大的神经松弛剂还有缬草和啤酒花。

另外，益生菌成分也常被用于情绪管理，它们可通过帮助在肠道中产生神经递质来缓解压力。在亚马逊年销售额超过5000万美元的情绪管理原料中，南非醉茄增长速度最快，其次是锌、电解质、促消化物质（益生菌、益生元、消化酶）、褪黑素、维生素D和胶原蛋白。

在免疫原料类别，维生素C、维生素D、锌和接骨木莓是销售额最好的几类原料。增长率较快的免疫原料有维生素C（非酯化）、苹果醋、接骨木莓、南非醉茄、维生素D、黄芪、超级蘑菇等。

运动也是提升免疫力的重要途径，疫情期间，消费者更加重视通过运动这种生活方式来预防疾病，运动营养品类达到了一定的增长速度。而在2022年，这种趋势将更加明显，各年龄段的消费者都在积极运动来保持健康活力，改善精神情绪和睡眠，并且主要用于专业竞技和健美运动员的运动表现类别补充剂销售额也在飞速增长。

数据显示，用于锻炼前后的提升运动表现、运动恢复的补充剂销售额同比增长39%，蛋白质粉销售额增长37%。

（五）欧盟食疗产业地区市场分析

1. 欧盟食疗产业市场现状分析

欧洲是全球营养保健食品消费的主力市场之一，根据Nutrition Business Journal数据，2021年欧洲膳食补充剂市场消费规模为272.2亿美元，与2011年的195.3亿美元相比，年均复合增长率为3.38%，预计2023年将达到 304.5 亿美元。

2.欧盟食疗产业市场前景分析

近年来，欧洲人对于身体保健及药物治疗的态度发生了很大的转变。人们越来越多地推崇健康生活方式，并认同源于自然的东西。同其他化学制药相比，草药类药品因具有良好的疗效且鲜有副作用而逐渐走俏。欧洲人对草药越来越感兴趣，对其悠久的历史及科学验证方面的评价也越来越高。草药产品市场作为兴起的保健市场的一个重要部分，必将快速而持续发展。

（六）世界食疗产业分布走势预测

在全球营养保健食品行业中，以美国的 Centrum（善存）、Nutrilite（纽崔莱）、Childlife（童年时光）、D-Cal（迪巧），澳大利亚的 Lifespace（益倍适）、Swisse（斯维诗）、Blackmores（澳佳宝）、Bioisland（佰澳朗德）等为代表的医药健康企业和品牌，具有多年的产品研发经验和广泛的品牌知名度，处于行业领导地位。

随着行业走向成熟，品牌商与生产商分工明确，二者协同发展。品牌商经营重点在于市场研究、产品营销和推广以及市场渠道的拓展，生产商的重点在于配方研制、产品生产、质量控制及供应链管理。

通过生产商的规模效益，行业能够降低产品开发和生产成本；通过品牌商的市场运营，行业能够更加有效地整合和运营市场，降低生产商的市场投入，使其专注于研发和生产环节。

在中国，保健品的生产和品牌市场正在从分散走向集中，头部企业引领了行业的发展。在中国，营养保健食品制造业起步较晚，消费习惯养成得较晚。

（七）全球食疗产业市场规模预测

据 Euromonitor 数据统计，截至 2021 年全球消费者保健品产业规模已达 2732.42 亿美元。其中美国市场规模为 852.98 亿美元，占全球市场的 31.22%，位列全球第一。国际上对"药食同源"没有明确的定义，在此以国内市场作为主要数据来源测算全球市场规模。

近年来，随着市场的发展，行业整合逐渐开始，优秀企业加速扩张，一些大中型企业通过建立研发中心或加大品牌投入力度提升竞争力，获得了更大的全球市场份额。随着市场集中度上升，市场规模大、创新能力强、全球市场的头部企业正在脱颖而出。2022～2027 年全球食疗产业规模预测如图 3 所示。

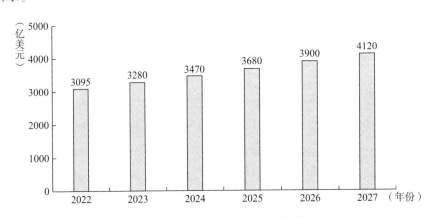

图 3　2022～2027 年全球食疗市场规模预测

资料来源：中研普华。

三　中国食疗产业发展环境分析

（一）我国宏观经济环境分析

1. 中国 GDP 增长情况分析

2021 年中国国内生产总值为 1143670 亿元，比上年增长 8.1%，两年平均增长 5.1%。其中，第一产业增加值 83086 亿元，比上年增长 7.1%；第二产业增加值 450904 亿元，比上年增长 8.2%；第三产业增加值 609680 亿元，比上年增长 8.2%。第一产业增加值占国内生产总值的比重为 7.3%，第二产业增加值占国内生产总值的比重为 39.4%，第三产业增加值占国内生产总值的比重为 53.3%。全年最终消费支出拉动国内生产总值增长 5.3 个百分点，资本形成总额拉动国内生产总值增长 1.1 个百分点，货物和服务净出口拉动国内生产总值增长 1.7 个百分点。全年人均国内生产总值 80976 元，比上年增长 8.0%。国民总收入 1133518 亿元，比上年增长 7.9%。全员劳动生产率为 146380 元/人，比上年提高 8.7%。

2. 城乡居民收入增长分析

2021 年全国居民人均可支配收入 35128 元，比上年增长 9.1%，扣除价格因素，实际增长 8.1%。全国居民人均可支配收入中位数为 29975 元，比上年增长 8.8%。按常住地分，城镇居民人均可支配收入为 47412 元，比上年增长 8.2%，扣除价格因素，实际增长 7.1%。城镇居民人均可支配收入中位数为 43504 元，比上年增长 7.7%。农村居民人均可支配收入 18931 元，比上年增长 10.5%，扣除价格因素，实际增长 9.7%。农村居民人均可支配收入中位数为 16902 元，比上年增长 11.2%。城乡居民人均可支配收入比为 2.50，比上年缩小 0.06。按全国居民五等份收入分组，低收入组人均可支配收入为 8333 元，中间偏下收入组人均可支配收入为 18445 元，中间收入组人均可支配收入为 29053 元，中间偏上收入组人均可支配收入为 44949 元，高收入组人均可支配收入为 85836 元。全国农民工人均月收入 4432 元，比上年增长 8.8%。全年脱贫县农村居民人均可支配收入 14051 元，比上年增长 11.6%，扣除价格因素，实际增长 10.8%。

全年全国居民人均消费支出 24100 元，比上年增长 13.6%，扣除价格因素，实际增长 12.6%。其中，人均服务性消费支出 10645 元，比上年增长 17.8%，占居民人均消费支出的比重为 44.2%。按常住地分，城镇居民人均消费支出 30307 元，比上年增长 12.2%，扣除价格因素，实际增长 11.1%；农村居民人均消费支出 15916 元，比上年增长 16.1%，扣除价格因素，实际增长 15.3%。全国居民恩格尔系数为 29.8%，其中城镇居民为 28.6%，农村居民为 32.7%。

（二）中国食疗产业政策环境分析

1. 行业监管体制现状

根据《国民经济行业分类》（GB/T4754-2017）的规定，食疗产品归属于食品制造业（C14）下属的保健食品制造（C1492）和营养食品制造（C1491）（包括国家卫健委公布的110种药食同源产品）。

我国食疗行业的监管部门主要包括国务院食品安全委员会、国家市场监督管理总局和国家卫生健康委员会（包括国家中医药管理局），行业自律规范组织如中国保健协会、中国营养保健食品协会等。各管理机构的职责情况如表1所示。

表1 食疗行业监管机构及其职责

国务院食品安全委员会	负责分析食品安全形势，研究部署、统筹指导食品安全工作，提出食品安全监管的重大政策措施，督促落实食品安全监管责任，具体工作由国家市场监督管理总局承担
国家市场监督管理总局	下设特殊食品安全监督管理司负责分析掌握保健食品、特殊医学用途配方食品和婴幼儿乳粉等特殊食品领域安全形势，拟定特殊食品注册、备案和监督管理的制度措施并组织实施，组织查处相关重大违法行为
国家卫生健康委员会	下设食品安全标准与检测评估司负责组织拟订食品安全国家标准，开展食品安全风险检测、评估和交流，承担新食品原料、食品添加剂新品种、食品相关产品品种的安全性审查
中国保健协会	经政府部门委托，参与制订行业规划，对行业内重大的技术改造、技术引进、投资与开发项目进行论证；参与制定、修订国家标准和行业标准，组织贯彻实施并进行监督；经政府部门授权参与行业生产、经营许可证发放的有关工作，参与资质审查等
中国营养保健食品协会	是一个由政府指导、会员共建、全国性、行业性社会组织，专注于营养食品和保健食品领域，促进产业健康发展，以市场化为建设与发展导向，升级服务的内容与标准

资料来源：根据公开资料整理。

2. 行业主要政策法规

2021年11月国家卫生健康委员会发布的《按照传统既是食品又是中药材的物质目录管理规定》，是我国第一部针对药食两用中药的法规文件，对药食同源大健康产业的发展具有深远的意义。药食同源，药食同性——服用有一定功效，既能补充营养，又可强身健体，还具有纯天然的特点。

（三）中国食疗产业社会环境发展分析

1. 人口环境分析

据国家统计局消息，2021年末全国人口有141260万人，比上年末增加

48 万人，增量为自 2015 年来的最低值，人口增长持续放缓。

从人口结构看，2021 年总人口的男女比例为 51.19∶48.81，而年龄结构为 0～15 岁人口占比 18.6%，16～64 岁人口占比 67.2%，65 岁及以上人口占比 14.2%。

从性别构成看，2021 年末的男性人口为 72311 万人，较上年减少了 46 万人，近 10 年来第一次出现负增长的情况。而女性人口为 68949 万人，较上年增加了 94 万人。总人口性别比为 104.88（以女性为 100）。

2021 年我国全年出生人口 1062 万人，较上年减少 140 万人，出生人口已经连续五年处于下降的态势，人口出生率为 7.52‰；死亡人口 1014 万人，人口死亡率为 7.18‰；人口自然增长率为 0.34‰，该指标也已连续下降五年。

2021 年末，我国城镇常住人口为 91425 万人，比上年末增加 1205 万人；乡村常住人口为 49835 万人，较上年末减少 1157 万人；城镇人口占全国人口比重（城镇化率）为 64.72%，比上年末提高 0.83 个百分点。

从年龄构成看，0～15 岁的人口为 26302 万人，16～59 岁的劳动年龄人口为 88222 万人，占全国人口的 62.5%；60 岁及以上人口 26736 万人，占全国人口的 18.9%，其中 65 岁及以上人口 20056 万人，占全国人口的 14.2%。与 2020 年相比，0～15 岁人口减少 528 万人，16～59 岁人口增加 247 万人，60 岁及以上和 65 岁及以上人口分别增加 329 万人和 992 万人。2021 年 60 岁及以上人口和 65 岁及以上人口比重分别比 2020 年上升 0.2 个和 0.7 个百分点，老龄化程度进一步加深。

2. 消费观念分析

先前媒体发起"规范保健、诚心为民"保健食品正能量调查问卷。调查显示，在受调查人群中，超九成有食用保健食品的经历。同时，七成多人认为保健食品行业在规范化方面有较大提升。超过半数消费者认为，保健食品行业应加强科普教育，提升产品安全性和功效性，产品宣传要更加真实可信。超六成人每天食用保健食品，近两成人食用但没有固定频率。多数消费者认为，食用保健食品的目的是日常保健、膳食补充、改善身体机能、延缓衰老、提升免疫力等。

从购买渠道看，84%的人选择线下实体店，有53%的人选择线上店铺，9%的人选择网络带货。而对于购买保健食品有哪些顾虑，受调查群体认为其重要性依次是产品是否安全、功效是否可靠、成分是否真实、价格是否合理、品牌是否可信、厂家是否规范、渠道是否正规、售后是否靠谱以及商家或经销商是否存在欺骗和诱导。

从调查数据看，老年人目前仍是保健食品消费主力人群，占61.5%；其次是中年人和年轻人。同时，被调查者认为，保健食品行业最需要改进的地方是产品的安全性和功效性，其次是加强保健食品科普和教育。而产品虚假宣传、营销模式不规范、产品定价高、产品同质化等问题，也受到消费者重点关注。

四　中国食疗产业运行情况

（一）中国食疗产业发展状况介绍

1. 发展历程回顾

我国营养保健食品行业从生产到销售全程实施强制行政管理。从原料使用、产品准入、生产（条件）许可到产品流通、广告发布等环节，均需履行相应的审批或备案程序，受到主管部门的严格监管。依照我国现行监管体制的准入类型，营养保健食品主要包括普通营养食品、保健食品、特殊膳食用食品和营养强化食品。其中，保健食品需要根据保健食品配方、生产工艺和标准申报保健食品批准证书或进行备案取得保健食品备案凭证，获得上述许可后方可进行生产及销售；特殊膳食食品除特殊医学用途配方食品和婴幼儿配方乳粉需向主管部门申请注册后方可生产及销售外，其他如婴幼儿辅助食品、运动营养食品等与普通营养食品、营养强化食品相同，需按照法定标准或备案的企业标准组织生产。

1982年《中华人民共和国食品卫生法（试行）》第8条明确规定："食品不得加入药物。按照传统既是食品又是药品的以及作为调料或者食品强化剂加入的除外。"古人在分辨和采集食物的实践中，发现了很多可以做食物的药材。1982 年《中华人民共和国食品卫生法（试行）》中，传承我国人民的经验和习惯，规定了 61 种中药材是药食同源食品。后来多次增补，截至 2015 年发布的《按照传统既是食品又是中药材物质目录（征求意见稿）》，列出有 101 种。

1982 年《中华人民共和国食品卫生法（试行）》对食品的表述是"食品应当无毒、无害，符合应当有的营养要求，具有相应的色、香、味等感官性状"，为人们提供营养和能量。2013 年 10 月施行的《新食品原料安全性审查管理办法》第 3 条规定："新食品原料应当具有食品原料的特性，符合应当有的营养要求，且无毒、无害，对人体健康不造成任何急性、亚急性、慢性或者其他潜在性危害。"这是作为食物或者新资源食品的物品必须具有的特点和属性。

而作为药物，《中华人民共和国药品管理法》第 2 条规定："药品是指用于预防、治疗、诊断人的疾病，有目的地调节人的生理机能并规定有适应症或者功能主治、用法和用量的物质，包括中药、化学药和生物制品等。"这些物品有自己的药用功效，满足防病治病、恢复健康的功能。药食同源物品必须具备以上两种功能和属性。"安身之本必资于食，救疾之速必凭于药。"如百合、淮小麦、山药、扁豆、玫瑰、山楂等这些中药性质较为平和，既可以当作食物日常食用，又属于药物可用以治疗疾病，药食皆宜。

我国古代劳动人民很早就有以扁豆、山楂、白扁豆、龙眼肉、小茴香、小蓟、山药等既做食品又用来做药的习惯。新中国成立后，我国曾四次修订既是食品又是药品的中药材名单。1982 年《中华人民共和国食品卫生法（试行）》中规定 61 种中药材是药食同源食品，又分别于 1991 年和 1998 年增加了 8 种和 7 种。2002 年卫生部公布的《关于进一步规范保健食品原料管理的通知》中，把药食同源中药材名单增加到了 87 种。2015 年国家颁布的《按照传统既是食品又是中药材物质目录（征求意见稿）》中，又增加了 14 种物品。2020 年 1 月，卫健委又新增了 9 个品类，至此，我国"药食同源"中药材一共达到了 110 种。

2. 创新情况分析

传统食疗基本上是以中医药理论为指导，由于历史条件的限制，某些机理或基理有待进一步阐明，现代食疗必须运用现代科学、现代医学和营养学的观点、方法、手段和相关技术深入研究，这是今后食疗产业发展的必由之路。

当前食疗产品的加工制作趋向采用效率更高的现代化方式，但还是要利用传统食疗的优势和特点传承创新，多开发适合人民群众消费习惯、价格合理、食用方便的定型食疗食品。食疗产品的商品化是普及食疗的前提，工业化和产业化是食疗产品商品化的必要手段。食疗产品只有实现工业化和产业化，才能在市场经济的竞争中立足。食疗产品产业化，所选的项目或品种应具有突出的食疗特色，又适合于规模化生产经营，并且在生产过程中尽量采取和应用现代科技，以体现食疗产品的市场价值，赢得国内消费市场，进而走向国际保健食品市场。

3. 发展特点分析

与美国、澳洲等国外成熟市场不同，我国整体食疗市场格局仍稍显松散，缺乏具有绝对统治力的龙头企业。国内尚缺乏具有全国知名度的食疗品牌，但国际品牌的大量涌入必将倒逼食疗产业改革，未来行业朝向合规、集中方向发展趋势不可逆转，以传统中医药学为基础也将成为中国食疗产业的独特优势。

在快节奏和高强度的现代社会中，亚健康状态人群扩大，具有补充营养素、有助于增强免疫力等功效的保健食品已逐渐在我国推广开来，尤其是在白领阶层和年轻人群中备受认可，随着全社会生活节奏的加快以及疫情的影响，人们更加注重通过食用保健食品、营养品改善消费习惯等方式来提升身体健康水平，食疗产业的发展将持续受益于居民自我保健意识的提升。

4. 发展动态

依据《健康中国 2030 规划纲要》，《国务院关于促进健康服务业发展的若干意见》中明确提出"中国医疗卫生健康发展重点将从治疗为主转为预防为主"；特别是"健康中国"战略的提出，大健康产业进入高速发展期。到

2020 年，大健康产业突破 10 万亿元，照此增长率，2023 年将会突破 14 万亿元。

追求健康已经成为全民共识，最近大热的"刘畊宏女孩"再度证明了人们对于健康越来越重视。而从阿里健康根据天猫医药平台数据发布的《女性健康消费数据报告》可见，近年来女性健康消费支出逐年增加，平均每年同比增长 20%，女性已成为健康消费的主力军。"她经济"催动下的食疗养生成为一种新风潮。

我国从古代就提出了"药食同源"的理论，《本草纲目》记载了上千种药物，很多既是食物，又是药物。历代医家利用其食性平和、来源易得、平稳安全的优点，通过食疗的方法，无病能预防，有病可控制、缓解。轻病则痊愈，重病则改善症状，减轻痛苦，可达到防治疾病、养生延年之目的。

"药食同源"就是指很多食物即药物，它们中间并无绝对的分界线，古时候医学家将中药材的"四性""五味"基础理论应用到食物当中，觉得每一种食物也具备"四性""五味"。

中国自古以来注重药食同源，在传统观念里，"病从口入"，大家的饮食直接影响着身体健康，当代人一餐一饮应认真对待。

药食同源产业是中国大健康产业中具有鲜明民族文化传承特色的产业，在新时期新要求下迅速盛行，尤其是疫情防控常态化时期，民众对身心健康重视度普遍提高，"药食两用"将会是今后相当长一段时间内关注的热点。

利好政策下的健康产业蕴含着无限机遇，加速成为我国经济中的支柱性产业。以健康事业为主的企业如雨后春笋般快速增长，全民大健康时代已然来临。

如今人们不仅追求吃得饱，更追求吃得好，食疗产品营养丰富，有着迷人风味，符合消费者未来对食养跟口感的需求。疫情防控常态化时代健康意识的崛起带动食疗相关产业蓬勃发展，但行业销量激增的背后也存在产品质量良莠不齐的隐患。

（二）中国食疗产业规模分析

2021 年我国食疗产业规模（因食疗产业覆盖范围广，无法兼顾全面，本报告主要采用营养保健品和药食同源产品两个领域的统计数据）达到4740亿元，近年来因受疫情影响，药食同源市场增长较快（见图4）。

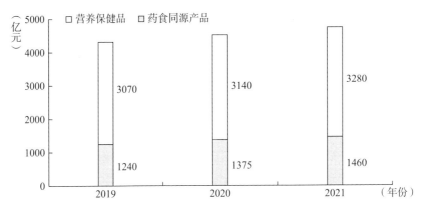

图4 2019～2021年我国食疗产业规模

资料来源：中研普华。

（三）中国食疗产业需求情况分析

我国食疗消费明显呈现区域经济消费特点，主要分布在经济水平高、城市规模大、人均收入水平高的城市（见图5）。

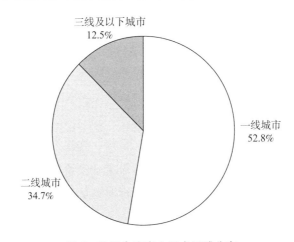

图5 我国食疗产业需求区域分布

资料来源：中研普华。

（四）中国食疗产业发展趋势分析

1. 营养保健食品行业监管力度加大，行业集中度将进一步提升

由"权健事件"所引发的负面舆情促使行业主管部门对营养保健食品行业开展了一系列监管行动、颁布相关法律法规，行业监管力度不断加大。随着法律法规的日臻完善，整个营养保健食品行业的监管日趋规范，这将有助于解决营养保健食品行业监管混乱的问题，加速行业集中化并为行业的长期健康发展保驾护航。

2. 营养保健食品功能趋于专一化，品种趋于多样化

随着营养保健食品企业对保健知识的宣传力度不断加大，以及人们获得营养保健食品知识渠道的增多，消费者对营养保健食品的认识越来越全面，消费理念越来越成熟，更倾向于选择功能专一化的营养保健食品。这种消费理念的变化导致营养保健食品生产企业转而重视营养保健食品功能分散化和单种营养保健食品功能专一化。同时，消费者对于营养保健食品需求的多元化也将带动产品的多样化。

3. 新资源、方便剂型的营养保健食品将成为主流

随着科技的不断创新，利用新资源（如植物性软胶囊材料等）开发新的营养保健食品以满足人们的需要将是未来营养保健食品发展的一大趋势。同时，随着生活节奏的不断加快，越来越多的人倾向于选择携带便利、服用数量可控的营养保健食品。

4. "食品态"的营养保健食品将成为行业发展的主要方向

我国传统的营养保健食品剂型以片剂、胶囊等剂型为主，而在欧美和日本等发达市场，产品形态更加多样化，食品形态的软糖、粉剂、功能饮品是常见剂型。在营养保健食品消费人群普及化和年轻化的背景下，兼具安全、方便、有效等优点的食品态营养保健食品将更受消费者的青睐，是行业发展的主要方向之一。同时，食品态的营养保健食品也有利于促进消费者形成习惯性消费，使营养保健食品逐渐成为其日常生活的一部分，促进营养保健食品市场的长期可持续发展。

5.消费人群年龄阶层不断扩大，市场需求旺盛

我国传统保健食品的消费人群以中老年人群为主，随着我国社会的老龄化趋势不断加快，老龄人口规模不断增长，以及人们养生、保健意识不断增强，营养保健食品消费需求稳步增长。同时，近年来，随着生活方式的改变和健康理念的普及，营养保健食品消费人群年龄阶层不断扩大，中青年人群对于营养保健食品的消费需求亦在快速上升。

（五）中国食疗产业营销分析

1.营销渠道形式及对比

（1）直接分销渠道

直接分销渠道又称为零级渠道，是指没有渠道中间商参与的一种渠道结构。零级渠道也可以理解为是一种分销渠道结构的特殊情况。在零级渠道中，产品或服务直接由生产者销售给消费者。零级渠道是大型或贵重产品以及技术复杂、需要提供专门服务的产品销售采取的主要渠道。

营销渠道的结构可以分为长度结构即层级结构、宽度结构以及广度结构三种类型。三种渠道结构构成了渠道设计的三大要素或称为渠道变量。渠道结构中的长度变量、宽度变量及广度变量完整地描述了一个三维立体的渠道系统。

营销渠道的长度结构又称为层级结构，是指按照其包含的渠道中间商（购销环节）即渠道层级数量的多少来定义的一种渠道结构。通常情况下，根据包含渠道层级的多少，可以将一条营销渠道分为零级、一级、二级和三级渠道等。

一级渠道包括一个渠道中间商，而在消费品市场上，这个渠道中间商则通常是零售商。

二级渠道包括两个渠道中间商，而在消费品市场上，这两个渠道中间商则通常是批发商和零售商。

三级渠道包括三个渠道中间商，这类渠道主要出现在消费面较宽的日用品中，比如肉食品及包装方便面等。

渠道的宽度结构是根据每一层级渠道中间商的数量的多少来定义的一种渠道结构。渠道的宽度结构受产品的性质、市场特征、用户分布以及企业分销战略等因素的影响。渠道的宽度结构分成如下三种类型。

一是密集型分销渠道，也称为广泛型分销渠道，是指制造商在同一渠道层级上选用尽可能多的渠道中间商来经销自己的产品的一种渠道类型。密集型分销渠道多见于消费品领域中的便利品，比如牙膏、牙刷、饮料等。

二是选择性分销渠道，是指在某一渠道层级上选择少量的渠道中间商来进行商品分销的一种渠道类型。

三是独家分销渠道，是指在某一渠道层级上选用唯一的一家渠道中间商的一种渠道类型。同时，许多新品的推出也多选择独家分销的模式，当市场广泛接受该产品之后，许多公司就从独家分销渠道模式向选择性分销渠道模式转移。比如，东芝的笔记本产品渠道、三星的笔记本产品渠道等就是如此。

渠道的广度结构实际上是渠道的一种多元化选择。也就是说，许多公司实际上使用了多种渠道的组合，即采用了混合渠道模式来进行销售。比如，有的公司针对大的行业客户，公司内部成立大客户部直接销售；针对数量众多的中小企业用户，采用广泛的分销渠道；针对一些偏远地区的消费者，则可能采用邮购等方式来覆盖。

概括地说，渠道结构可以笼统地分为直销和分销两个大类。其中直销又可以细分为几种，比如制造商直接设立的大客户部、行业客户部或制造商直接成立的销售公司及其分支机构等。此外，还包括直接邮购、电话销售、公司网上销售等。分销则可以进一步细分为代理和经销两类。代理和经销均可能选择密集型、选择性和独家等方式。

（2）间接分销渠道（长渠道、短渠道）

间接分销渠道是指生产者通过流通领域的中间环节把商品销售给消费者的渠道，其基本模式为生产者—中间商—消费者。间接渠道是社会分工的结果，通过专业化分工使得商品的销售工作简单化；中间商的介入，分担了生产者的经营风险；借助于中间环节，可增加商品销售的覆盖面，有利于扩大商品市场占有率，但中间环节太多会增加商品的经营成本。间接渠道包括经销商、代理商、批发商、零售商等。

2. 各类渠道特点分析

（1）直销渠道的优点

第一，降低食疗产品价格，提高企业产品的竞争力。直销企业的营销渠道是制造商—直销商—消费者，免去了中间商的层层加价、多次倒手、多次搬运等环节，有利于降低售价，提高产品的竞争能力，使直销企业在竞争中处于有利地位。

第二，信息反馈迅速，有利于改进产品和服务。直销渠道可以降低市场调查的费用。正是由于直销的特点，直销渠道很短，直销厂家的营销人员可以更直接、更迅速地从消费者那里得到真实、准确的信息，以便于企业根据自身的状况和消费者的意见和建议调整销售策略。

第三，宣传效果好，且广告费用低。直销企业主要通过口碑宣传使消费者认识了解产品，这样就大大降低了企业在广告宣传方面的费用。

第四，返款迅速，加快了企业的资金周转。传统营销方式中，厂商把产品卖给中间商，通常都是赊销，支付期限短则一个月，长则可能三个月、半年甚至更久，很多厂商正是由于资金周转不灵而倒闭的。

第五，可以为消费者提供专业化、人性化的服务。营销人员大都经过专业培训，具有丰富的营销实践经验。因此，在食疗产品营销的过程中，无论是售前、售中还是售后服务都比较到位。

（2）直销的缺点

第一，食疗产品低价高卖，消费者难以接受。虽然直销省去了传统流通渠道的中间环节，但是直销公司的产品一点都不便宜。公司要保证直销商的利润才能调动直销商的积极性，这样就必须把产品的价格拉高。

第二，直销商要赚到钱就要不断地推销。直销商在向顾客推销产品的时候，很多人都会有防备心理，先放一堵墙，以免受伤害，即使买了产品也是给面子而已。

第三，业绩压力。业绩压力有好有不好。好处是迫使直销商努力工作，但是直销的很多弊端也是由业绩压力产生的。

（3）间接渠道的优点

第一，食疗企业可以利用国内其他组织机构在国外的分销渠道和营销经验，迅速将产品推向国外市场，为生产企业缩短了买卖时间，在一定程度上帮助生产企业节约了资金，有利于生产企业把人、财、物等资源集中用于发展生产，可以取得更良好的时间效益。

第二，减少了企业所承担的外汇风险及各种出口信贷的风险，对资金的使用有一定的安全性。

第三，食疗企业不必设置从事进出口业务的专门机构或专门人员，可以节省人力、物力和财力，集中精力搞好生产。由于中间商具有较丰富的市场营销知识和经验，又与顾客保持着密切而广泛的联系，了解市场情况及顾客的需求特点，能够有效地促进商品的销售，弥补生产企业销售能力弱的缺陷。

第四，在间接渠道中，中间环节承担了采购、运输和销售的任务，起到了集中存储、平衡与扩散商品的作用，进而调节了生产与消费需求之间的商品数量、品种和等级方面的矛盾。

（4）间接渠道的不足

第一，限制了食疗企业在国外市场上的经营销售能力的扩大。

第二，间接分销渠道主要用于缺乏出口经验能力、没有海外分销渠道和信息网络的中小生产企业，或面对潜力不大、风险较大的市场，一般适用于消费品。

3. 未来食疗行业营销渠道变化趋势

随着国家对保健品行业的收紧，对虚假营养保健品广告、讲座的打击，以及对市场上假劣养生书籍的曝光，众多传统养生行业难有所突破，发展前景也不容乐观，而新兴养生行业则还没有形成产业与规模，前景尚不明朗，保健养生行业已进入后时代，这也为发挥传统中医药在保健养生方面的积极作用提供了巨大空间。同时，21世纪是网络的时代，众多事业依托互联网发展突飞猛进，网络购物、网络支付已逐渐成为潮流甚至成为主流。而随着国家对互联网交易食品药品限制的放宽，通过网络销售养生保健产品也将是未来的大势所趋。

　　未来食疗产品的销售，除了传统的渠道和实体模式外，电子商务不可或缺。食疗产品的线上线下一体化营销模式是必由之路。

（六）我国电商平台营养保健品销售情况分析

1. 我国电商平台营养保健品营销分析

（1）国内各大电商平台市场份额占比

　　从平台表现来看，2021年保健品电商销售额市场份额占比最高的平台依次是天猫（26.7%）、天猫国际（18.4%）、京东（18.2%）、京东全球购（13.6%）、淘宝（9.6%）、拼多多（4.0%）和唯品会（3.3%）（见图6）。

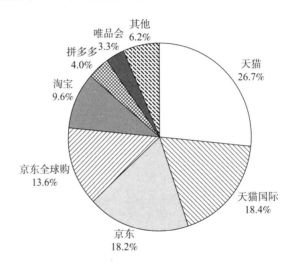

图6　2021年国内各大电商平台营养保健品市场份额占比

资料来源：EARLY DATA。

（2）领先电商平台营养保健品营销策略分析

　　面对越来越多的细分需求，国内营养保健品企业开始不断创新和变化，既迎合新生代消费者热衷的潮流，又促进营养保健品行业健康发展。

　　天猫健康洞察到行业新的消费趋势，联手天猫宝藏新品牌IP，推出4大品类趋势赛道，将更多好货推荐给消费者，引导消费者做出更加适合自身需求的产品搭配，同时也赋能新品牌成长，实现品牌升级。

品类趋势赛道 1：便携式随时补给。现代人对健康养生产品要求更加便捷化，可以随时携带，又能成为社交产品便于分享。这也是健康养护观念更加年轻化的体现。

品类趋势赛道 2：针对性科学补给。每个人体质不一样，各种生活饮食习惯也不一样，这也导致不同人需要不同的补给，通过科学化地缺啥补啥，能更加有针对性地补给，在特定方面达到想要的效果。

品类趋势赛道 3：蓝帽子专业补给。有部分消费者在选择健康养生产品时，特别强调国家认证，偏好于选择靠谱专业安心的补给，有国家权威机构做背书能够养护得安心又省力。

品类趋势赛道 4：复合剂型补给。有部分消费者已把养护补给当作一种日常，他们不只追求单一功效，更注重全面健康，一次补给就能多效养护。

2.2021年主流电商平台营养保健品产品排行 TOP20（品类）

从具体的细分类目来看，天猫平台需要重点关注高潜类目的增长，例如海外膳食中的虾青素/硒/牡蛎/B 族、NMN 等高成长性品类，以及普通膳食中的 DHA、鱼油、叶黄素等品类。

而京东国内保健品仍旧是骨骼健康、增强免疫、运用营养、维矿占据 TOP4；国际保健品中，婴儿营养品成为京东国际保健品中的高增长大类。此外，益生菌、叶酸、养肝护肝为高潜类目。同时，细分类目可重点关注牡蛎提取物、叶酸、叶黄素等品类。

抖音平台的营养保健品首选"减肥/纤体""美白""抗老""肠道调理"四大功效卖点，主要以胶原蛋白、微生物发酵类目为重点营销产品。

3.2021年主流电商平台营养保健品企业排行 TOP20

2021 年主流电商平台营养保健品企业排行 TOP20 如表 2 所示。其中，汤臣倍健、美国安利公司、养生堂分居前三位。

表 2　2021 年主流电商平台营养保健品企业排行 TOP20

排名	企业名称
1	汤臣倍健
2	安利

排名	企业名称
3	养生堂
4	辉瑞
5	东阿阿胶
6	哈药集团三精制药
7	同仁堂
8	健安喜
9	赛诺菲
10	九芝堂
11	台鹭
12	修正药业
13	金仕康
14	康一生
15	康麦斯
16	麦金利
17	健康元
18	仙乐健康
19	艾兰得
20	威海百合

资料来源：中研普华。

五 中国食疗产业运行数据监测

（一）中国食疗产业规模分析

1. 企业数量结构分析

据不完全统计，仅药食同源产品和营养保健品的大企业约有7.86万家，主要分布在药膳餐饮、凉茶、药酒、固体药膏、中药冲剂、中成药保健品等行业。

2. 行业资产规模分析

2021年，我国食疗产业规模达3566亿元，同比增长2.74%（见表3）。

表 3　2019～2021 年我国食疗产业规模

单位：亿元

年份	资产规模
2019	3128
2020	3471
2021	3566

资料来源：中研普华。

（二）中国食疗产业财务指标分析

1. 行业盈利能力分析

行业的盈利能力主要用净利率、毛利率等来反映。据不完全统计，2021年中国食疗行业毛利率约为 47.6%，较 2020 年有所提高（见表 4）。近年来，居民健康意识提升，对食疗的接受程度有所提高，行业的盈利能力也有一定幅度的提高。和大多数行业相比，食疗行业的盈利能力处于中上水平。

表 4　2019～2021 年中国食疗行业毛利率

单位：%

年份	毛利率
2019	46.8
2020	47.2
2021	47.6

资料来源：中研普华。

2. 行业偿债能力分析

行业的偿债能力通常用行业流动比率、速动比率和资产负债率等可量化的技术指标进行体现。

流动比率是流动资产对流动负债的比率，用来衡量行业流动资产在短期债务到期以前，可以变为现金用于偿还负债的能力。一般说来，流动比率越高，说明行业资产的变现能力越强，短期偿债能力亦越强；反之则弱。一般认为，较为理想的流动比率为 2∶1，表示流动资产是流动负债的两倍，即使流动资产有一半在短期内不能变现，也能保证全部的流动负债得到偿还。

速动比率是指企业速动资产与流动负债的比率，速动资产是企业的流动资产减去存货和预付费用后的余额，主要包括现金、短期投资、应收票据、应收账款等项目。传统经验认为，速动比率维持在 1∶1 较为正常，它表明企业的每 1 元流动负债就有 1 元易于变现的流动资产来抵偿，短期偿债能力有可靠的保证。速动比率过低，企业的短期偿债风险较大，速动比率过高，企业在速动资产上占用资金过多，会增加企业投资的机会成本。2019～2021年中国食疗行业速动比率如表 5 所示。

表 5　2019～2021 年中国食疗行业速动比率

年份	速动比率
2019	1.09
2020	1.08
2021	1.02

资料来源：中研普华。

3. 行业营运能力分析

行业的营运能力通常用行业存货周转率、应收账款周转天数和总资产周转率进行体现。

存货周转率是企业一定时期销货成本与平均存货余额的比率，用于反映存货的周转速度，即存货的流动性及存货资金占用量是否合理，促使企业在保证生产经营连续性的同时，提高资金的使用效率，增强企业的短期偿债能力。一般来讲，存货周转速度越快（即存货周转率或存货周转次数越大、存货周转天数越短），存货占用水平越低，流动性越强，存货转化为现金或应收账款的速度就越快，这样会增强企业的短期偿债能力及获利能力。

应收账款周转率是企业在一定时期内赊销净收入与平均应收账款余额之比，它是衡量企业应收账款周转速度及管理效率的指标。

总资产周转率是企业一定时期的销售收入净额与平均资产总额之比，它是衡量资产投资规模与销售水平之间配比情况的指标。总资产周转率是考察企业资产运营效率的一项重要指标，体现了企业经营期间全部资产从投入到产出的流转速度，反映了企业全部资产的管理质量和利用效率。通过该指标的对比分析，可以反映企业本年度以及以前年度总资产的运营效率和变化，发现企业与同类企业在资产利用上的差距，促进企业挖掘潜力、积极创收，提高产品市场占有率和资产利用效率。一般情况下，该数值越高，表明企业总资产周转速度越快、销售能力越强、资产利用效率越高。2019～2021年中国食疗行业总资产周转率如表6所示。

表6　2019～2021年中国食疗行业总资产周转率

年份	总资产周转率
2019	0.84
2020	0.84
2021	0.82

资料来源：中研普华。

4.行业发展能力分析

发展能力是指企业扩大规模、壮大实力的潜在能力。发展能力又称成长能力。分析发展能力主要考察以下指标：营业收入增长率、总资产增长率、营业利润增长率。

随着行业市场规模的不断扩大和进入厂商的不断增多，市场竞争将会日趋激烈，行业利润水平及成长能力将会有所下降。但是随着市场竞争的加大，只靠价格作为竞争手段的企业将会逐渐被淘汰，具有技术、品牌和营销优势的企业将会得到进一步的发展，行业的集中度将会逐步提高。

六　中国食疗产业格局分析

（一）中国食疗产业竞争现状分析

我国营养保健食品行业经过多年的发展已经形成了一定的规模。从竞争格局来看，国内营养保健食品行业产品品种众多，从事营养保健食品生产的市场参与者主要有两类：一类是缺乏自主品牌、专门从事合同生产的企业，这类企业注重前端的研发、生产、质量控制及供应链管理，主要配套服务于国内外品牌运营商；另一类则是同时具备研发、生产、质量控制、供应链管理以及销售能力的混合型企业，这类企业产业链完善，能及时根据终端的消费需求调整自身产品结构，保证产品的研发、生产与市场需求的同步，具备较强的竞争优势。

在药食同源资源研发产品中普遍存在着原料重复、功效重复和剂型重复等低水平利用开发的问题。原料选择主要是一些常见的或者广为报道的资源，如枸杞子、西洋参、人参等。近年来开发的产品，主要的功效也多围绕在免疫力调节、抗疲劳和辅助降"三高"等方面。

目前市场上的药食同源健康产品大多以矿物质、氨基酸、维生素为主，在加工工艺上停留在原料的简单提取。而以中医药理论为指导，以传统中医药选方配伍为基础的保健品种类不多，缺乏从中医养生古方中挖掘保健食品的创新品种。

（二）中国食疗产业集中度分析

在国内食疗行业中，由于加工等产业链完善，各类企业众多，且大多数企业都是中小型企业，企业的规模受到原料供给等影响，较难实现大规模的生产经营，整个行业的市场集中度较低。

（三）中国食疗产业存在的问题

一是食疗相关法律法规不健全。从我国"食药同源"传统文化来看，食疗是利用食物的"偏性"来养生保健、调理健康、防治疾病，强调具有一定的功效。但按照《中华人民共和国食品安全法》，食疗食品归属于普通食品管理，不能标示和宣传任何功能，也未明确适宜人群。因此，尽管食疗食品的需求侧急速增长，供给侧也跃跃欲试，但现行食品法律法规不利于食疗食品的推广，已成为食疗产业发展的瓶颈。

二是食疗食品基础研究薄弱。我国有丰富的"食药同源"资源。产业结构调整指导政策、营养功能因子的高效制备、稳态化保持及靶向递送技术有待突破，其营养和安全性评价体系有待完善，这些都是食疗产业发展亟须解决的技术难题。

三是政产学研协同创新不足。我国食疗产业科研投入较低，在产学研结合和技术成果推广方面尚缺乏行之有效的平台和措施，导致技术成果与企业生产不能实现有效对接。建立有效的技术交流平台，实现科技成果在企业的无缝转化对接，是亟待解决的问题。

（四）解决中国食疗产业问题的策略分析

一是完善食疗产品相关的法律法规。完善的法律法规体系有利于促进我国食疗产业更好更快地发展，可借鉴国外在健康食品管理方面成功的经验，构建一个全新、规范的食疗产品管理体系，并制定食疗产品功能目录。对于单方食疗产品可根据药典明确其功效，允许功效声称；复方食疗产品可先按普通食品备案，再进行上市后的健康功效评价；在慢病调理过程中，已被循证医学临床试验证明确实具有疗效且可长期食用的食疗产品，可考虑将其纳入医保范畴，既可减轻患者的经济负担，又可提高患者的生活质量和健康水平。

二是加强食疗产品基础研究。利用我国中医药理论优势，加大食疗新产品的科研投入力度，提高产品技术含量，加快食疗产品研发创新，以普通食品为载体，开发特色鲜明、丰富多样的食疗产品。建立健全食疗产品生产、流通、产品质量和功能评价等方面独特的标准体系。

三是强化食疗产业的政产学研协同创新。食疗产业的健康发展离不开政府支持、科技支撑以及龙头企业的带动和示范。政府应营造良好的产业发展环境，加大对食疗产业的支持力度，尤其应重点支持优秀龙头企业和高校、科研院所开展"食药同源"理论基础研究、关键技术和产品开发以及人群功效试验，提高食疗产业的科技创新能力；企业应坚持以市场为导向，提高科技成果转化率，开发满足消费者需求的营养健康食疗产品，服务于国家供给侧结构性改革的战略需求，助推我国新兴食疗产业健康发展。

（五）产业结构发展预测

1. 产业结构调整指导政策分析

2002 年，卫生部曾公布了 87 种药食同源的中药材名单，2014 年名单扩大到 101 种；2020 年 1 月 6 日，国家卫健委和国家药监局联合发布公告，将当归、山柰、西红花、草果、姜黄、荜茇 6 种物质纳入《食药物质目录》，随后不久党参等 9 种物质又被列入食药物质管理试点行列。由此可见，为推动药食同源相关产业的发展，目录一直在源源不断地扩大，但也不宜盲目扩大目录范围，一些药性较为剧烈或有毒的药材确实不可纳入其中。

2. 产业结构调整中消费者需求的引导因素

药食同源产品依据中医理论，利用食材的偏性来纠正身体的偏性，在治未病方面的优势非常明显。作为新兴产业，药膳不仅能够有效提升大众健康水平，减少疾病发生以及医疗支出压力，而且有助于推进健康中国建设。尤其是此次新冠肺炎疫情，使人们更加注重养生保健、增强免疫力，这其中孕育着非常广阔的市场前景，体量甚至比中药都大。

3. 产业结构调整方向分析

药膳的属性是餐饮食品，但又不完全是食品，而是兼具保健养生功能的食疗产品。在宣传时，既不能说含有某种特定功效，更不能说可防病治病，企业往往为此陷入不敢宣传的尴尬之境，不仅不利于品牌传播，也不利于消费者对药食同源产品的科学认知，甚至还有可能出现胡乱宣传的行业乱象。因此，企业要把好产品宣传尺度，不要过度或夸大宣传，例如药膳只宣传其本来所具有的食疗养生功效，但不可代替药物，监管部门则对照保健食品的广告宣传管理办法加强监管，从而促进药膳产业良性发展。

七　中国食疗产业需求特点与动态分析

（一）中国食疗行业消费者基本情况

在疫情的影响下，人们对免疫力相关产品十分关注。中医药对防病养生有着独特的优势，注重通过扶养正气以达到祛邪目的，如益卫气、补元气、养血气来加强机体的抵抗力。这种理念推动着药食同源资源在免疫健康产品中的创新，使得以食品和饮料为形态的免疫产品陆续出现在市场上，如饼干、巧克力、麦片或棒状食品等。消费者有足够的机会买到免疫零食和即饮饮料。疫情之后，同样还有很多后续问题亟待解决，如焦虑、失眠等健康问题，此类药食同源产品的开发空间很大。

近年来，随着生活方式的改变和健康理念的普及，营养保健食品消费人群年龄阶层不断扩大，中青年人群对于营养保健食品的消费需求亦在快速上升，市场需求旺盛。

从数据上来看，关注并消费增强免疫类产品的主要年龄段在 30 岁至 40 岁之间，比例超过 44%。男女比例相对均衡，女性比例略高。同时，在地域上，广东、北京和江苏是重点区域。

（二）中国食疗行业消费者属性及偏好调查

在一份 300 人的食疗问卷调查中，被调查者中，对中国食疗药膳完全不了解的占 42%，有一定了解的占 49%，比较了解的 9.0%；曾经接触过药膳食品者占 54.4%，而没有吃过者占 45.6%。

此结果表明，在被调查的消费者中绝大多数对药膳的一般了解甚少，甚至完全不了解，但却有一半以上的消费者吃过药膳食品，其盲目消费的状况是显而易见的。从学术的角度来看，药膳食品应与普通营养食品有别，属于特殊类食品，其烹制和食用均应遵循相应的特有规则，而不应呈盲目制作或盲目消费的状态。

（三）食疗行业价格影响因素分析

1. 供需因素
产品的供给水平是影响市场价格的一个主要因素。一方面，生产这种商品的产品或原材料供应有限，市场价格就会在供给减少时提高；另一方面，在供给水平持续增加时，市场价格通常会下降或保持现有水平。

产品需求也对市场价格有显著影响。如果在供给不变的情况下需求增加，价格通常会上涨。如果需求和供给同时增加，价格一般不会变化。此外，需求水平也受人口变化、消费者口味和经济条件等因素影响。

2. 成本因素
成本因素是影响价格最根本、最直接的因素。任何企业的存在都是因为利润，任何产品的生产都是受到利益驱动，供应商进行生产的目的毫无疑问就是获得利润。因此，采购价格一般在供应商成本之上，两者之差即为供应商的利润，供应商的成本是采购价格的底线。

尽管经过谈判供应商大幅降价的情况时常出现，但这只是因为供应商报价中水分太多的缘故，采购价格的高低不是全凭双方谈判随心所欲而决定的。

八 中国食疗产业区域市场现状分析

（一）中国食疗产业区域市场规模分布

食疗产业市场规模与区域人口、经济紧密相关，目前我国食疗行业市场主要集中在东部沿海地区（见图7）。

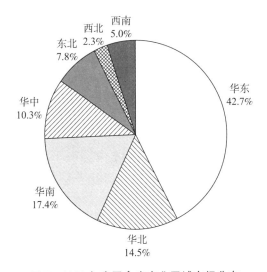

图7 2021年我国食疗产业区域市场分布

资料来源：中研普华。

（二）华东地区市场分析

华东地区是中国东部地区的简称。"华东六省一市"包括山东省、江苏省、安徽省、浙江省、江西省、福建省和上海市。

浙江主产药材：狭义的浙药系指以"浙八味"为代表的浙江道地药材，如白术、杭白芍、玄参、延胡索、杭菊花、杭麦冬、山茱萸、浙贝母，以及温郁金、温厚朴、天台乌药等。

（三）华北地区市场分析

华北地区是指位于中国北部的区域，一般指秦岭—淮河线以北，现时在政治、经济层面上是指北京市、天津市、河北省、山西省和内蒙古自治区共计5个省级行政单位。

华北地区包括北京市、天津市、河北省、山西省和内蒙古自治区中部即锡林郭勒盟、乌兰察布市、包头市和呼和浩特市等四盟（市）。政治上一般把整个内蒙古都列入华北地区。

华北地区主产药材有北沙参、山楂、党参、金银花、板蓝根、连翘、酸枣仁、远志、黄芩、赤芍、知母、枸杞子、阿胶、全蝎、五灵脂等。

药材特点：山西党参皮细嫩、紧密，质坚韧；河北酸枣仁粒大、饱满、油润，外皮色红棕；河北连翘身干、纯净，色黄壳厚；河北易县、涞源县的知母肥大、柔润、质坚、色白，嚼之发黏，被称为"西陵知母"。

（四）华南地区市场分析

华南地区是中国南部地区的简称。华南三省（区）包括广东省、海南省和广西壮族自治区。广义上的华南地区还包括福建省中南部、台湾、香港、澳门。

华南地区主产药材：槟榔、砂仁、巴戟天、益智仁是我国著名的"四大南药"，桂南一带出产的道地药材有鸡血藤、山豆根、肉桂、石斛、广金钱草、桂莪术、三七等，珠江流域出产著名的广藿香、高良姜、广防己、化橘红等，海南主产槟榔等。

（五）东北地区市场分析

东北地区包括辽宁、吉林、黑龙江三省。

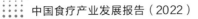

东北地区主产药材：人参、鹿茸、防风、细辛、五味子、关木通、刺五加、黄檗、知母、龙胆、蛤蟆油等。

药材特点：人参加工品边条红参体长、芦长、形体优美；辽细辛气味浓烈、辛香；北五味肉厚、色鲜、质柔润；关龙胆根条粗长、色黄淡；防风主根发达，色棕黄，被誉为"红条防风"；梅花鹿茸粗大、肥、壮、嫩，茸形美、色泽好。

（六）西北地区市场分析

西北地区是中国西北内陆的一个区域，地理上包括黄土高原西部、渭河平原、河西走廊、青藏高原北部、内蒙古高原西部、柴达木盆地和新疆大部的广大区域，通常简称"西北"。西北五省区包括陕西省、甘肃省、青海省、宁夏回族自治区和新疆维吾尔自治区。

西北地区主产药材：党参、黄芪、当归、板蓝根、甘草、柴胡均属于行业大有量大宗品种，且大部分为药食两用。

（七）西南地区市场分析

中国西南地区包括中国西南部的广大腹地，地理上包括青藏高原东南部、四川盆地和云贵高原大部。西南五省（区、市）包括四川省、云南省、贵州省、西藏自治区和重庆市。

四川主产药材：川产珍稀名贵药材有麝香、冬虫夏草、川黄连、川贝母、石斛、天麻等。大宗川产道地药材有川麦冬、川泽泻、川白芍、川白芷、川牛膝、川郁金、川黄檗、川芎、附子、川木香、川大黄、川枳壳、川杜仲、川厚朴、巴豆、使君子、明党参等。

药材特点：道地药材呈明显的区域性或地带性分布，如高原地带的冬虫夏草、川贝母、麝香；岷江流域的姜和郁金，江油的附子，绵阳的麦冬，灌县的川芎，石柱的黄连，遂宁的白芷，中江的白芍，合川的使君子、补骨脂，汉源的花椒、川牛膝等，都是国内外著名的中药材。川附子加工成的附片，张大均匀，油润光泽；川郁金个大、皮细、体重、色鲜黄；川芎饱满坚实、油性足、香气浓烈；白芍肥壮、质坚、粉性足、内心色白，被称为"银心白芍"；麦冬皮细、色白、油润；红花色泽鲜艳，味香油润；枳壳青皮白口；白芷富粉质，断面有菊花心。

云南主产药材：滇南为我国少有的静风区，出产诃子、槟榔、儿茶等；滇北出产云茯苓、云木香、冬虫夏草等；处于滇南、滇北之间的文山、思茅地区以盛产三七并闻名于世，此外尚有云黄连、云当归、云龙胆、天麻等。

九 中国食疗产业竞争情况

（一）中国食疗产业竞争结构分析

1. 现有企业间竞争

据不完全统计，涉及食疗的企业（重点统计药食同源产品生产销售企业＋营养保健品生产销售企业）约有6.8万家，主要分布在凉茶、药酒、固体药膏、中药冲剂、中成药保健品等行业。

2. 潜在进入者分析

新进入者在给行业带来新生产能力、新资源的同时，希望在已被现有企业瓜分完毕的市场中赢得一席之地，这就有可能会与现有企业发生原材料与市场份额的竞争，最终导致行业中现有企业盈利水平降低，严重的话还有可能危及这些企业的生存。竞争性进入威胁的严重程度取决于两方面的因素，这就是进入新领域的障碍大小与预期现有企业对于进入者的反应情况。

进入障碍主要包括规模经济、产品差异、资本需要、转换成本、销售渠道开拓、政府行为与政策、不受规模支配的成本劣势、自然资源、地理环境等方面，这其中有些障碍是很难借助复制或仿造的方式来突破的。预期现有企业对进入者的反应情况，主要是采取报复行动的可能性大小，这取决于有关厂商的财力情况、报复记录、固定资产规模、行业增长速度等。总之，新企业进入一个行业的可能性大小，取决于进入者主观估计进入所能带来的潜在利益、所需花费的代价与所要承担的风险这三者的相对大小情况。

食疗行业的潜在进入者主要是同类型产品，部分生产企业为了获得优质的原材料，通过搭建中药材种植基地，来提高产品的竞争力。

3. 替代品威胁分析

两个处于同行业或不同行业中的企业，可能会由于所生产的产品是互为替代品，从而在它们之间产生相互竞争行为，这种源自替代品的竞争会以各种形式影响行业中现有企业的竞争战略。

第一，现有企业产品售价以及获利潜力的提高，将由于存在着能被用户方便接受的替代品而受到限制。

第二，由于替代品生产者的侵入，使得现有企业必须提高产品质量，或者通过降低成本来降低售价，或者使其产品具有特色，否则，其销量与利润增长的目标就有可能受挫。

第三，源自替代品生产者的竞争强度，受产品买主转换成本高低的影响。

总之，替代品价格越低、质量越好、用户转换成本越低，其所能产生的竞争压力就越强；而这种来自替代品生产者的竞争压力的强度，可以具体通过考察替代品的销售增长率、替代品厂家生产能力与盈利扩张情况来加以描述。

4. 供应商议价能力

供方主要通过其提高投入要素价格与降低单位价值质量的能力，来影响行业中现有企业的盈利能力与产品竞争力。供方力量的强弱主要取决于他们所提供给买主的是什么投入要素，当供方所提供的投入要素其价值构成了买主产品总成本的较大比例，对买主产品生产过程非常重要，或者严重影响买主产品的质量时，供方对于买主的潜在讨价还价力量就大大增强。一般来说，满足如下条件的供方集团会具有比较强大的讨价还价力量。

一是供方行业为一些具有比较稳固市场地位而不受市场激烈竞争困扰的企业所控制，其产品的买主很多，以至于每一单个买主都不可能成为供方的重要客户。

二是供方各企业的产品各具有一定特色，以至于买主难以转换或转换成本太高，或者很难找到可与供方企业产品相竞争的替代品。

三是供方能够方便地实行前向联合或一体化，而买主难以进行后向联合或一体化。

食疗行业的上游主要是药材的培育、种植等产业，上游供应商的规模大小不等、数量较多、竞争较激烈，食疗行业对上游供应商的议价能力较强。

5. 客户议价能力

购买者主要通过其压价与要求提供较高的产品或服务质量的能力，来影响行业中现有企业的盈利能力，其购买者议价能力影响主要有以下几个方面。

一是购买者的总数较少，而每个购买者的购买量较大，占了卖方销售量的很大比例。

二是卖方行业由大量相对来说规模较小的企业所组成。

三是购买者所购买的基本上是一种标准化产品，同时向多个卖主购买产品在经济上也完全可行。

四是购买者有能力实现后向一体化，而卖主不可能实现前向一体化。

食疗行业的购买者主要是普通消费者，这部分用户主要是食疗产品的直接消费客户，这类客户每次购买量较小，但购买者基数较大。尽管食疗产品种类众多，购买者的讨价还价能力比较强。

（二）中国食疗产业 SWOT 分析

1. 优势分析

近年来随着中医学及食品科学的发展，人民生活水平不断提高，在生活饮食方面也提出了更高的要求。传统的饮食疗法又有了新的发展，在著作方面出现了许多专业工具书，如食养疗疾、保健医疗食品类书籍和辞书等，同时大量科普类书籍也相继问世。中医食疗食补也开始进入专业研究领域，并取得了丰硕的科研成果。目前，很多中医药院校及科研机构与中医院合作，开展了食疗的临床工作，研制特医食品。部分中医院设立食疗营养科或食疗门诊，且在中医理论指导下研发的药食同源保健食品也被广泛推广应用。

2. 劣势分析

一是品牌影响力不足。生产企业主要以代加工、贴牌生产等方式为主，自主研发不足，产品知名度低，品牌效应不明显。

二是营销渠道不畅。对大数据、"网红＋主流媒体"等新营销方式应用不够，电商规模小、水平不高，导致物流不畅、成本较高。

三是产业融合不够。以康养旅游为例，河北省安国市5家3A旅游景区普遍缺少"药食同源"体验环节，"药食同源＋中医药康养"、现代农业上下游亟待发力。

四是同业竞争无序。由于"药食同源"企业缺乏产业引导，研发创新、市场培育等投入不足，创新乏力，价格战频发，同质化竞争时有发生。

3. 机会分析

近几年来，我国出台了许多支持药食同源类中药材的发展政策。《"十三五"健康老龄化规划重点任务分工》中明确提出"要大力提升药品、保健食品和老年产品等的研发水平，扩大相关产业规模"。随后又发布了《中医药健康服务发展规划（2015～2020年)》《中医药"一带一路"发展规划（2016～2020年)》《中医药发展战略规划纲要（2016～2030年)》《"健康中国2030"规划纲要》等文件，并在《"健康中国2030"规划纲要》中明确提出"未来健康中国总体战略是以预防为主，推行健康生活方式，减少疾病发生，实现全民健康"，为整个中医药健康产业的发展和药食同源类中药材产业发展提供了政策性指导。

4. 威胁分析

我国的药食同源产品在进入国外市场时大多是以中药饮片的形式出现的，这些产品能够满足群众日常生活的需求，但是需要的制造设备比较简单，工艺也比较简单，产品不具有高科技含量，企业在新产品研发方面投入较少，以至于虽然药食同源产品品种在世界范围内都受到居民的欢迎，但是并不能打造出民族品牌，也就难以在国外市场获得一席之地。与我国相比较而言，美国、日本和欧洲等发达国家和地区在药食同源产品研发方面投入了大量的资金，并研发生产出具有极高科技含量的药食同源产品品种，当前世界经济全球化趋势日益明显，国外的药食同源企业一旦进入中国市场便会对我国的民族产业带来一定的冲击，影响民族产业的发展。我国的药食同源企业面临着十分严峻的挑战，需要进一步加大产品的研发力度。当前我国的市场竞争日趋激烈，而中医文化则有着悠久的历史，我国的药食同源产业应当充分发挥中医文化的理论优势，在研发新产品的同时，加大药食同源产品的资金投入力度，将科技作为企业生存的最大优势，从而适应市场的发展。我国的药食同源企业应当以简单的含片和药膳作为基础，不断进行深入的附加价值的挖掘和开发，研究出具有更高价值的药食同源产品，这也是未来我国药食同源产业走向繁荣和富强的必经之路。只有创出我国自有的药食同源企业品牌，才能得到国内消费者的拥护，同时打开国外市场，推动药食同源企业走向国际舞台。

（三）中国食疗产业竞争环境分析

1. 政策环境

我国自 2001 年 12 月实施《中华人民共和国药品管理法》以来，对中药的生产、经营已实行了 GAP《药品零售企业中药饮片质量管理办法》、GMP《药品生产质量管理规范》的准入制管理。在药品经营的企业中，实行了 GSP《药品经营质量管理规范》的准入制。对于食品和保健食品的生产、经营，有《食品卫生法》和《保健食品法》及食品 QS《食品安全认证》强制性的准入制管理政策。

2. 经济环境

2020 年我国实现全面步入小康社会。按照恩格尔系数理论，小康水平恩格尔系数为 40%~50%。也就是说居民有一半的收入用于食物以外的消费。按照马斯洛的需求层次理论，人在满足了基本的衣食住行的需求外，就会开始考虑娱乐、保健等更高层次的需求，现在我国经济的发展水平完全可以支持人们对养生保健需求的消费。由于经济的发展，我国餐饮业和医药业也发展迅速，作为"药食同源"的药膳也得到消费者的逐渐认可。经济的大环境对于食疗产业的发展是极为有利的。

3. 社会环境

中国传统的"药食同源"思想即是保健思想的反映。中国人从神农尝百草开始就有保健养生、防病于未然的习惯。早在 20 世纪 90 年代，世界卫生组织就曾预言"21 世纪的医学，疾病不再作为医学的主要研究对象，人类健康将作为医学研究的主要方向"，这意味着我们现在的医学研究将不再以疾病为主要研究对象，而是以人的健康为研究对象。现阶段是国民追求健康、享有保健的新时代。随着经济的发展，人们对健康的意识逐步增强，社会发展已由发展经济转变为发展健康。现代的人们最关心、最需要的是健康，人们的需求已由吃饱穿暖向健康生活转变，健康成为这个时代人生最宝贵的财富，养生保健成为全民的基本需求，这将是未来的发展方向，同时也为大健康产业、药食同源类中药材产业快速发展创造了条件。

4. 技术环境

经过多年的发展，我国营养保健食品行业的技术水平和研发能力得到了较大幅度的提升，已崛起一批具有自主研发能力且规模较大的营养保健食品制造企业。作为全球营养保健食品的主要产地，我国营养保健食品制造企业已具备向全球提供营养保健食品规模化生产的能力，部分领先营养保健食品制造企业已拥有较强的技术研发水平，能够将生物医药领域先进的技术和研发成果应用于实际的生产经营中，满足全球营养保健食品市场日益增长的需求。

营养保健食品行业的技术特点主要体现在三个方面：一是新原料、新营养素的应用，一般是将生物医药行业先进的技术和研发成果应用到营养保健食品之中；二是结合特定消费群体（如运动员、孕妇、婴幼儿、病人等）的需求进行配伍研发；三是对生产过程中的工艺进行持续的优化与改进，保证产品功效的稳定性，减少功效的损失。技术的进步和特定消费群体需求的变化会给行业带来新的发展机遇。本行业技术具有融合性强、技术含量高、技术跨度大、更新快等特点。

十 食疗产业企业分析

（一）仙乐健康

1. 基本情况

公司是国内大型营养健康食品合同生产商之一，以合同研发生产模式

（CDMO）为客户提供有科学依据的营养健康食品与服务。公司作为全球化企业，在中国、德国、美国建立了生产基地和营销中心，凭借海内外市场前沿的消费者洞察能力、业务信息整合机制和上游供应商支持，形成跨国的市场洞察优势，并在市场洞察的基础上，通过资源的积累、投入以及革新和健全管理机制，建立产品创新平台和全球供应链，以"强大制造平台＋领先新产品布局＋高效服务"的业务模式，通过与客户的合作提供消费者喜欢且需要的产品，服务于全球品牌客户，实现了广泛的客户覆盖，与全球众多优秀企业建立了深度产品合作，同时，积极支持一些成长迅速的新锐品牌发展壮大。

2. 经营分析

公司建立了健康功能提升、女性美丽健康、代餐、孕婴童健康、维矿类基础营养、运动营养、益生菌、功能性零食等多个产品功能平台，由博士团队带领，进行科学的配方研究，并相应开发了多人群、全覆盖的功能产品线，可满足从婴童、青少年、成年人到中老年人等不同人群的不同健康需求。

公司拥有具备行业竞争优势的产品研发能力。经过20多年的投入和积累，公司已造就一支具备市场洞察、产品设计、合规论证、研究试验、功效验证、产品升级能力的复合型研发团队，具备快速、有效将研发成果转化为产品推向市场的能力。公司现有超过4000个成熟营养健康食品产品配方，可满足从婴童、青少年、成年人到中老年人全生命周期的不同人群的多样化健康需求，也可满足孕妇等特殊人群的健康需求，为客户和消费者提供了多样化的不同选择。所有配方均在不同程度上转化为具体产品并先后在国内外市场进行销售。公司每年不断推出创新品种，满足客户需求，填补市场空白

（二）汤臣倍健

1. 基本情况

汤臣倍健创立于1995年，2002年系统地将膳食营养补充剂（VDS）引

入中国非直销领域，2010 年 12 月 15 日，汤臣倍健在深圳交易所创业板挂牌上市，并迅速成长为中国膳食营养补充剂领导品牌和标杆企业。2018 年，汤臣倍健收购澳大利亚益生菌品牌 Life-Space，同年 5 月，收购拜耳旗下具有 80 多年历史的儿童营养补充剂品牌 Pentavite。汤臣倍健逐步发展为全球膳食营养补充剂行业领先者。2021 年，汤臣倍健成为 TEAM CHINA 中国国家队运动食品及营养品供应商，为国家队 70 余支队伍的运动员供应运动食品、营养品和专业营养备战方案。

2. 经营分析

2002 年，汤臣倍健系统地将 VDS 引入中国非直销领域，依托现代营养科学建立了全面的膳食营养补充剂科学体系，通过自主/合作研发与收购，形成了全品类、全人群、全覆盖的产品线布局。公司拥有行业内专业的"透明工厂"，是全球领先、品控严格的膳食营养补充剂生产基地之一，制定和实行多项高标准的检测项目，以严苛要求打造让人放心的高品质产品。公司的定位不是为客户，而是为家人和朋友生产全球高品质的营养品。

作为全球 VDS 行业领先企业，多年来，公司通过持续打造与提升渠道力、产品力、品牌力、服务力等核心竞争力，不断保持和扩大公司的市场领先优势。欧睿数据显示，2021 年公司在中国维生素与膳食补充剂行业市场份额为 10.3%，稳居第一位。

2021 年，公司全面启动全营销链数字化工作，将公司和经销商的业务合作在线化、数字化，联合第三方初步完成自营电商业务 toB 和 toC 的物理共仓，稳步推动和线上经销商的业务协同合作。

（三）威海百合生物

1. 基本情况

威海百合生物技术股份有限公司成立于 2005 年，先后通过了美国 NSF 工厂认证、美国 FDA 注册、英国 BRCGS 认证、HACCP 认证、欧盟水产品注册、加拿大 FSRN 注册、社会责任 Smeta 认证等国内外知名管理体系认证或注册，可生产软胶囊、硬胶囊、片剂、粉剂、颗粒剂、口服液、滴剂、瓶饮、软饮等 10 余种剂型 4000 余种营养保健食品，现有保健食品文号 600 余个，产品出口欧美等 60 余个国家和地区，致力于以优质产品持续领跑行业。

2. 经营分析

公司是一家专业从事营养保健食品的研发、生产和销售的国家高新技术企业。历经多年的研发与积累，公司已形成软胶囊、硬胶囊、片剂、粉剂、口服液、滴剂、瓶装饮品及袋装饮品等多剂型、规模化的生产能力，同时建立了高效的研发管理及供应链管理体系，能为国内外客户提供涵盖产品定位、配方研究、生产审批及成品生产等全流程服务。

公司坚持自主品牌战略，在为国内外营养保健食品品牌运营商提供合同生产服务的同时，还积极发展自主品牌。公司建有符合 CNAS 实验室认可标准的检测中心，并先后被认定为"山东省鱼油系列保健食品工程实验室""山东省一企一技术研发中心""山东省企业技术中心""山东省博士后创新实践基地""山东省海洋特色膳食营养食品工程技术研究中心""2021 年山东省技术创新示范企业""威海市专精特新中小企业"。截至2021 年末，公司共获得发明专利 25 项、保健食品批准证书 71 项、保健食品备案凭证 658 项，是行业内拥有保健食品配方最多、取得国内外认证最多的企业之一。

（四）膳立方生物科技

1. 基本情况

膳立方生物科技（上海）有限公司是大健康产业的领航者，是专业的产业化运营平台。膳立方集团有近 20 年的产业资深背景，其前身是国内知名的膳食纤维制造企业博程生物。膳立方定位于"生态和健康"领域，着眼于全球化的布局，致力于把中华传统食疗文化发扬光大，成为生态健康领域的"中国品牌"。

2. 经营分析

集团业务主要包含以下模块：生态原产地保护产品认证和品控，大健康产业园的投资与运营，大健康专业类众创空间的建设和运营，110 种药食同源食品的研发临床验证，产业基金运营及大健康领域的投资。

膳立方总部位于中国上海，在美国芝加哥、英国伦敦等地设立有分支机构，在西藏、云南、河南、山西、江苏等多个省区设有种植基地、生产基地，与国内外多所大学、医院合作建立研发中心。作为大健康产业的先行者，膳立方首开一二三产业融合的模式，打造和升级全产业链，真正实现"为耕者谋利，让食者健康"的神圣使命。

（五）陈农夫药膳

1. 基本情况

陈农夫药膳秉持着传承中医药文化的初心，立足于百姓的健康需求，深耕以中医药为特色的大健康产业，实现了在中医馆连锁，以及食疗健康产品的研发生产、销售、服务等产业链的多点布局。20 年来，陈农夫药膳馆一直以传承和发扬中医国粹为己任，携手共进，砥砺前行，奉守以"爱"践行之理念，行医以爱、用药以爱、服务以爱，为广大患者提供了问诊、康复食疗、道地药材、体质调理、慢病管理、健康讲堂六大中医服务，树立了良好的口碑和形象。

2. 经营分析

陈农夫药膳非常注重营养健康养生汤的销售生产，俗话说"药补不如食补，食补不如汤补"，在原有汤的基础之上陈农夫药膳添加了其他特色药食同源的食材，增加人体吸收所需的营养物质。陈农夫药膳采用65 摄氏度低温冷萃取设备，结合科学搭配，把"苦口良药"变为"可口酿汤"，在不同季节能够推出不同养生汤品。公司自 2019 年 6 月起开始把 17 年的技术攻关转化为一批产业前沿和共性关键技术，培育具有行业影响力的行业领军企业，带动一批养生领域重视技术型和口碑的中小企业成长壮大，催生一批发展潜力大、带动作用强的创新型产业集群，推动若干重点产业进入全球价值链中高端，提升我国在全球中医养生产业版图和创新格局中的优势。

（六）柏岁慷生物科技

1. 基本情况

柏岁慷（北京）农业生物科技发展有限公司于 2021 年 5 月在北京中关村高科技产业园成立，以农业科技与产业化调整为基础，投身大健康产业，致力于向民众推广科学的健康理念，力求提供有效的生命全周期健康服务。

公司是中关村医学工程转化中心合作单位、中国民族医药协会非药物疗法专业委员会会员单位。公司得到中国品牌认证评价中心、中国企业信用评价中心等三家权威机构授予的"药食同源质量奖"殊荣，拥有慢性病康复适宜技术新产品"全国推广项目"称号，是中国质量万里行杂志社与理事委员会理事单位。

2. 经营分析

公司主推产品柏岁慷虫草硒牡蛎钙，内含虫草菌丝体、黄精、沙棘、SOD 活力素等多种营养物质，结合中医排通调补的养生理念，通气血、通经络、通肠道，排毒、排宿便、排寒湿、排淤堵，调节脏腑功能，补充能量和微量元素，调节人体免疫力，预防疾病，促进健康。

十一　中国食疗产业发展前景分析与预测

（一）中国食疗产业未来发展前景分析

1. 食疗产业国内投资环境分析

当前中国老龄化程度较深，根据国家统计局数据，截至 2021 年末，全国人口中 60 周岁及以上人口达到 2.67 亿人，占比 18.9%。由于人口年龄结构、生活方式和生态环境的改变，高血压、高血脂、高血糖等心脑血管病已经成为威胁人民身体健康的重大疾病，并成为家庭和社会的负担，未来的健康产业发展需要关注生命的日常生活。医学研究需要从传统模式向健康养生、治未病模式转变。人类的健康不再是只由医生、药品决定的，也需要靠自我管理、自我保健来决定。药食同源中药材通过不断渗透，将成为每个人生活不可或缺的一部分，只有这样才能保护和促进人类的健康。健康养生、治未病模式的产生，其核心是管理个人健康，通过日常生活和饮食习惯来改善人类健康状况，从而达到健康养生的目的。相关统计数据表明，我国的大健康产业正处于初创期，在发达国家，英国的健康产业占 GDP 比重的9.8%，德国占11.1%，法国占11.5%，美国占16.8%，而在我国健康产业仅占国民生产总值的5%，低于许多国家。由此可见，未来中国的大健康产业将是最具投资价值的方向之一，而药食同源类中药材产业则是大健康产业的重要核心部分，蕴含巨大的发展潜力。

2. 中国食疗产业市场机会分析

新冠疫情后，中国居民对中医药的信任度大幅提升，中式养生方式逐渐流行。不少年轻人表示开始信任和喜欢中医，认为中医是将养生融入日常生活细节，更多的人开始关注中医食疗等方式。中式养生方式的走红促使相关消费者不断增多，驱动传统滋补品市场持续迅猛发展，为健康市场带来利好。

经济的增长、人均收入的增加促使人们对生活质量和健康的要求不断提升。加上人口老龄化，慢性病大幅度攀升，亚健康成为常态，引爆了巨大的医疗健康潜在需求。政策红利不断释放，国民健康意识不断觉醒，大健康产业作为酝酿着丰富投资机会的朝阳产业，已经形成新的经济增长点，将呈现"井喷"式发展之势。

消费者对饮食的要求从"吃饱吃好"到如今"吃得健康、吃出特色"有了质的转变与突破。"引导合理膳食"作为重要的战略目标，已被明确写进国务院印发的《"健康中国2030"规划纲要》。而食疗作为中国国粹中医学的一个重要组成部分，历经数千年不断探索、研究改进，逐渐形成了当代的"中医营养学"，不仅对人们日常的合理膳食起到至关重要的引导作用，更是中华民族祖先遗留下来的宝贵的文化遗产。

3. 中国食疗产业投资增速预测

我国作为拥有14亿人口、从中等收入迈向高收入的大国，健康产业极具发展前景。到 2030 年，我国健康产业的市场规模将达到 16 万亿元。蓬勃发展的健康产业将成为我国国民经济的新增长点。

随着"健康中国"理念上升为国家战略，一系列扶持、促进健康产业发展的政策密集出台，在国家政策暖风的催化下，大量投资正加速涌入大健康领域，健康产业的投资、并购日益频繁。

（二）中国食疗产业未来发展趋势预测

1. 药食同源发展趋势

（1）食品成为药食同源主要开发方向

药食同源食品兼具药食两性，可长期食用，受到广大亚健康人群的青睐。《食品安全法》规定，生产经营的食品中不得添加药品，但是可以添加按照传统既是食品又是中药材的物质。近年来，"适应原"物质逐渐被人们所认知。适应原草药是指可以帮助身体适应生理和心理压力，很好地调节压力和免疫力之间联系的中草药，如人参、红景天等。以市场为导向，扩大开发以适应原中药材为代表的一系列新药食同源产品十分必要。

（2）成分提取被大量应用到保健食品开发中

中药材大多是植物类，中药材成分提取是通过现代分离、提取、纯化、培养及制造技术，从药材本体中分离提取出有效成分并最大限度保存其生物活性。根据不同人群的健康需求，以物质提取物为原料，通过科学配比、合理加工，可生产出一系列产品用于食品保健。比如葛根、甘草、枸杞子、姜黄、黄精等提取物被广泛用于对化学性肝损伤有辅助保护作用的保健品。

（3）添加剂成为药食同源开发方向

肉桂、丁香、八角、茴香等辛香类药食同源物质可直接食用或制成精油、浸膏、香脂、净油等加入食品中以增味。同时，在化妆品领域，药食同源物质也有非常好的应用。国际上，化妆品的研发倡导绿色天然、环保安全及作用功效。中草药提取物作用温和、刺激性小且安全性高，一些药食同源物质还具有良好的美白保湿、防晒、抗衰等效果。

2.营养保健食品发展趋势

我国传统的营养保健食品剂型以片剂、胶囊等为主，而在欧美和日本等发达市场，产品形态更加多样化，食品形态的软糖、粉剂、口服液是常见剂型。食品态的营养保健食品也有利于促进消费者形成惯性消费，使营养保健食品逐渐成为其日常生活的一部分，促进营养保健食品市场的长期可持续发展。

（1）营养保健食品功能趋于专一化，品种趋于多样化

随着营养保健食品企业对保健知识的宣传力度不断加大，以及人们获得营养保健食品知识渠道的增多，更倾向于选择功能专一化的营养保健食品。

（2）新资源、方便剂型的营养保健食品将成为主流

随着科技的不断创新，利用新资源开发新的营养保健食品以满足人们的需要将是未来营养保健食品发展的一大趋势。

（3）"食品态"的营养保健食品将成为行业发展的主要方向

在营养保健食品消费人群普及化和年轻化的背景下，兼具安全、方便、有效等优点的食品态营养保健食品将更受消费者的青睐，是行业发展的主要方向之一。

（4）消费人群年龄阶层不断扩大，市场需求旺盛

近年来，随着生活方式的改变和健康理念的普及，营养保健食品消费人群年龄阶层不断扩大，中青年人群对于营养保健食品的消费需求亦在快速上升，市场需求旺盛。

（三）中国食疗产业市场发展预测

1.中国食疗产业市场规模增速预测

我国食疗行业近年来发展迅速，受疫情影响后消费者对于食疗产品的关注逐渐多了起来，市场规模预计未来将以7.2%的年复合增长率增长。

2.中国食疗产业供需情况预测

我国是中药大国，也是饮食大国，因此食疗市场潜在需求很大，可以说食疗市场潜力无限，并不存在市场饱和的问题，而产品销路的打开在于企业

或者经营者的市场开发情况及宣传情况。

（四）中国食疗产业盈利走势预测

1. 中国食疗行业毛利润同比增速预测

近年来我国食疗行业毛利率保持在48%以上，相比其他行业而言已经有较高的毛利率，预计未来仍保持在50%左右波动。

2. 中国食疗行业利润总额同比增速预测

2021年我国食疗行业利润总额为506亿元，利润总额与行业毛利率相挂钩，预计未来食疗行业利润总额增速将与毛利率波动一致。

十二 "十四五"期间中国食疗产业发展前景与投资战略规划

（一）食疗产业发展前景分析

1. 市场发展前景分析

传统的食疗养生最注重食材的制作，因此其食材全部经过筛选、清洗、低温烘焙、红外杀菌、真空包装等数十道工序，从食物的源头上为广大消费者的身体健康保驾护航。作为人口大国，我国有14亿人口，占世界总人口数的22%，这决定了中国本土在健康食疗产业有着广阔的前景。随着我国人口老龄化的来临，特别是近20年来老年人口以每年5.4%的速度增长；另外，我国一些省市已经接近发达国家水平，家庭结构小型化，单身贵族增多，这些环境因素也将会成就食疗养生产业的未来。

2. 市场蕴藏的商机

早在2000年前，西方国家一些医学机构已经开始重视"膳食补充剂及营养学"研究。在北美，利用食物改善身体状态、抗氧化等，属于自然疗法的范畴。美国全国卫生研究所设立了替代医学研究办公室，并对此进行评估。在日本，每日补充各类营养素已经成为生活不可或缺的一部分。孩子一岁后就要补充钙、铁、锌多种维生素，幼儿园时期，老师还将每日固定给其补充多种维生素、鱼肝油等营养素。营养膳食补充在日本几乎已经普及。

在国内，随着人们生活质量的提高，人们在追求食物口味和多样性的同时更把健康放在首位，饮食上追求天然、安全，远离污染、花钱买健康已成为时尚。出于对自身健康的高度关注，人们开始寻求更有效的保持身体健康的途径，具有健康养生作用的各种中华传统天然食物广受人们青睐，不但中老年主流消费群体，甚至"90 后""00 后"也开始追求返璞归真、偏爱国潮食补法的大趋势。

（二）食疗产业投资特性分析

1. 食疗产业投资风险分析

（1）市场风险

市场风险是指未来市场价格的不确定性对企业实现其既定目标的不利影响。市场风险可以分为利率风险、汇率风险、股票价格风险和商品价格风险，这些市场因素可能直接对企业产生影响，也可能是通过其竞争者、供应商或者消费者间接对企业产生影响。

一旦公司确认了自身面临的主要风险，并且通过风险度量方法对这些风险有了定量的把握，那么公司现在就可以运用多种手段和工具来对它们所面临的风险暴露加以定量管理。

首先需要明确的是，并不存在一种对所有公司都是最优的风险管理方法。不同的公司，甚至是同一公司在不同的发展阶段，其所面临的风险类型和规模都不一样，因此需要针对具体情况采取不同的优化风险管理策略。一般来讲，当公司认为其面临的风险暴露超过了公司可以承受的标准以后，可以采用以下几种方式来管理风险，从而使其风险暴露回复到可以承受的水平之下。

一是风险规避。风险和收益总是相伴而生的，在获得收益的同时必然要承担相应的风险，试图完全规避某种市场风险的影响意味着完全退出这一市场。因此，对公司的所有者而言，完全规避风险通常不是最优的风险应对策略。

二是风险接受。有些公司在经营活动中会忽略它们面临的部分风险，不会采取任何措施来管理某些类别的风险。有研究发现，几乎所有的瑞士公司都不关心他们所面临的汇率风险。

三是风险分散。很多大的公司和机构往往采取"把鸡蛋放在不同篮子里面"的方法来分散风险，即通过持有多种不同种类的并且相关程度很低的资产来达到有效降低风险的目的，而且这种方法的成本往往比较低廉。但是对于小型公司或者个人来说，由于缺乏足够的资金和研究能力，他们经常无法有效地分散风险；同时，现代资产组合理论也证明，分散风险的方法只能降低非系统风险，而无法降低系统风险。

四是风险转移。市场风险本身是不可能从根本上加以消除的，但是可以通过各种现有的金融工具来对市场风险加以管理。例如，企业可以通过运用金融工程的方法，将其面临的风险加以分解，从而使其自身保留一部分必要的风险，然后将其余风险通过衍生产品（如互换、远期等）工具传递给他人，或者通过"操作对冲"的形式将风险暴露降低到可以承受的水平之下，如通过调整原料供应渠道，在销售地直接设厂生产或者调整外汇的流入和流出规模大小等方法来达到上述目的。

（2）价格风险

商品价格风险是指市场价格的不确定性对企业的物质商品资产所带来的收益或损失。企业商品价格风险可分为直接商品价格风险和间接商品价格风险。当企业的资产、负债中存在物质商品形态时，这些商品的市场价格的任何变动直接对企业的资产价值产生影响，由此产生的商品价格风险称为直接商品价格风险。但是，有相当部分企业并不直接生产和消费风险性商品，甚至并不拥有风险性商品资产和负债，但它们同样因商品价格的非确定性波动而对企业形成风险收益或损失。这种对特定范围的企业形成间接影响的价格风险称为间接商品价格风险。

（3）经营风险分析

经营风险是指公司的决策人员和管理人员在经营管理中出现失误而导致

公司盈利水平变化从而产生投资者预期收益下降的风险或由汇率的变动而导致未来收益下降和成本增加。

2. 食疗行业盈利因素分析

影响食疗企业利润变动的主要因素有营业收入、营业成本、营业税金及附加、销售费用、管理成本、财务费用、资产减值损失、公允价值变动收益、投资收益。上游产业原材料的成本、研发设计费用、营销费用都能够影响食疗企业的盈利情况。

（三）"十四五"期间食疗产业发展的影响因素

1. 有利因素

第一，国家政策大力扶持，促进行业规范发展。经过多年的发展，我国营养保健食品行业已逐步建立了完善的行业标准体系和国家标准体系。《食品安全法》修订完善后，与之配套的政策、法规陆续修订出台。这些政策、法规的实施，为政府严格监管提供了法规依据，也为企业扩大投资和规范经营提供了更为有利的政策环境。

2016 年 7 月 1 日，《保健食品注册与备案管理办法》正式施行，我国保健食品行业步入"注册制"与"备案制"双轨并行时代。与单一注册制相比，备案制无须技术审批环节，文件要求也有所精简，适用备案制的新产品入市周期显著缩短，节约了营养保健食品生产企业的时间成本和资金投入。该办法的实施对拉动行业的投资和人才引进以及规范企业行为都起着积极作用，能促进整个行业向更加健康、有序的方向发展。

此外，国家还相继出台了《"健康中国 2030"规划纲要》《关于促进食品工业健康发展的指导意见》《国民营养计划（2017～2030 年）》等一系列政策，指出了营养保健食品的发展方向，明确了今后一段时期国民营养工作的指导思想、基本原则、实施策略和重大行动，为营养保健食品行业的稳健发展奠定了坚实的政策基础。

第二，消费者健康意识的增强推动本行业持续健康发展。近年来，我国居民人均医疗保健消费支出保持稳定增长趋势，从 2014 年的 1045 元增加至

2021 年的 2102 元，占人均消费总支出的比例也从 6.90% 提升至 8.80%。随着生活水平和消费意识的不断提高，人们的生活环境及生活方式发生了巨大变化，对生活质量的追求日益提高，对自身的健康也会日益关注，愿意将更多的支出用于自身的医疗保健投入，这将推动整个营养保健食品行业的持续健康发展。

2. 不利因素

第一，行业研发投入不足，制约着行业发展。尽管我国营养保健食品行业保持着较快的增长，但与国际领先企业相比，国内大部分企业在资金实力、技术水平及研发能力等方面仍然存在较大差距，较少的研发投入造成产品差异化不足、企业核心竞争力较低且竞争无序，一定程度上制约着行业的健康发展。

第二，行业乱象有待进一步遏制。近年来，我国营养保健食品市场存在的虚假或者误导性宣传、非保健食品冒充保健食品等市场乱象，严重损害了消费者的身心健康，给行业的发展带来了负面影响。随着公众对营养保健食品的关注度日渐提升，营养保健食品行业相关法律法规和标准体系的日趋健全，行业乱象有望得到遏制，也有利于恢复消费者对国产营养保健食品的信心。

（四）食疗产业投资战略规划

1. 投资机会分析

（1）我国食疗产业面临高速增长的良机

在政策面上，国家对食补养生产业的发展提供了前所未有的支持。近几年，国务院、国家卫生健康委、国家中医药管理局极力倡导全民健康，推动预防食补养生产业规范发展，并在重大会议上多次提出"坚持为人民健康服务的方向，以预防为主，把着眼点放在健康上，完善国民健康政策"，将国民健康提高到国家战略的高度。可以预见，未来政府将会大力支持食补养生产业的发展，并且加大对健康产业的投入，这将促进食补养生产业的大发展。

（2）国产食疗进军国际市场的条件与机遇

我国是世界天然药物的主要供应国。例如，美国市场大宗出口品种以药食同源物质的提取物为主，其中包括薄荷醇、甘草提取物等。

一直以来，药食同源理念已融入亚洲国家医食生活。日韩等国亦推崇与我国药食同源理念相似的"药食一如"饮食方式。在日本，一些功能因子型食品很受欢迎，大枣、莲子、龙眼肉、乌梅等常见于民众日常饮食。在与日韩及东南亚地区有着共同的文化，以及欧美地区高水平健康需求之下，我国药食同源中草药种植与产业开发的相关研究正在国家层面加快进行。

我国中医药发展战略规划及相关法律法规均鼓励药食同源食品的开发与应用，促进我国食疗经济结构调整，推进中医药保健生产车间的合作生产与食品行业的融合发展。近年来，以药食同源理念为代表的中医药文化正在国际友好环境下积极输出，我国药食同源产业正顺应时代需求飞速发展。

（3）产业发展的空白点分析

食疗企业自身在新式食疗研发的道路上进展有限。更多的企业倾向于使用较为传统的家传秘方，而忽视了用户的承受能力。现代用户在互联网如此发达的时代，会将服务体验摆在很重要的位置。寻找一条既能保持养生药用效果又能兼顾口味和外观的新式食疗之路，对于每一个有志在该领域突破的企业而言，都是其工作的重中之重。

（4）投资回报率比较高的投资方向

人们对健康饮食的追求已支撑起一片庞大的产业，各类消费型食品门类和个性化调理食品更是数不胜数。比如，常见的益生菌、手工膏方、酸牛奶、现配粉、现配茶等热销产品能更好地迎合市场需求。

2.投资重点建议

中国"药食同源"研究集刊调研显示，人们习惯性重视"药食同源"的省份有安徽、山东、湖南、甘肃，建议在这四个省份开展"药食同源"食疗产品项目合作研究。同时，建议"药食同源"产品生产加工企业在本区域内与医院联合开发"药食同源"系列产品，合作研究、合作共赢。

（五）疫情防控常态化时期的食疗产业发展新格局与新变化分析

1. 疫情对食疗产业的影响

第一，通货膨胀情况加剧，农副产品价格增长超出预期。新冠疫情改变了全球经济的运行方式，通货膨胀情况日益加剧，各国农副产品价格增长普遍超出预期，同时也拉动了 2021 年整个中药材原料板块的行情普遍上涨。特别是在疫情背景下，防疫类用药原料以及 2021 年产区受灾严重的生产原料普遍出现价格增速过快的情况，极易导致未来原料产能过剩情况凸显。

第二，中药生产虽有下降，整体产能过剩依然凸显。中药材生产虽然已经连续 3 年回落，但产能过剩情况凸显，特别是一些经济效益高的品种，产区生产热情依然保持高涨。盲目跟风种植也成为当下生产端最突出的矛盾之一，一旦生产没有进行科学规划，未来"价贱伤农"的情况将再次出现。

2. 疫情防控常态化时期食疗产业发展格局及趋势

事实上，线上营销等创新发展路径已成为实现食疗行业长久发展目标的重要途径。在业内看来，食疗行业数字化布局将进一步推动我国国内大循环经济产业发展，健康高品质食疗产品利用网络平台加速品牌数字化转型，催化线上经济的发展，扩大我国食疗产品消费内需，在科技创新、品质提升、高端进化的过程中，将对我国食疗产品的产业链完善产生推动作用。

疫情防控常态化下，得益于转型创新与"健康中国 2030"浪潮的共同推动，消费需求的变化将持续倒逼食疗产品产业供给侧结构性改革。疫情防控常态化时期，面对健康的高需求，中国食疗产业升级之路依然道阻且长。期待中国食疗行业从业者能够不懈努力、持续创新，打响品牌、提高竞争力，用更优质的产品和服务，让更多的民众通过食疗拥抱健康生活和美好未来。

参考文献

1. 胡思、王超、孙贵香等：《大健康产业背景下药食同源资源开发的现状与对策研究》，《湖南中医药大学学报》2021 年第 5 期。

2. 黄璐琦、陈敏：《药食同源物质诠释》，人民卫生出版社，2021。

3. 王进博、陈广耀、孙蓉：《对中药组方保健食品的几点思考》，《中国中药杂志》2019年第 5 期。

4. 张中朋、汪建芬：《我国中药贸易现状及思考》，《中国现代中药》2017 年第 2 期。

5. 林雨晨：《全面解析美国膳食补充剂行业现状》，《食品安全导刊》2016 年第 16 期。

6. 谢果珍、彭菲、刘叶蔓：《药食兼用资源开发的现状及对策》，《湖南农业科学》2014年第 3 期。

7. 李子乔：《我国保健品市场的营销策略分析》，《商场现代化》2018 年第 1 期。

8. 邵长凤、师东菊、张洋、杨嘉琳、田昔玉：《基于"互联网＋"背景下保健品营销市场现状及策略研究》，《中国市场》2018 年第 5 期。

9. 朱峰：《膳食营养保健品行业研究》，硕士学位论文，西南财经大学，2014。

行业报告
Industry Reports

核桃肽在食疗创新领域的
机遇与挑战

刘 睿 李 勇*

摘　要：　在中医食疗领域，核桃的应用历史悠久。核桃肽作为食源性活性肽的典型代表，具有安全、有效、功能多样等特点，是核桃重要的功效成分，是新型食疗活性物筛选、开发与革新的最优候选物。大量研究证明，核桃肽具有多种重要的生理功能，如促进学习记忆、调节免疫、抗氧化、抗疲劳、解酒护肝、改善胃黏膜损伤、改善老龄营养等，在多类慢性病的预防和治疗上具有重要价值。作为多靶向活性物，相信核桃肽的开发与应用必将在食疗创新领域具有极大的应用前景，助力我国食疗产业的长足发展，为促进人类健康作出更大的贡献。

关键词：　核桃　核桃肽　中医食疗　疾病防治

---

* 刘睿，博士后，北京大学公共卫生学院营养与食品卫生学系，主要研究方向为营养与疾病、肽营养学；李勇，博士、教授，北京大学公共卫生学院营养与食品卫生学系，主要研究方向为营养与疾病、肽营养学。

核桃（*Juglans regia L.*），胡桃属植物，是已知最古老且消费最广的食物来源之一，兼具药食同源性质，具有丰富的营养和药用价值，古时即有"长寿果""万岁子"等美誉，在国外则被称为"21世纪超级食品"或"营养坚果"，在全球食品营养市场上占有重要地位。

从古至今，核桃都倍受中医食疗的青睐。《神农本草经》《本草纲目》等古籍中均记载了人们从中医经验医学的角度发现的核桃的营养保健功效。《神农本草经》将核桃列为久服轻身益气、延年益寿的上品。《本草纲目》《开宝本草》《食疗本草》《食经》《医林纂要》等古代医书均记载核桃对于治疗多种疾病有较好的功效。现代研究认为，核桃对于心血管疾病、2型糖尿病、癌症和神经系统疾病有一定康复治疗和预防效果。中医药理学研究认为核桃性温、味甘、无毒，有健胃、补血、润肺、养神等功效，对多种疾病有一定的辅助治疗作用。[①]

核桃仁其性甘温，生熟皆可食，对人体具有温肺定喘、补肾固精、乌发健脑等功效，又有强身健脑、驻颜延年之用，故又称"万岁子""长寿果""益智果""美容果"，被历代医家和养生学家视为益寿精品。据中医书籍记载，核桃仁有通经脉、润血管、补气养血、润燥化痰、益命门、利三焦、温肺润肠等功用，常服核桃仁皮肉细腻光润。后汉三国时期名相孔融在致友人的信中说："先日多惠胡桃，深知笃意。"明代文学家徐渭曾写有《咏胡桃》诗。核桃自古就被看成高雅厚重的果品，为皇帝和达官贵人享用，并以核桃为主、辅食材，做成多种皇宫膳食。古代民间也多食用核桃，认为其具有产妇保健、促进身体发育、健脑益智、延年益寿等功效，并制成多种核桃食品、药膳和菜肴。中医上以核桃仁为主料的药膳有许多种，例如人参胡桃汤、乌发汤、阿胶核桃、核桃仁粥、核桃五味子蜜糊、核桃首麻汤、凤髓汤、黄酒核桃泥汤、润肺仁饼、莲子锅蒸、枸杞核仁羊肾汤、桃杞鸡卷等。还有源自国外的，如伊朗菜中的"核桃丸子"、西餐中的"核桃鱼"等。无论做主料还是辅料，核桃都以其独特的风味和丰富的营养价值，备受人们的青睐。现代医学认为核桃对内、外、伤、妇、儿、泌尿、皮肤等科的几十种

---

① 李勇：《核桃肽营养学》，北京大学医学出版社，2021。

疾病均有治疗作用。核桃仁油可用来治耳炎、皮炎和湿疹，其制得的馏油对黄水疮等具有显著疗效。油炸核桃仁加糖类治疗泌尿系统结石已被多处临床研究所肯定。中医认为，核桃适用于肾亏腰痛、肺虚久咳、气喘、大便秘结、病后虚弱等症，把核桃焙烧吃，可治疗痢疾。核桃对大脑神经有益，是神经衰弱的辅助治疗剂。民间还有核桃仁、生姜同用治肺肾两虚、久咳痰喘（包括老年慢性支气管炎、咳喘、肺气肿等），对慢性支气管炎和哮喘病患者疗效极佳。核桃仁中含有的营养成分可弥补素食者饮食中所缺少的铁、锌、钙等微量元素和亚麻酸，是良好的天然营养补充剂。[①]

　　然而令人遗憾的是，尽管核桃具有很高的营养和药用价值，但由于其自身理化性质的匮乏以及加工技术的落后，一直以来，核桃只是作为普通食物和油料作物进行开发利用。目前市面上呈现的核桃初级制品主要是核桃粉、核桃油、核桃乳、核桃干等，产品附加值低，在核桃新型产品的开发方面还有很大的发展空间，且在采用现代提取分析技术对核桃进行功效探讨时，也多以其所含油脂、蛋白质、多酚类化合物等为重点，多偏于跟随性研究，缺乏原始创新。如何充分发挥核桃的营养价值和保健功能，一直是食品科技工作者和营养学家关注的焦点。因此，核桃食疗创新的根本是迫切需要进行核桃新型活性物质的筛选、开发、革新与应用，以"品质、科技、健康"为方针，提高核桃营养成分和活性物质的利用率，以期给核桃的新型食疗创新注入崭新活力，形成完整有序的核桃营养产品的产业链，促进核桃产业的健康和可持续发展。

　　肽，不仅是生物体的重要氮源，更是机体内具有功能特征的最小单元，在生命全历程、跨物种交换中的作用不可替代。近年来，随着生理、生物化学和分子生物学技术的飞速发展，肽的研究取得了惊人的进展。基于肽的吸收机制，其强大的生物学功能也逐渐被揭示，以"肽"为出发点，去解析生命并促进健康已是生命科学领域的焦点。早在2005年，北京大学李勇教授就已提出"肽营养学"将会是营养学科中最具活力的领域之一。十余年来，

---

① 李勇：《核桃肽营养学》，北京大学医学出版社，2021；冯春艳等：《核桃仁及内种皮营养与功能成分分析研究进展》，《食品工业科技》2011年第2期。

有关肽营养的研发应用已如新浪潮般席卷全球。针对肽类的研发应用早已突破内源肽结构功能解析与外源肽类可做氮源补充的既有认知范畴，将外源肽类的低敏安全、吸收快速、组合丰富、功能多样等特点发挥得淋漓尽致。2017年，国家发展和改革委员会、工业和信息化部《关于促进食品工业健康发展的指导意见》（发改产业〔2017〕19号）提出"十三五"期间要支持发展养生保健食品，研究开发生物活性肽等保健和健康食品，并开展应用示范。更加值得注意的是，由于小分子肽段具有鲜明的特征结构、纳米螯合性和受体特异亲和性等特点，其可以实现在特殊年龄、状态和条件下，精准识别、靶向递送、多重显效、立体调节的优势作用。[①] 联合外源活性肽制备量产具有极高性价比，其所产生的强倍增效应，现已逐渐显现出无可比拟的发展势头，成为全球健康促进的可举之策。因此，核桃肽可被视为核桃"新型食疗"活性物筛选、开发与革新的最优候选物。在当今全球健康治理这一历史际遇下，核桃肽的科学开发与创制，也将为我国食疗走向世界提供全新的范式。

一　核桃肽与健康

现代研究将具有生物活性功能的肽类统称为生物活性肽，相对于游离氨基酸，生物活性肽的吸收机制更加优越，生物效价及营养价值也更高。近年来的研究发现，通过生物酶解技术制备的食源性生物活性肽，不但可以被机体直接吸收，还具有吸收速度快、耗能低、不易饱和，彼此间转运无竞争性和抑制性等特点，是优质的营养来源。而且一些食源性低聚肽还可发挥原蛋白或组分氨基酸所不具备的生理功能，如免疫调节、降血压、降糖降脂、抗炎抗氧化、延缓衰老、促进生长发育、改善记忆减退和保护神经作用等。[②] 目前食源性生物活性肽以其安全、高效的特点成为营养研究的热点，并逐渐显示出在食疗领域中的重要作用和广阔前景。

① 李勇：《肽营养学》，北京大学医学出版社，2007。
② 李勇：《肽营养学》，北京大学医学出版社，2007。

核桃作为重要的油料作物，富含蛋白质、不饱和脂肪酸、钙、铁及多种维生素，具有丰富的营养和药用价值，在国内外食品市场上占有重要地位。核桃油脂富含人体必需的脂肪酸，其中亚麻酸、亚油酸等不饱和脂肪酸的占比高达90%，是木本油料的重要代表。核桃蛋白质含量多在14%～17%，最高可达29.7%，所含氨基酸种类达到18种，并且人体8种必需氨基酸占比很高，比例均衡，蛋白质消化率可达85%，效价与动物蛋白相近，是公认的优质植物蛋白来源。[①] 随着肽营养学的建立和发展，科研人员通过水解技术成功制备出了核桃肽类物质，并且证实了其强大的生物活性。与核桃蛋白相比，其水解产物核桃肽具有高浓度、低黏度、溶解性好、还原能力强及对pH变化相对稳定等良好特性，在起泡性、乳化性及吸油性等方面也优于核桃蛋白。目前开发制备的核桃肽既包括分子量大于1000 Da的多肽物质，也不乏低分子量的低聚肽物质，这些核桃肽类物质在抗氧化、抗疲劳、调节血压、提高学习记忆等方面表现出了显著的功效。[②] 核桃肽优良的理化特性也进一步提升了其加工特性，这为核桃肽更广泛地应用奠定了基础，开发丰富的核桃肽产品也成为科技工作者的研究热点。然而，目前国内外尚缺乏针对核桃肽研究的系统性数据，更没有相关理论结合实践的系统总结和专著，这给核桃肽营养学的研究交流、知识更新以及转化实践造成了诸多不便。近年来，以北京大学李勇教授课题组为代表的国内外权威机构对核桃肽进行了全面系统的研究，通过长达七年多科学严谨的基础性研究，先后揭示了核桃肽多项营养与保健功效及其作用机理，如目前已被证实具有抗炎抗氧化、增强免疫力、调节血糖和缓解体力疲劳等多种生物活性，是核桃重要营养功效成分，日趋引起全健康领域的广泛关注，在食疗创新领域具有独特优势，展现出巨大的发展潜力。

---

① Liu R., Wu L., Du Q., et al., "Small Molecule Oligopeptides Isolated from Walnut (Juglans Regia L.) and Their Anti-Fatigue Effects in Mice," *Molecules* (Basel, Switzerland), 2018, 24 (1): pii: E45.

② 李勇：《核桃肽营养学》，北京大学医学出版社，2021。

二 核桃肽研究最新发展

近年来，随着生理、生物化学和分子生物学技术的飞速发展，肽的研究取得了惊人的进展。低聚肽的研究开启了肽营养学的新时代，成为肽营养学新的研究焦点。低聚肽又称寡肽，是指生物活性肽组成中少于 10 个氨基酸的肽。大量研究发现，蛋白质不仅以氨基酸的形式吸收，同样也能以寡肽的形式被完整吸收。且相较于游离氨基酸，低聚肽的吸收机制更为优越，具有转运速度快、吸收效率高、耗能低、载体不易饱和等特点。而且作为蛋白质合成的中间产物，肽可以直接参与到机体蛋白质的合成与调节，进一步提高其生物效价及营养价值。[①] 北京大学李勇教授课题组在核桃低聚肽营养领域起步较早，并开展了为期近 10 年的深入研究，证实了核桃寡肽的多项功效与作用，并对其与不同疾病状态的关系进行了系统性研究，也为其在健康领域的未来发展提供了扎实的理论基础和数据支持。

（一）系统性的安全评价

现对市售的核桃低聚肽产品进行安全性评价，综合急性毒性试验、30 天喂养试验、遗传毒性试验的结果，可初步判定核桃低聚肽没有明显的毒性作用。核桃低聚肽的 LD50 大于 $20g/(kg \cdot bw)$，属于无毒级，可安全食用。

（二）多项生物学功效揭示及其在食疗中的应用潜能

1. 促进生长发育

研究发现，核桃低聚肽相比于乳清蛋白摄入可以降低内脏脂肪含量，改善人体成分，对于预防生长发育期的过度肥胖可能有一定的作用。而经过核桃低聚肽长期喂养的大鼠其体格发育指标较空白对照组无显著差异，表明其干预也不会对当前大鼠的生长发育和后期的健康产生不良影响，因此，在改善儿童生长发育的领域具有广阔的应用前景。

---

① 李勇：《肽营养学》，北京大学医学出版社，2007。

2. 促进学习记忆

自古以来，核桃的健脑功能即被人们认识及推崇。核桃肽富含谷氨酸及瓜氨酸，前者属于与脑内信号传导有关的神经递质，后者是信使 NO 的前体物质，并且核桃肽具有较强的抗氧化活性，均对学习记忆产生积极的改善作用。研究发现核桃肽对东莨菪碱所致的学习记忆障碍具有保护作用，其机制与乙酰胆碱受体的显著增加有关。北京大学李勇教授课题组研究表明，核桃低聚肽可以增强幼年小鼠的学习和空间记忆能力、主动及被动回避能力，具有延缓小鼠学习记忆衰退的作用，其机制可能与核桃低聚肽通过升高体内抗氧化酶活性、降低脂质过氧化产物、调节与突触可塑性相关的 BDNF 蛋白表达及逆行信使 NO 发挥增强学习记忆能力有关。[1]

3. 调节免疫力

核桃低聚肽可通过增强细胞免疫、体液免疫功能、单核－巨噬细胞吞噬能力和 NK 细胞活性，起到增强免疫力的作用，其作用机制可能是，一方面，核桃低聚肽可以通过增加淋巴细胞数量及比例而增加 Th1 和 Th2 细胞及其细胞因子的分泌，增强抗体生成水平，从而增强细胞和体液免疫反应，促进适应性免疫；另一方面，核桃低聚肽可以通过增加巨噬细胞吞噬能力及抗原递呈能力和 NK 细胞活性水平，促进固有免疫。[2]

4. 抗辐射作用

研究发现辐射可以显著缩短小鼠存活时间，降低小鼠外周血白细胞数、骨髓细胞 DNA 含量及血清和肝脏抗氧化酶活性，增加脂质过氧化产物含量，导致严重的肠黏膜损伤及肠道通透性的增加。而预先补充或后期继续给予核桃低聚肽干预可不同程度地延长辐射小鼠存活时间，提高辐射小鼠外周血白细胞数、骨髓细胞 DNA 含量、肝脏和血清抗氧化酶活性及脏器指数，并改善辐射后血液系统受损状况、骨髓造血系统损伤状况和氧化还原系统受损状

---

① 杜倩、乌兰、刘睿等：《核桃肽对幼年小鼠学习记忆能力的影响》，《中国生育健康杂志》2017 年第 6 期。

② Mao R.，Wu L.，Zhu N.，et al.，"Immunomodulatory Effects of Walnut（Juglans Regia L.）Oligopeptides on Innate and Adaptive Immune Responses in Mice," *Journal of Functional Foods*，2020，73：104068.

况。同时，核桃低聚肽又以肠道为辐射防护作用的靶点，显著改善肠黏膜损伤情况，降低肠道通透性，并通过上调 Bax、IκB，下调 Bcl-2、caspase-3、NF-κB 抑制脾细胞凋亡，发挥其辐射防护作用。[①]

5. 耐缺氧作用

通过常压耐缺氧实验、亚硝酸钠中毒存活实验、急性脑缺血性缺氧实验以及血液学指标的测定，发现核桃低聚肽能延长小鼠常压缺氧存活时间、亚硝酸钠所致缺氧存活时间和急性脑缺血性缺氧存活时间，并能够提高小鼠血红蛋白含量、红细胞计数和红细胞压积，表明核桃低聚肽具有耐缺氧作用。

6. 抗氧化功能

核桃低聚肽可以显著降低 D-半乳糖过氧化损伤大鼠血清丙二醛水平、蛋白质羰基含量，提高大鼠血清超氧化物歧化酶、谷胱甘肽过氧化物酶和谷胱甘肽还原酶的活性，具有明显的抗氧化作用。关于其抗氧化作用的机制，一方面可能与核桃低聚肽本身的抗氧化能力有关，另一方面其游离氨基酸组成中的精氨酸和脯氨酸可能也有利于其抗氧化作用的发挥。研究发现，精氨酸可降低过氧化脂质和丙二醛水平，提高超氧化物歧化酶、过氧化氢酶活力和谷胱甘肽还原酶水平；脯氨酸不仅是氧化还原信号传导途径中的重要分子，也是一种有效的活性氧螯合剂，可以螯合单线态氧，高效地清除羟自由基，从而稳定蛋白质、DNA 和膜。

7. 辅助降血脂

通过高脂血症大鼠模型，研究发现核桃低聚肽可以显著降低高脂血症大鼠血清胆固醇和低密度脂蛋白的水平，同时可改善载脂蛋白水平和脉搏波速度，一定程度地恢复血脂异常造成的动脉硬化，从而对血脂异常具有一定的辅助治疗作用，对预防血脂异常引起的一系列心血管疾病也有一定的积极作用。

8. 抗疲劳作用

核桃低聚肽能够显著延长小鼠的负重游泳时间，降低血清乳酸脱氢酶、

---

① Zhu N., Liu R., He L. X., et al., "Radioprotective Effect of Walnut Oligopeptides Against Gamma Radiation-Induced Splenocyte Apoptosis and Intestinal Injury in Mice," *Molecules* (Basel, Switzerland), 2019, 24 (8): 1582.

肌酸激酶活性，降低血清尿素氮和血乳酸水平，并提高肝糖原、肌糖原含量，增加骨骼肌细胞 Na + – K + – ATP 酶和琥珀酸脱氢酶活性，提高小鼠骨骼肌超氧化物歧化酶、谷胱甘肽过氧化物酶活性并减少丙二醛水平，同时提高 NRF – 1 的 mRNA 表达和 mtDNA 含量，从而实现其提高运动耐力，降低剧烈运动后代谢副产物的堆积，提高糖原储备水平的功能，达到抗疲劳的目的。[1]

9. 改善睡眠作用

通过以雌性 BAlB/c 小鼠为实验对象，行直接睡眠实验、延长戊巴比妥钠睡眠时间实验、戊巴比妥钠域下干预实验及巴比妥钠睡眠潜伏期实验。实验结果表明，核桃低聚肽可以延长戊巴比妥钠诱导小鼠睡眠时间，缩短小鼠巴比妥钠睡眠潜伏期，从而表现出具有改善睡眠的作用，其机制可能与调节脑内睡眠相关神经递质 γ – 氨基丁酸和 5 – 羟色氨含量有关。[2]

10. 改善亚健康状态

通过模拟亚健康相关发生发展因素，使大鼠站立于水盒中连续睡眠剥夺 5 天，并结合负重力竭游泳实验，制备了亚健康疲劳大鼠模型。研究结果显示，核桃低聚肽干预能够明显增加亚健康大鼠力竭游泳时间，改善模型大鼠血清转氨酶水平与血常规的异常，提高机体肝糖原与肌糖原含量以及抗氧化酶活力和抗氧化物质含量，降低全血中乳酸的堆积和脂质氧化产物水平，抑制血清炎症因子水平的升高，从而延缓和减轻了亚健康状态对机体的伤害，表明核桃低聚肽能够较好地对抗疲劳型亚健康，对疲劳型亚健康具有较好的防治作用。[3]

11. 降血糖功能

通过以 db/db 小鼠（2 型糖尿病模型小鼠）为实验对象，系统探究了核

---

[1] Liu R., Wu L., Du Q., et al., "Small Molecule Oligopeptides Isolated from Walnut (Juglans Regia L.) and Their Anti-Fatigue Effects in Mice," *Molecules* (Basel, Switzerland), 2018, 24 (1): pii: E45.

[2] 珠娜、郝云涛、刘欣然等：《核桃低聚肽改善睡眠作用及机制》，《中国生育健康杂志》2020 年第 2 期。

[3] 刘睿、康家伟、珠娜等：《核桃低聚肽对亚健康大鼠氧化应激和炎症反应的影响》，《食品工业科技》2020 年第 4 期。

桃低聚肽的降糖功效，研究显示，与模型对照组相比，核桃低聚肽可以显著降低糖尿病小鼠的空腹血糖及餐后血糖，改善其葡萄糖耐受，对2型糖尿病有显著的改善作用，并能改善2型糖尿病小鼠的体征状况，减轻多饮、多食、多尿的"三多"症状，提高2型糖尿病小鼠的生活质量。[①]

12. 促进伤口愈合

研究发现通过采用切除性伤口模型中的打孔模型模拟外科手术损伤过程，预先给予核桃低聚肽干预，可以加快打孔模型小鼠伤口愈合的进程，并改善外科损伤的预后。结果表明核桃低聚肽可在一定程度上改善血清炎症反应，降低氧化应激水平，促进血管新生和胶质细胞的迁移和聚集及稳定胶质层的形成，从而达到促进伤口愈合的作用。这为食疗领域应用于临床治疗创面及相关外科疾病提供了一种新的治疗方法与思路，且核桃低聚肽具有临床制剂不具备的抗氧化、调节免疫反应等特性，可以有效减少感染及并发症的发生率，具有良好的应用前景。

13. 改善消化功能

核桃低聚肽可通过改善大鼠胃液含量及胃酸分泌水平，提高胃蛋白酶活力及胃壁黏液含量，促进胃肠蠕动及调节胃肠激素和神经递质分泌促进胃肠分泌，进而发挥其促消化作用，在治疗或预防消化不良症状方面具有极大的应用前景。

14. 改善胃黏膜损伤

胃黏膜损伤性疾病是全球性常见病，发病率高，致病因素复杂，但现有临床治疗药物多存在疗效有限、副作用多、易复发及需长期服用等弊端。北京大学李勇教授课题组在参考人类常见胃黏膜损伤性疾病致病因素及发病机理的基础上，通过建立幽门结扎、无水乙醇、吲哚美辛诱发的大鼠胃黏膜损伤模型，综合探讨了核桃低聚肽对胃黏膜损伤性疾病的保护作用及其可能机制，为其应用于食疗领域，成为一种新型有效的胃黏膜保护剂提供扎实的科

---

① 刘欣然、康家伟、郝云涛等：《核桃低聚肽对db/db小鼠血糖的影响》，《中国食物与营养》2020年第3期。

学实验依据。[①]

（1）改善胃酸过多引起的胃黏膜损伤

通过乙醚麻醉大鼠，采用双线结扎大鼠幽门与十二指肠连接处，对实验大鼠进行幽门结扎。4小时后，快速分离胃组织，进行胃黏膜损伤观察及评分。研究发现核桃低聚肽干预可显著减轻幽门结扎术后胃黏膜的损伤程度，对幽门结扎引起的大鼠胃黏膜损伤具有较好的保护作用。其机制主要与调节胃酸及胃蛋白酶的分泌异常，增加胃壁黏液及胃组织胃黏膜保护因子的合成，调节胃肠道相关激素的分泌水平，减少炎症介质的产生，增加胃组织抗氧化酶含量及降低脂质过氧化产物的水平有关。

（2）改善酒精性胃损伤

通过无水乙醇（5ml/kg）灌胃建立了大鼠酒精性胃损伤模型，研究发现核桃低聚肽可显著降低胃溃疡指数，对无水乙醇引起的胃黏膜损伤具有较好的预防性保护作用，其保护机制主要与改善胃黏膜形态结构，增强胃黏膜屏障功能，提高机体抗氧化能力，加强自由基的清除，抑制促炎介质的过度产生并提高抗炎因子的含量有关。此外，核桃低聚肽还可以通过下调 NF - κB p65、Bax、caspase - 3 的表达，上调 IκBα、Bcl - 2 的表达对无水乙醇引起的细胞凋亡产生抑制作用，发挥其胃黏膜保护作用。

（3）改善药物性胃溃疡

通过对大鼠采用核桃低聚肽水溶液进行干预，采用非甾体抗炎药吲哚美辛进行造模，观察核桃低聚肽对药物性胃溃疡的保护作用及其机制。研究发现核桃低聚肽对吲哚美辛引起的大鼠胃黏膜损伤具有较好的保护作用，其机制主要与改善胃黏膜形态结构，减轻非甾体抗炎药对前列腺素介导途径的抑制作用，提高胃组织 COX - 1 和 COX - 2 的表达水平，增强胃黏膜保护因子前列腺素 E2 的合成有关。此外，核桃低聚肽对非甾体抗炎药引起的胃黏膜的直接损伤及氧化炎症损伤都有较好的抑制作用。

[①] Liu R., Hao Y. T., Zhu N., et al., "The Gastroprotective Effect of Small Molecule Oligopeptides Isolated from Walnut (Juglans Regia L.) Against Ethanol-Induced Gastric Mucosal Injury in Rats," *Nutrients*, 2020, 12 (4): pii: E1138；刘睿、郝云涛、刘欣然等：《核桃低聚肽对吲哚美辛致大鼠胃溃疡的作用研究》，《食品研究与开发》2021 年第 12 期。

15. 解酒护肝作用

随着社会的发展和人们生活方式的改变，急性酒精中毒和酒精性肝病的患病率越来越高。北京大学李勇教授课题组通过建立急性酒精中毒和急性酒精性肝损伤动物模型，探讨了核桃低聚肽对急性酒精中毒和急性酒精性肝损伤的可能作用，为核桃低聚肽应用于食疗领域作为防治酒精中毒及酒精性肝损伤功能性因子的开发和应用提供实验依据。

（1）防治急性酒精中毒

以健康雄性 SD 大鼠为研究对象，通过 50%（v/v）酒精灌胃染毒，探讨了核桃低聚肽对急性酒精中毒的影响。研究发现核桃低聚肽干预能够明显减少大鼠翻正反射消失的概率，增加大鼠在转棒上的停留时间，延长网上攀附时间，并降低血乙醇浓度，增加乙醇脱氢酶和乙醛脱氢酶活性，促进乙醇的氧化代谢，具有一定的预防治疗急性酒精中毒的作用，并避免了各种毒副作用。作为对抗急性酒精中毒的新型食源性药物，核桃低聚肽为增强机体解酒能力提供了更佳的选择。[①]

（2）防治酒精性肝病

采用体积分数 50% 的酒精以 7g/（kg·bw）浓度灌胃染毒造成 SD 大鼠急性酒精性肝损伤模型，研究发现核桃低聚肽干预可以有效缓解酒精引起的肝脏脂肪变性，显著降低大鼠血清丙氨酸氨基转移酶和天门冬氨酸氨基转移酶水平，抑制肿瘤坏死因子 − α、白介素 − 6、白介素 − 1 和脂多糖的表达，降低肝组织脂质过氧化产物的含量水平，增加肝组织超氧化物歧化酶、还原型谷胱甘肽、谷胱甘肽过氧化物酶的活性，从而对酒精诱导引起的大鼠急性肝损伤具有明显的保护作用。其机制可能与提高机体抗氧化水平、降低血清炎症因子水平、提高肝脏乙醇相关代谢酶活性、部分抑制 LPS − TLR4 − NF − κB 通路相关蛋白的表达有关。[②]

---

① 郝云涛、刘睿、珠娜等：《核桃低聚肽对急性酒精中毒大鼠保护作用》，《中国公共卫生》2021 年第 5 期。
② 刘睿、珠娜、刘欣然等：《核桃低聚肽对急性酒精性肝损伤大鼠保护作用》，《中国公共卫生》2020 年第 2 期。

16. 改善溃疡性结肠炎

研究发现核桃低聚肽对经 5% 葡聚糖硫酸钠溶液诱导的小鼠急性溃疡性结肠炎具有改善作用，其机制可能与调节机体内促炎因子和抗炎因子水平有关。小鼠 DAI 评分结果表明，核桃低聚肽能够明显改善小鼠的疾病活动指数，且降低小鼠血清 D－乳酸、二胺氧化酶含量。此外，对结肠组织炎症因子检测表明，核桃低聚肽能够明显提高抗炎因子含量，降低抑炎因子含量。小鼠结肠外观形态、长度及其病理切片观察结果表明，核桃低聚肽能够改善和部分恢复小肠黏膜损伤程度。以上结果表明核桃低聚肽对急性溃疡性结肠炎具有明显的改善作用，其作用机制可能是通过调节体内炎症因子平衡及抗氧化反应来实现的。[①]

17. 润肠通便作用

通过建立盐酸洛哌丁胺小鼠便秘模型，探讨了核桃低聚肽对小鼠便秘的改善作用。结果表明，核桃低聚肽能显著增加小鼠小肠墨汁推进率，缩短首次黑便排出时间，增加 6h 内粪便粒数和粪便重量，显著增加小鼠胃肠道内血管活性肠肽、胃动素、P 物质及胃泌素的含量，降低生长抑素含量。此外，核桃低聚肽还能保护小肠绒毛免受损伤，表明核桃低聚肽具有润肠通便功能，其机制可能与调节胃肠激素、神经递质和保护肠绒毛有关。[②]

18. 益生效应

研究发现在植物乳杆菌的培养基中添加核桃低聚肽后，细菌的增殖速度加快，对数期提前，延滞期缩短，凋亡率下降，表明核桃低聚肽增强了细菌的代谢速率，这可能是由于核桃低聚肽增加了细菌对逆环境的耐受性的缘故。此外，添加核桃低聚肽后，植物乳杆菌的生物被膜加厚，胞外聚合物分泌增加，核桃低聚肽对益生菌的益生效应很可能是因为其促进了由细菌群体感应系统调控的生物被膜和胞外聚合物的产生，从而增加了细菌对不良环境的抵抗性所导致。研究结果表明，核桃低聚肽作为新型益生元和优质氮源，可以促

---

① 张亭、刘睿、珠娜等：《核桃低聚肽对急性溃疡性结肠炎小鼠的改善作用》，《中国食物与营养》2021 年第 3 期。

② 张亭、珠娜、刘睿等：《核桃低聚肽的润肠通便功能作用》，《中国公共卫生》2019 年第 9 期。

进益生菌的增殖及存活率，这将在食疗领域具有巨大的开发与应用潜力。

19. 提高性功能

研究发现核桃低聚肽可以显著增加小鼠附性器官指数，缩短交配潜伏期，增加小鼠交配次数，并且能够提高血清一氧化氮和睾酮含量，从而改善雄性小鼠的性功能。此外，研究还发现当核桃低聚肽配伍牡蛎低聚肽和山药多糖时，也能够显著增加雄性小鼠骑跨次数和交配次数，增加血清睾酮、一氧化氮和海绵体一氧化氮、环磷酸鸟苷含量，缩短骑跨潜伏期，降低海绵体5 型磷酸二酯酶水平，从而有效增强雄性小鼠性功能。[1]

20. 改善老龄营养，促进老龄健康

人口老龄化和老龄人口的健康问题是全球健康治理的核心、共性问题，降低老年人患病风险及病死率、延长其健康生存时间是当下和未来全球健康治理的重中之重。营养是影响健康和衰老的最重要因素之一，然而传统食疗领域干预策略其活性的单一性和效能瓶颈已经初步显现，迫切需要进行新型活性物质的筛选、开发与革新。北京大学李勇教授课题组通过采用国际公认的快速衰老动物模型，开展长期动物体内研究，从多个水平深入探究了核桃低聚肽对衰老及老年相关疾病的作用，为我国乃至全球的积极主动健康老龄化提供重要的解决策略和科学背书。[2]

（1）延缓衰老，改善全生命周期生命状态研究

通过给予快速老化小鼠（SAMP8）全生命周期核桃低聚肽喂养干预，发现核桃低聚肽长期干预可以有效地改善因增龄引起的基础代谢降低和体成分改变，改善生存质量，延缓衰老进程，延长生存时间。在人口老龄化问题日益严重的今天，这为老年营养食品开发与应用提供了新的思路。

（2）改善老年认知障碍

通过系统可靠的行为学实验研究，应用快速老化小鼠（SAMP8）对核桃

---

① 张亭、李迪、乌兰等：《牡蛎低聚肽配伍核桃低聚肽和山药多糖对雄性小鼠性功能的影响》，《现代预防医学》2018 年第 12 期。

② 樊蕊、杜倩、郝云涛等：《核桃肽提高 SAMP8 小鼠生存质量和寿命的研究》，《中国食物与营养》2020 年第 9 期；康家伟、李臻、于晓晨等：《核桃低聚肽对亚急性肾衰老大鼠肾损伤的改善作用》，《中国食物与营养》2021 年第 11 期。

低聚肽改善阿尔茨海默病引起的老年学习记忆衰退的作用进行了研究，结果发现核桃低聚肽长期干预可以有效地改善SAMP8小鼠阿尔茨海默病相关学习记忆的衰退，缓解其空间学习记忆能力、主动和被动回避能力的下降，为在食疗领域预防老年人学习记忆减退的问题，提升老年人生活质量提供了新思路。

（3）改善骨质疏松

研究发现核桃低聚肽可以有效改善快速老化小鼠（SAMP8）因增龄引起的骨密度、骨胶原基质含量和钙磷等矿物质含量的降低，从而延缓骨质疏松进展，并揭示其作用机制主要与抗炎和抑制细胞凋亡有关，这为核桃低聚肽应用于骨质疏松的预防和临床辅助治疗提供了科学实验依据和干预靶点。

（4）改善肌少症

核桃低聚肽可以有效改善快速老化小鼠（SAMP8）因增龄引起的骨骼肌质量和功能改变，提升其肌肉功能，进而改善增龄性骨骼肌的衰退，提高其运动功能，从而改善其生存质量。

（5）改善肾衰老

通过构建D-gal诱导的大鼠肾衰老模型，研究发现核桃低聚肽能够显著改善衰老大鼠的一般情况，并增加体重与肾脏系数，提高肾脏抗氧化能力，降低肾脏组织脂质过氧化，有效改善肾功能指标，对衰老引起的肾脏萎缩与结构功能的损伤具有明显的抑制作用。

三 核桃肽行业发展现状

我国在食疗领域的研究上有着独特的优势及悠久的历史，传统医学中的食疗、药膳的效果已经得到了临床研究的证实。20世纪80年代以后，人们的饮食逐步从温饱向小康过渡，对饮食的健康效应也有了更高标准的要求。老年人、儿童、亚健康人群、年轻女性、慢性病患者对不同种类功能食品的需求大大刺激了我国食疗产业的发展。然而与日本、美国等发达国家相比，我国的大健康产业仍处于初级阶段，健康产业的占比要低于发达国家，功能性食品的研发偏重于实践经验，缺少功能机制的研究，功能食品的市场仍然有着极大的发展空间。[1]

自 20 世纪初肽科学诞生以来，有关肽的研究经历了长足的发展，小分子活性肽所具有的吸收快、耗能低、不易饱和等优势使其逐渐成为临床医学、营养学、药学等多学科研究的热点。食源性活性肽是以食物蛋白为来源，经过酶解、分离、纯化制得的新型营养产品，安全性高并且具有广泛的生理调节作用，是极具发展前景的功能因子。近几十年来，国内外的研究人员做了大量有关食源性肽研发的工作，越来越多的食源性活性肽被发现、分离，使得人们对于蛋白质的利用有了全新的认识。日本是最早实施功能食品制度的国家，已经有几十种食源性肽被批准可以作为特定保健用食品的加工原料。我国在 1996 年首次将食源性肽酪蛋白磷酸肽纳入《食品添加剂使用卫生标准》，之后又陆续发布了大豆肽、海洋鱼低聚肽、玉米低聚肽的国家行业标准，认可了食源性肽作为新型食品配料在功能性食品及食疗产业中的应用。[2] 由于小分子肽的结构特殊，其吸收机制、活性强度及活性的多样性均要远胜于蛋白质和氨基酸，是比蛋白质更优的氮源营养物质，在新型食疗健康领域具有巨大的发展潜力和广阔的发展前景。

核桃作为我国传统的药食两用食物，蛋白质含量丰富，核桃榨油后的副产物核桃粕中含有大量核桃蛋白，是制备生物活性肽的优质来源。与核桃蛋白相比，核桃肽具有浓度高、溶解性好、还原性强等特点，在起泡性、乳化性、吸油性等方面也要优于核桃蛋白。以北京大学李勇教授课题组为代表的权威研究机构对核桃低聚肽的功能活性进行了广泛的探索，肯定了核桃低聚肽是核桃发挥其健康效应的重要营养活性成分之一，作为一种新兴的食源性活性肽，核桃低聚肽在临床营养及功能食品开发领域有着巨大的应用前景。核桃低聚肽作为比蛋白质和氨基酸更易吸收的氮源营养素，更加适合消化功能减弱或对蛋白质和氨基酸有特定代谢需求的临床病人。核桃低聚肽与游离氨基酸的吸收机制相互独立，有助于减轻游离氨基酸相互竞争吸收点位而引

---

① 李勇：《核桃肽营养学》，北京大学医学出版社，2021。
② 李勇：《肽临床营养学》，北京大学医学出版社，2012。

起的吸收抑制，从而促进核桃低聚肽中氨基酸的吸收；核桃低聚肽中部分小分子低聚肽还可以直接参与组织蛋白质的合成，有利于患者伤口的愈合及恢复。此外，核桃低聚肽具有抗氧化、免疫调节活性、抗疲劳、改善学习记忆功能、调节血脂异常、保护消化功能等功效，其氨基酸组成中富含色氨酸、天冬氨酸、谷氨酸、酪氨酸和组氨酸，在功能食品领域具有很大的研发价值。近年来，核桃肽被作为食品添加剂广泛应用于乳制品、饮料、肉制品等行业的加工中，可以起到增强风味、提高营养价值的作用。

据不完全统计，我国目前有多家与核桃肽生产和加工相关的企业，但其生产工艺及加工尚未形成统一标准。其中华肽肽生物技术（北京）有限责任公司是一家集生物活性肽、功能性食品、营养品/保健品生产、销售、服务于一体的高新技术企业。该企业通过打造肽生物科技生态链，整合上下游产业链以及开发生产系列产品，产学研一体化协同发展，在核桃肽类原料、食品以及相关产品的研发、生产和销售的大健康领域处于领先地位，在我国核桃肽的发展领域具有引领作用。

四 核桃肽行业发展的机遇与挑战

（一）核桃肽行业发展正处于黄金机遇期

核桃富含蛋白质、不饱和脂肪酸、钙、铁及多种维生素，是集多种营养素于一体的优质坚果，食用及药用价值极高。近年来随着人们对于健康食品的需求日益旺盛，核桃及核桃相关产业市场蓬勃发展。而以核桃为主要活性肽制备原料开展系列探索，深具我国独创性及特征优势。其集中体现，第一，效能高，具备健康开发的潜力。核桃蛋白含量丰富，氨基酸配比合理，是良好的植物氮源；且特殊功能的氨基酸（亮氨酸、谷氨酸、天冬氨酸、精氨酸及缬氨酸）的比例高达75%以上，加乘赋予核桃肽高生物效能的优势，是解决人类健康问题的优秀候选物。第二，资源丰富，附加值提升空间大。我国是世界核桃第一生产大国，核桃栽培历史悠久，分布范围广。目前，除东北地区的严寒地带、南部沿海如台湾、广东、香港和海南等地没有或极少种植核桃外，其他 27 个省（自治区、直辖市）均有分布和栽培。既往核桃油提取后大量蛋白被丢弃，造成大量资源浪费，亟须进一步提高核桃产品及其深加工制品质量，建立和完善市场体系，促进我国核桃产业的可持续发展。第三，创新创业政策支持力度大，产学研能力升级速度快。近年来我国大力鼓励"双创"发展，重点支持研创能力的升级，这为建立核桃深度开发的示范典范，解决我国许多核桃加工企业的加工技术和设备落后、核桃产业链较短和创新性差等问题提供了重要的政策性优势。第四，平价易培，绿色环保，一县一品，硬核扶贫。相较其他坚果，核桃具有对栽培条件要求低、产量高等作物特点，是我国开展生态脱贫的中坚力量。第五，极具"健康外交"素质。我国是核桃的起源地之一，栽培历史悠久，分布广泛，符合国人消费习惯，又兼具中国文化特征和全球辐射共振特性。

目前，我国各个核桃的主要种植区正逐步发展，许多县市争相成为以核桃为支柱产业的林业发展基地。截至 2015 年 1 月，中国已发布有关核桃产业国家及行业标准 18 项，全国各地也建立了属于产地的地方标准，云南、湖北、河北、陕西居于前列。2014 年国家林业局出台了《全国优势特色经济林发展布局规划（2013～2020 年）》，对以核桃为代表的经济林发展提出了指导思想，确定以太行山、吕梁山、中条山区域、秦巴山区、大别山区、云贵高原、塔里木盆地、西缘等区域作为核桃的核心产区，鲁东山区、长江中游地区、燕山东部等区域作为核桃的积极发展区，在 18 个省市和新疆生产建设兵团发展了 288 个重点核桃产业基地县，初步形成科学合理、特色鲜明、功能健全、效应较好的发展格局，并形成规模化、标准化、品牌化的核桃产业示范基地。[①] 此外，除了创建优种核桃出口商品生产基地外，我国核桃产业还应当从根本上降低核桃生产成本，提高价格竞争力，同时学习国外成熟的技术，发展深加工行业，提高经济效益，对核桃进行科学化的生产管理，鼓励龙头企业发展，树立核桃产业品牌意识，完善市场体系，从而推动核桃产业链的发展。并以"品质、科技、健康"为方针，提高核桃营养成分和活性物质的利用率，形成完整有序的核桃营养产品的产业链，以促进核桃

---

① 张志华、裴东：《核桃学》，中国农业出版社，2018。

产业的健康和可持续发展。

作为食疗领域的先行者和践行者，我们有责任通过产学研的途径全面开发具有高附加值的我国核桃低聚肽。其目的，一是举策于新型营养制剂，为人人得享健康之愿景付倾囊之力；二是突破中国核桃低聚肽加工技术，为扶贫攻坚、振兴我国经济发展作出积极贡献；三是提升我国核桃在科研和应用领域的世界领先地位，带动核桃行业更加科学规范发展；四是加强中国核桃在国际市场的主动权和话语权，以期对世界核桃产业链产生巨大和深远的影响。

（二）应对挑战，核桃肽行业发展的有效对策与着力点

尽管我国是核桃生产大国，现阶段对核桃肽活性的研究进展也十分迅速，但科研成果与应用之间的转化仍然处于薄弱阶段。市面上核桃肽产品凤毛麟角，仅有少量研究报道了以核桃肽为原料制备的功能食品及药物，例如葛根核桃肽复合饮料、核桃多肽果冻、核桃肽微囊等，这些应用在一定程度上促进了核桃肽产品的多样化发展，但仍缺少进一步的技术进展，其主要限制在于给药途径的研究进展。多肽类物质作用的发挥与给药途径密切相关，多肽类药物主要通过注射给予，而多肽类功能食品多为口服给予。静脉注射是多肽类药物主要的注射方式，但存在诸多副作用，例如清除速率快、半衰期短、易出现过敏甚至会造成休克，因此不适宜长期给药，口服成为首选的给药方式。但胃肠道环境的多变性及不确定性给多肽类功能食品及药物的研发带来了巨大的挑战，多肽类物质具有高亲水性、不稳定性及酶敏感性，在胃部易受到胃酸及胃蛋白酶的降解，通过口服的生物利用度极低。另外，多肽类蛋白在小肠的渗透性较低，不利于其跨细胞转运。[1] 近年来还有报道指出某些多肽药物经口服具有明显的首过效应。[2] 因此，针对多肽类蛋白口服吸收的技术发展对 WOPs 的应用至关重要，目前主要的策略有吸收促进剂、

---

[1] Lee H. J. , "Protein Drug Oral Delivery: the Recent Progress," *Arch Pharm Res*, 2002, 25 (5): 572 – 584.

[2] 钟运鸣：《肺癌特异性结合多肽 ZP - 1 在大鼠体内的药动学研究》，硕士学位论文，广东药学院，2015。

酶抑制剂、化学修饰法、载体转运、结肠定位系统等。吸收促进剂是一类能提高膜渗透性的功能性佐剂，可以打开细胞间紧密联结，增大细胞膜流动性。常见的吸收促进剂包括十二醇硫酸钠、癸酸钠、柠檬酸、吐温 80 等，癸酸钠在我国被批准作为食品添加剂，在功能食品领域得到了广泛应用。[①]酶抑制剂可以与胃肠道内的酶结合，抑制其活性，从而避免多肽蛋白的降解；化学修饰是对多肽蛋白进行物理化学修饰，例如衔接某些功能基团，可以增强其稳定性和渗透性。随着纳米技术的进展，一些新型的纳米载体也被应用于改善多肽类蛋白的吸收，例如微囊、脂质体、微乳等，可以减轻胃蛋白酶的酶解效率，提高渗透性，但目前这些纳米载体在体内释药的机制仍待进一步的研究。[②]此外，研究发现结肠适宜的 pH 环境、酶含量及较大的表面积均有利于多肽的吸收，因此结肠定位给药系统已经成为改善多肽口服吸收的一个重要手段。结肠定位给药系统是指采用适当的方法，避免药物在上消化道释放，直接运送到回盲肠部位后释放药物，通常会采用酶依赖型材料、pH 敏感材料、难溶高分子材料等制成包衣或骨架片，从而实现定向给药。但目前相关研究尚处于起步阶段，还需更加深入的研究及实践。由此可见，核桃肽在临床营养及功能食品领域应用的首要挑战便是如何解决口服稳定差、利用度低的问题。目前以纳米载体和结肠定位给药系统为代表的新型口服给药系统已经成功得到了应用，并有产品成功上市，但仍需要更加深入的研究。适当的给药方式可以更好地避免胃肠道对肽类物质的降解，对今后活性肽在食疗领域的应用及与其他活性成分的复配应用具有重要意义。

随着制备技术的进步，核桃肽的制备方法也愈发成熟。根据制备目的的不同可以选用不同的方法，目前常用的方法包括酶解法、分离提取法、化学合成法、基因重组法、微生物发酵法等。酶解法由于生产条件温和、可定向

---

① Brayden D. J. , Maher S. , Bahar B. , et al. , "Sodium Caprate-induced Increases in Intestinal Permeability and Epithelial Damage Are Prevented by Misoprostol," *Eur J Pharm Biopharm*, 2015, 94: 194 - 206.

② Yin L. , Ding J. , He C. , et al. , "Drug Permeability And Mucoadhesion Properties of Thiolated Trimethyl Chitosan Nanoparticles in Oral Insulin Delivery," *Biomaterials*, 2009, 30 (29): 5691 - 5700.

酶切、制备的肽类产品溶解性好等优点，是核桃肽制备最常用的方法。近20年来，国内外的研究人员对蛋白酶的选择、酶解条件参数、脱盐、脱苦等方面进行了大量的探索，并在提高核桃肽制备效率方面取得了极大的进展。[①]未来在提升酶解法制备核桃肽效率的研究将主要集中于以下几个方面：一是使用固化酶，将蛋白酶进行固定化，可以实现连续化生产，从而提高制备WOPs的效率；二是利用复合酶进行水解，不同种类蛋白酶复合使用制备的肽类物质的活性要普遍优于单酶法，但由于不同酶类达到最高活力所需的条件不同，因此如何协调不同蛋白酶之间的加入顺序及酶解条件是未来研究的重点；三是利用辅助强化技术，在酶解过程中可以采用超声、微波等辅助技术对酶解效果进行强化，对酶解速度及效率都会有显著的提升效果。微生物发酵法则是一种新兴的制备核桃肽的方法，其主要通过微生物菌体发酵产生大量的蛋白酶，直接作用于食物蛋白。相比于蛋白酶解法，此法具有酶产量高、生产周期短、生产成本低等优点，具有较好的发展前景。但微生物代谢产生的酶系较为复杂，水解副产物较多，而且受到菌种使用安全的限制，微生物发酵法的推广应用仍然面临着诸多挑战。今后的研究要集中在发酵菌种、原料的筛选和发酵工艺的革新上，进一步提升核桃肽的制备效率及安全性。

　　精准医疗概念的提出与发展也为核桃肽的应用带来了新的挑战。核桃肽在临床营养及功能食品领域的应用潜力毋庸置疑，其生理活性也具有普遍的指导意义，但个体受遗传背景、代谢能力及肠道微生物等因素的影响，对营养素及不同生理功能的需求存在一定的差异。因此，如何针对特定的个体，在正确的时间提供合理的精准营养干预，以达到防治疾病、促进健康的效果，是未来核桃肽发展的重要任务。核桃肽是来源于核桃的小分子低聚肽混合物，其中不同结构的小分子肽决定其不同的生理活性，测定不同活性肽的氨基酸含量、种类及连接顺序有助于明确其构效关系，对核桃肽在精准营养概念下的应用大有帮助。高活性的核桃肽肽段的氨基酸数目一般小于20，分子量小，分离难度较大，因此需要一些新型分离技术的发展，例如高效液相

---

① 郝云涛、珠娜、李勇：《核桃肽制备工艺的研究进展》，《食品工业》2020年第5期。

色谱法、柱层析法、超滤膜分离法等。此外，有报道指出除了利用分子量的差异，还可以根据其肽段性质的不同进行分离纯化，例如铁离子螯合亲和层析法。这些分离纯化技术及新型的技术都将会大大促进肽营养学的发展，为今后制备纯度更高、活性更好的靶向核桃肽药物及功能食品提供研究方向。

综上，作为食源性活性肽，核桃肽的安全性及各种生理活性已经得到大量基础研究和初步的临床试验证实。但在全民营养健康及精准营养的大趋势下，核桃肽的分离纯化技术还需要更加深入的研究，以寻求核桃肽更多的生理活性并阐明小分子肽的结构与其活性之间的关系。在不久的未来，靶向核桃肽功能食品及临床上的精准核桃肽营养治疗都将成为促进全民健康的重要组成部分。有充分的理由相信，核桃肽作为传统食疗与现代食疗领域的完美结合，必将在新型食疗创新领域有着长足的发展及广阔的应用前景，为进一步推动"健康中国"战略发展、全民营养健康作出贡献。

食疗落地新抓手

——胶原低聚肽行业发展的机遇与挑战

徐美虹　李　勇*

摘　要：　胶原低聚肽作为生物活性肽的典型代表，具有低过敏度、低渗透压，高效转运、直接吸收，功能多样、效能优越，广泛制备、多维应用等诸多特点，是"新型食疗"活性物筛选、开发与应用的良好原料。近年来，胶原低聚肽的多种生物功效被相继报道，如提高免疫应答、缓解疲劳、抗炎抗氧化、美容养颜、改善骨密度、改善糖尿病、高血脂等慢病生存状态、延长生存时间、抗肿瘤等。在食疗养生领域，胶原低聚肽作为多靶向活性物，显示出与中医药协同开发/联合配伍、药食靶向递送、生物信息传递与识别等多个方面的应用前景。相信胶原低聚肽的开发与应用必将成为中医食疗的传承创新落地的新抓手，助力促进全人类的健康。

关键词：　胶原低聚肽　营养保健　疾病防治　食疗

健康是全人类的共同追求，也是民族昌盛和国家富强的重要标志。目前全球正在经历如出生率降低、老龄化加剧、疾病谱巨变等前所未有的健康挑战。而我国在历经快速工业化、城镇化后，生态环境、生活方式发生巨大变

---

* 徐美虹，博士、副研究员，北京大学公共卫生学院营养与食品卫生学系，主要研究方向为老龄营养、食物活性物质；李勇，博士、教授，北京大学公共卫生学院营养与食品卫生学系，主要研究方向为营养与疾病、肽营养学。

化，所面临的健康挑战更为复杂；加之当前我国经济仍保持持续增长、国民消费结构明显升级、新冠疫情的常态化，都使得公众对健康食品和健康生活方式的认知明显提升，人们对健康类产品的需求更为旺盛。立足"不生病、少生病、生小病、好得快"，围绕健康理念的高品质、个性化、便捷性、附加值高的营养功能食疗食品将迎来新一轮增长机遇。因此，在"健康中国"战略的大背景下，以"需求侧"为向导，优化"供给侧"，必将成为营养食疗产业变革的核心路径。

综观生命健康领域，肽作为机体内具有特征标识和活性效能的最小单位，其具有低过敏度、低渗透压，高效转运、直接吸收，功能多样、效能优越，广泛制备、多维应用等诸多特点。在全生命历程中，肽所起的作用不可替代，现已成为生物医药领域研究者关注的焦点。既往关于肽类物质研究仅被局限于多肽药物的研发与应用的药学领域，食疗营养领域却较少涉猎。近年来，随着国内外关于肽营养研究结果陆续发表，肽营养学这一交叉学科得以迅速发展，肽类广泛的应用价值也日趋被人们所公认。

胶原是动物体内含量最丰富的结构蛋白质，广泛地存在于人和动物的皮肤、骨、肌腱、软骨及其他结缔组织中。胶原蛋白在人体中约占总蛋白质质量的30%，与人体健康密切相关。胶原蛋白肽作为胶原重要的衍生产品，发展迅猛，用途广泛。相较1988年日本即推出胶原蛋白肽饮料而言，我国于2008年才正式出台胶原蛋白肽的国家标准《海洋鱼低聚肽粉》（GB/T 22729 – 2008）。反观我国是陆地畜禽、水产资源大国，产量居世界首位，大量产加工副产物（如骨、皮等）含有丰富蛋白，尤其是胶原蛋白含量极高，对开发胶原低聚肽具有十分有利的条件。因此，如何在保障生态可持续的同时，有针对性地利用我国生物资源，就胶原低聚肽进行"以健康为导向"的针对性研发、创制与应用，既是生物活性肽科研重大突破与科技迭代更新中的关键点，也是应对我国胶原低聚肽行业起步晚、品种少、市场占有率低等问题，实现产业弯道超车的有效方案，也将为我国食疗走向世界提供全新范式。

一 胶原低聚肽与健康

生物机体内存在着天然的肽类分子，参与机体的生命活动，这些肽被称为生物活性肽。生物活性肽作为机体最敏感和直接的调节剂，在机体的不同生命周期、不同疾病状态时表达的量和需要量各不相同。近年来的研究发现，通过生物酶解技术制备的食源性生物活性肽，不但可以被机体直接吸收，还具有吸收速度快、耗能低、不易饱和，彼此间转运无竞争性和抑制性等特点，是优质的营养来源。而且一些食源性低聚肽还可发挥原蛋白或组分氨基酸所不具备的生理功能，如免疫调节、降血压、降糖降脂、抗炎抗氧化、延缓衰老、促进生长发育、改善记忆减退和神经保护作用等。目前，食源性生物活性肽以其安全、高效的特点成为营养研究的热点，并逐渐显示出其在营养干预中的重要作用和广阔前景。

胶原肽是胶原蛋白的酶解产物，其富含除色氨酸、半胱氨酸、酪氨酸外的 18 种氨基酸，包含 7 种人体必需的氨基酸，甘氨酸约占 30%；还含有两种特有的氨基酸——脯氨酸和羟脯氨酸，含量约占 25%。此外，丙氨酸、谷氨酸的含量也比较多，同时还含有在一般蛋白质中少见的焦谷氨酸和在其他蛋白质中几乎不存在的羟基赖氨酸。因此，胶原蛋白肽的营养是很丰富的。胶原蛋白产品还具有很高的消化吸收性，其分子量在 1000 ~ 5000D，可以在肠道中被直接吸收，吸收效率高。胶原蛋白的营养价值也在于此。

近 20 年来，以北京大学李勇教授课题组为代表的国内权威机构对胶原低聚肽方面营养做了大量的基础性研究，[1] 取得了许多有意义的进展，填补了多项空白。在确定安全性的前提下，先后揭示了胶原低聚肽的多种生物活性。目前，作为食源性生物活性肽的典型代表，胶原低聚肽由胶原经生物酶解而来，已被证实具有抗炎抗氧化、增强免疫力、调节血糖和缓解体力疲劳

---

[1] 李勇、蔡木易：《肽营养学》，北京大学医学出版社，2007；李勇：《肽临床营养学》，北京大学医学出版社，2012。

等多种生物活性，是重要营养功效成分，日趋引起全健康领域的广泛关注，在食疗创新领域具有独特优势，展现出巨大的发展潜力。

二 胶原低聚肽研究进展

近年来，随着肽营养学的发展和各种制备技术的进步，低聚肽类物质引起了学者的特别关注，成为肽营养研究的新热点。小分子的寡肽可以利用单独的载体通道直接吸收入血，并起到调控机体生理、生化功能的作用，进而表现出远优于蛋白质和氨基酸的生物肽效价和营养价值。总体而言，胶原低聚肽的开发研究在低聚肽行业是起步较早的肽种，因此可以预见胶原低聚肽在中医食疗领域的应用仍有较大的发展空间。北京大学李勇教授课题组在胶原低聚肽营养领域起步较早，并进行了为期近20年的深耕，取得了突破性的进展，填补多项领域空白，也为其在健康领域的未来发展提供了扎实的理论基础和数据支持。其主要体现在以下两个方面。

（一）系统性的安全性评价

现对市售核苷酸产品所做的安全性评价均未发现急性、亚慢性毒性以及对体细胞和生殖细胞的致突变作用。通过对胶原低聚肽进行安全性评价，均未发现急性、亚慢性毒性、慢性毒性及对体细胞和生殖细胞的致突变作用。[1] 胶原低聚肽 LD_{50} 大于 $20.0g/(kg \cdot bw)$ 未观察到有害作用剂量（NOAEL）为 $3.4g/(kg \cdot bw)$，属于无毒级。而且，创新性地开展了终生喂养实验，以进一步对胶原低聚肽的安全性进行评价。[2]

---

[1] Jiang Liang, Xinrong Pei, Zhaofeng Zhang, et al., "A Chronic Oral Toxicity Study of Marine Collagen Peptides Preparation from Chum Salmon (Oncorhynchus Keta) Skin Using Sprague-Dawley Rat," *Mar Drugs*, 2012, 10 (1): 20 – 34.

[2] Jiang Liang, Xinrong Pei, Nan Wang, et al., "Marine Collagen Peptides Prepared from Chum Salmon (Oncorhynchus Keta) Skin Extend the Life Span and Inhibit Spontaneous Tumor Incidence in Sprague-Dawley Rat," *J Med Food*, 2010, 13 (4): 757 – 770.

（二）多项生物学功效揭示及其在疾病防治中的应用实例

1. 抗氧化活性

生物体内天然存在的抗氧化肽类主要为肌肽和谷胱甘肽。研究人员从鱼类中分离得到多种可清除体内自由基，具有抗氧化作用的鱼活性肽。以鱼皮胶原为原料，采用胰蛋白酶、α-胰凝乳蛋白酶和胃蛋白酶对其进行水解处理，制备多肽，用1,1-二苯基-β-苦基肼自由基体系检测水解物的清除自由基活性。在分离纯化得到的肽组分中，His—Gly—Pro—Gly—Pro—Leu的多肽清除自由基能力最强。海洋胶原肽（marine collagen peptides, MCPs）对 D-半乳糖亚急性衰老模型大鼠有抗氧化保护作用，不同剂量的 MCPs 可以增强 SOD 活性、过氧化氢酶（catalase, CAT）活性，降低 MDA 含量，其抗氧化活性相当于维生素 E。[1] 对高脂大鼠进行了不同剂量的海洋胶原低聚肽干预后，证实了海洋胶原低聚肽能降低高脂大鼠的氧化应激反应。[2] 已有研究发现，海洋生物蛋白经酶解处理后会产生具有抗氧化功能的活性肽。其他研究也表明取材于海洋生物的海洋胶原低聚肽具有较强的抗氧化作用，海洋胶原低聚肽是一种小分子低聚肽混合物（分子量 200~1000 Da），由深海鱼类的鱼皮制成。可以通过分离金枪鱼的水解产物得到多种抗氧化活性肽，且这些肽的功能特性与分子量大小密切相关，不同分子量的抗氧化肽，表现出不同程度的抗氧化性。因此，鱼胶原蛋白肽有望用于降低氧化应激相关的慢性疾病风险，改善健康状态。[3]

2. 抗高血压活性

抗高血压肽主要是通过抑制血管紧张素-Ⅰ转换酶（agiotensin Ⅰ-con-

[1] Jiang Liang, Xinrong Pei, Nan Wang, et al., "Marine Collagen Peptides Prepared from Chum Salmon (Oncorhynchus Keta) Skin Extend the Life Span and Inhibit Spontaneous Tumor Incidence in Sprague-Dawley Rat," *J Med Food*, 2010, 13（4）: 757-770.

[2] Ruiyue Yang, Junbo Wang, Zhigang Liu, et al., "Antioxidant Effect of a Marine Oligopeptide Oreparation from Chum Salmon (Oncorhynchus Keta) by Enzymatic Hydrolysis in Radiation Injured Mice," *Mar Drugs*, 2011, 9（11）: 2304-2315.

[3] 王军波、谢英、裴新荣等：《海洋胶原肽的分子组成及其降血脂和抗氧化作用研究》，《中华预防医学杂志》2008 年第 4 期。

verting enzyme，ACE），进而影响肾素—血管紧张素—醛固酮系统来实现对血压影响的。一般认为抗高血压肽的 C 末端的 Pro、Phe 和 Tyr 或序列中含有的疏水氨基酸是维持高活性所必需的。对二肽来说，N 末端的芳香氨基酸与血管紧张素的结合是最有效的。研究发现多种胶原蛋白肽具有 ACE 抑制活性。国内对于酶解制备食品源的 ACE 抑制肽起步较晚，但经研究鱼源性ACE 抑制活性肽虽然在疗效上弱于化学合成类降压药物，但因其有很好的安全性，可长期服用而无副作用产生，在医药领域具有十分广阔的应用前景。[①]

3. 调节血糖和血脂

FCPs 对糖代谢与脂代谢异常导致的高血糖和高血脂具有一定的调节作用。Zhu 等的研究发现，FCPs 可以多方面改善糖尿病及其并发症；降低血糖水平与改善胰岛素抵抗；降低血脂与脂肪细胞因子的释放，缓解肝脏脂肪变性；缓解高血糖水平下的氧化应激与炎症反应；促进骨骼肌中葡萄糖运载体4（Glucose transporter 4，GLUT4）的表达来增强对葡萄糖的摄取利用；上调肝脏中过氧化物酶体增殖剂激活受体 α（Peroxisome proliferators-activated re-ceptor-α，PPAR-α）的表达增强对胰岛素 D 敏感性。[②]

4. 免疫调节

谢宗法等从鲨鱼肝脏中提取了一组分子量约为 10 kDa 的多肽物质，能

[①] Cuifeng Zhu，Guanzhi Li，Hongbin Peng，et al.，"Effects of Marine Collagen Peptides on Markers of Metabolic Nuclear Receptors in Type 2 Diabetic Patients with/without Hypertension，" *Biomed En-viron Sci*，2010，23（2）：113 – 120.

[②] Cuifeng Zhu，Guanzhi Li，Hongbin Peng，et al.，"Effects of Marine Collagen Peptides on Markers of Metabolic Nuclear Receptors in Type 2 Diabetic Patients with/without Hypertension，" *Biomed En-viron Sci*，2010，23（2）：113 – 120；Cuifeng Zhu，Hongbing Peng，Guiqin Liu，et al.，"Beneficial Effects of Oligopeptides from Marine Salmon Skin in a Rat Model of Type 2 Diabetes，" *Nutrition*，2010，26（10）：1014 – 1020；Cuifeng Zhu，Wei Zhang，Bo Mu，et al.，"Effects of Marine Collagen Peptides on Glucose Metabolism and Insulin Resistance in Type 2 Diabetic Rats，" *J Food Sci Technol*，2017，54（8）：2260 – 2269；Cuifeng Zhu，Wei Zhang，Jianguo Liu，et al.，"Marine Collagen Peptides Reduce Endothelial Cell Injury in Diabetic Rats by Inhibiting Apoptosis and the Expression of Coupling Factor 6 and Microparticles，" *Mol Med Rep*，2017，16（4）：3947 – 3957；Cuifeng Zhu，Guanzhi Li，Hongbin Peng，et al.，"Therapeutic Effects of Marine Collagen Peptides on Chinese Patients with Type 2 Diabetes Mellitus and Primary Hypertension，" *Am J Med Sci*，2010，340（5）：360 – 366.

提高 T 淋巴细胞形成 Ea 花结的能力，诱导人 PBMC 细胞分泌 IFN - γ，增强 NK 细胞活性及明显促进 PBMC 表面抗原的表达，提示鲨鱼肝提取液在体外能正向调节人体细胞免疫功能。Rozenn Ravallec-Ple 等从鳕鱼胃蛋白酶水解产物中得到的酸性肽，分子质量为 500~3000，具有免疫刺激的活性。Asbjorm Gildberg 等从鲑鱼中提取的四种酸性肽有类似于刺激白细胞超氧阴离子产生的作用，它们通过增加活性氧代谢产物，如超氧阴离子的产生，或通过增加巨噬细胞的吞噬活性和胞饮作用，来提高非特异性免疫系统的防御功能。[1]

5. 美容护肤与延缓皮肤衰老

鱼胶原蛋白肽含有丰富的酪氨酸残基，可与酪氨酸竞争，抑制酪氨酸酶的活性与黑色素的形成，具有美白效果。体外酪氨酸酶活性实验证明，鱼胶原蛋白肽可以抑制酪氨酸酶的活性。多项临床试验的结果显示，鱼胶原蛋白肽具有保持皮肤水分、延缓皮肤衰老、改善皮肤光损伤作用。[2]

6. 促进伤口愈合

胶原是构成皮肤和黏膜的重要组成部分，鱼胶原蛋白肽富含甘氨酸、脯氨酸及羟脯氨酸等氨基酸，具有改善皮肤细胞外基质环境，加速伤口愈合及促进组织修复作用。[3]

---

[1] Ruiyue Yang, Xinrong Pei, Junbo Wang, et al., "Protective Effect of a Marine Oligopeptide Preparation from Chum Salmon (Oncorhynchus Keta) on Radiation-induced Immune Suppression in Mice," *J Sci Food Agric*, 2010, 90 (13): 2241 - 2248; Ruiyue Yang, Zhaofeng Zhang, Xinrong Pei, et al., "Immunomodulatory Effects of Marine Oligopeptide Preparation from Chum Salmon (Oncorhynchus Keta) in Mice," *Food Chemistry*, 2009, 113 (2): 464 - 470.

[2] Jiang Liang, Xinrong Pei, Nan Wang, et al., "Marine Collagen Peptides Prepared from Chum Salmon (Oncorhynchus Keta) Skin Extend the Life Span and Inhibit Spontaneous Tumor Incidence in Sprague-Dawley Rat," *J Med Food*, 2010, 13 (4): 757 - 770; Jiang Liang, Xinrong Pei, Zhaofeng Zhang, et al., "The Protective Effects of Long-term Oral Administration of Marine Collagen Hydrolysate from Chum Salmon on Collagen Matrix Homeostasis in the Chronological Aged Skin of Sprague-Dawley Male rat," *J Food Sci*, 2010, 75 (8): H230 - 238.

[3] Zhaofeng Zhang, Junbo Wang, Ye Ding, et al., "Oral Administration of Marine Collagen Peptides from Chum Salmon Skin Enhances Cutaneous Wound Healing and Angiogenesis in Rats," *J Sci Food Agric*, 2011, 91 (12): 2173 - 2179; Junbo Wang, Meihong Xu, Rui Liang, et al., "Oral Administration of Marine Collagen Peptides Prepared from Chum Salmon (Oncorhynchus Keta) Improves Wound Healing Following Cesarean Section in Rats," *Food Nutr Res*, 2015, 59: 26411.

7. 抗骨质疏松

研究表明鱼胶原蛋白肽具有良好的钙螯合活性，阻止饮食摄入的钙在消化道内形成不溶性钙盐，进而促进钙的吸收及利用。一些体内实验也表明鱼胶原蛋白肽能够增加骨骼中的钙含量与骨密度，适当补充可以促进骨发育，预防骨质疏松。[①]

三　胶原低聚肽行业发展现状

随着对肽类物质的种类和功能的深入研究，近年来对肽类药物的开发已经发展到疾病防治的各个领域。生物活性肽是筛选药物、制备疫苗和各种食品的天然资源宝库，在生物医药以及保健食品等领域具有广阔的应用前景。世界上肽类药物的研究目前集中在多肽疫苗、抗肿瘤多肽、抗病毒肽、细胞因子模拟肽、抗菌活性肽、用于心血管疾病的多肽、调节认知多肽、诊断用多肽及其他抑制炎症发生、促进伤口血管的再生、加速皮肤深度伤口的愈合等药用肽类。

胶原蛋白肽作为胶原的另一种衍生产品，起步较晚。目前有据可查的第一款胶原蛋白肽产品出自 1988 年日本朝日公司推出的胶原蛋白肽饮料。1999 年，美国 FDA 批准胶原蛋白肽为大众安全健康食品（GRAS），2005 年欧盟 EFSA 批准胶原蛋白肽为安全性食品，2017 年加拿大卫生部天然和非处方健康产品局（NNHPD）批准胶原蛋白肽可改善肌肤生理机能的临床功效。但在中国，2011 年以前尚没有相关的法律法规明确胶原蛋白肽是否能在食品中应用，因此北京盛美诺生物技术有限公司以及其他几家胶原蛋白生产商和代理商于 2008 年申报胶原蛋白肽为新资源食品。2011 年 1 月，卫生部对申报单位进行了意见回复，认定申报企业的胶原蛋白肽为普通食品；2013 年 5 月 24 日，国家卫生和计划生育委员会发布 2013 年第 3 号公告，认定以可食

---

① Yajun Xu, Xiaolong Han, Yong Li, "Effect of Marine Collagen Peptides on Long Bone Development in Growing Rats," *J Sci Food Agric*, 2010, 90 (9): 1485 – 1491; Xiaolong Han, Yajun Xu, Junbo Wang, et al., "Effects of Cod Bone Gelatin on Bone Metabolism and Bone Microarchitecture in Ovariectomized Rats," *Bone*, 2009, 44 (5): 942 – 947.

用的动物或植物蛋白质为原料，经《食品添加剂使用标准》（GB2760 - 2011）规定允许使用的食品用酶制剂酶解制成的物质作为普通食品管理。自此，胶原蛋白肽在中国可以按照普通食品进行生产管理。目前国内胶原蛋白肽的执行相关标准一共有 5 个，分别是 QB2732 - 2005《水解胶原蛋白》、QB/T2879 - 2007《海洋鱼低聚肽粉》、GB/T 22729 - 2008《海洋鱼低聚肽粉》、SB/T 10634 - 2011《淡水鱼胶原蛋白肽粉》以及 GB31645 - 2018《食品安全国家标准 胶原蛋白肽》。

目前，世界各国正在竞相研究和开发肽类药物和功能性食品。统计数据显示，胶原蛋白很大程度上推动了全球营养美容产品市场的增长，主要产品形式有粉剂、片剂、胶囊、饮料或口服液、糖果、乳制品等。根据 Innova 提供的报告预测，到 2020 年营养美容品市场将达 74 亿美元，而胶原蛋白肽是推动营养美容品发展的最主要原料之一。[1] 据报道，胶原蛋白肽的年复合增长率为 7.1%，到 2019 年，市场销售额超过 8 亿美元。胶原蛋白肽的来源有鱼、牛、鸡、猪等。根据 TMR 市场分析报告，因其高吸收率和低疾病传播率，鱼胶原蛋白肽预计增长最快，平均年复合增长率可达 7.8%。[2] Innova 统计，2014 年全球关于皮肤健康新产品中含有胶原蛋白肽的巴西和英国最高，达到 22%，其次是马来西亚（10%）、德国（5%）、美国（3%）。产品形式分别为软饮料（47%）、甜食（22%）、乳制品（10%）、谷物产品（8%）。有数据显示，全球胶原蛋白肽的年销售量已经达到 25000 吨，形成了集美容、关节和骨骼健康、运动保健以及外用品等多个应用领域。[3] 在中国台湾、韩国和东盟地区国家，胶原蛋白肽的市场规模已经达到 16600 吨，主要用于皮肤美容和其他保健功能。印度的胶原蛋白肽销量也很高，主要用于骨骼和关节保健。

---

① Markets, M. A., "Collagen Peptides Market by Source, Application & Region-Global Trend & Forecast to 2019 (No. 3114043)," https://www.marketsandmarkets.com/.

② Cuifeng Zhu, Hongbing Peng, Guiqin Liu, et al., "Beneficial Effects of Oligopeptides from Marine Salmon Skin in a Rat Model of Type 2 Diabetes," *Nutrition*, 2010, 26 (10): 1014 - 1020.

③ "Collagen Peptde and Gelatin Market-Global Industry Analysis and Forecast," 2014 - 2020 edit by Transparency.

北美地区被认为是最大的胶原蛋白肽市场。胶原蛋白肽的年销量已经超过6000吨。美国被认为是世界上最大的医药和功能性食品的最大市场，也为开发新的胶原蛋白肽产品如骨关节产品提供机会。2013年至2014年，胶原蛋白肽在美国的消费量增长了51%。胶原蛋白肽市场的热度持续升温，已经从美容方面扩展到其他方向，比如关节健康和运动营养。此外，宠物食品中使用胶原蛋白肽的数量发展迅速。根据美国宠物食品协会市场数据统计，胶原蛋白肽是宠物食品的重要营养补充剂，快速发展的宠物食品工业有利于胶原蛋白肽市场的发展。根据NBJ数据预测，2020年美国消费者将在胶原蛋白补充剂上花费2.93亿美元。2020年6月全球第一大食品公司雀巢在其官网发布声明，收购美国胶原蛋白品牌"Vital Proteins"的多数股权。该品牌成立于2012年，旗下胶原蛋白产品包括蛋白粉、营养棒、即饮饮料等多种形式。日本是胶原蛋白肽发展最为成熟的市场。根据UBM数据统计，2012年和2013年胶原蛋白肽高居日本功能性食品配料销售额榜首。日本明胶协会数据显示，2008年到2013年胶原蛋白肽的销售量在4500~5000吨。2015年日本的胶原蛋白肽销量为4886吨，与2014年相比增长11.9%，其中食用胶原蛋白肽销量为4256吨，同比增长9.8%。出口方面，2014年胶原蛋白肽的出口量为371吨，2015年达到510吨，增长率为37.4%，增长显著。2020年日本的口服美容产品销售额约为2385亿日元，其中胶原蛋白肽产品销售额为520亿日元，约占口服美容市场的1/4。在日本，胶原蛋白肽主要用于美容抗衰老产品，但近年来关于骨关节健康、血管健康、预防褥疮以及脑机能的功能性研究以及市场化产品也不断出现。而且日本终端产品越来越趋向添加低分子量、高剂量、低异味的胶原蛋白肽原料，而鱼胶原肽因其原料能够满足上述要求，需求量增加。在南美洲，胶原蛋白肽的发展呈快速上升趋势。如巴西将胶原蛋白肽作为美容产品，增长迅速，在过去的5~6年间，巴西美容营养剂的年复合增长率超过30%。

中国胶原蛋白肽行业发展呈曲折上行的态势。21世纪初期，日本胶原品牌Fancel进入中国。至2012年期间，中国胶原蛋白肽市场快速增长。2013年由于"胶原蛋白事件"，胶原蛋白肽备受质疑，销售数量急剧下滑。但胶原蛋白肽美容抗衰老、有助于骨骼和关节健康等的功能经过多家科研机构论证，并得到全球消费者的认可，2014年下半年国内市场回暖。2019年8月天猫国际与天猫超级品类日联合第一财经商业数据中心（CBNData）发布《2019口服美容消费趋势报告》，指出目前国内口服美容市场规模已突破百亿元，预计2022年我国口服美容市场将达到238亿元。该报告显示胶原蛋白肽2017～2019年连续三年位居口服美容原料成分榜首。

胶原蛋白肽产品的应用形式也有了很多变化。从之前的粉剂、口服液、片剂等传统膳食补充剂，扩展到软糖、口香糖、奶茶、咖啡等多种普通食品中，且以软糖发展速度最为迅猛。

四　胶原低聚肽行业发展的机遇与挑战

人人得享健康是全人类的共同愿景，也是共建人类命运共同体的重要组成部分。新中国成立特别是改革开放以来，我国健康领域改革发展成就显著，人民健康水平不断提高。但我国也面临着工业化、城镇化、人口老龄化以及疾病谱、生态环境、生活方式不断变化等带来的新挑战，如何有效统筹解决，以应对如上挑战，是关系人民健康的重大且长远的问题。2017年，国家发展和改革委员会、工业和信息化部《关于促进食品工业健康发展的指导意见》（发改产业〔2017〕19号）提出"十三五"期间要支持发展养生保健食品，研究开发生物活性肽等保健和健康食品，并开展应用示范。生物活性肽产业正逐步走以科技为支撑的现代产业发展之路。

（一）以健康为核心导向，胶原低聚肽的精准制备

当前我国正处于人口老龄化飞速发展的时期，截至2020年底，全国60岁及以上人口达到2.64亿，老龄化进程远超经济社会的发展。此外，二孩政策的开放及转型发展问题使得我国人口的营养健康面临着重大的挑战。我国老年人群中有超过1.8亿人患有一种及以上的慢性病，并且中国死因监测数据显示，慢性病是我国老年人群主要的死因，其中内分泌营养代谢类疾病

位列第五。大量研究显示，85%的老年人的慢性健康问题可以通过合理的营养干预得到改善。因此，国务院在 2017 年发布了《国民营养计划（2017～2030 年）》，旨在大力普及营养健康知识，完善营养健康制度，发展营养健康产业。胶原低聚肽具有安全性高、资源广泛、平价易得、营养丰富且功能多样等特征。作为新兴的食源性营养活性物质，是实现精准营养的有效工具之一。但是，如何落地实现针对不同年龄人群、不同疾病状态的主要健康问题的胶原肽精准制备，是健康科技产业迫切需要攻关的技术瓶颈。

1. 安全、高效的定向制备

随着制备技术的进步，胶原低聚肽的制备方法也愈发成熟。根据制备目的不同可以选用不同的方法。其中，酶解法由于生产条件温和、可定向酶切、制备的肽类产品溶解性好等优点，成为 FCPs 制备最常用的方法。近 20 年来，国内外的研究人员对蛋白酶的选择、酶解条件参数、脱盐、脱苦等方面进行了大量的探索，并在提高 FCPs 制备效率方面取得了极大的进展。未来在提升酶解法制备胶原低聚肽效率的研究可以进行集中突破。比如，使用固化酶，将蛋白酶进行固定化，可以实现连续化生产，从而提高制备 FCPs 的效率；利用复合酶进行水解，不同种类蛋白酶复合使用制备的肽类物质的活性要普遍优于单酶法，但由于不同酶类达到最高活力所需的条件不同，如何协调不同蛋白酶之间的加入顺序及酶解条件是未来研究的重点；利用辅助强化技术，在酶解过程中可以采用超声、微波等辅助技术对酶解效果进行强化，对酶解速度及效率都会有显著的提升效果。微生物发酵法则是一种新兴的制备胶原低聚肽的方法，其主要通过微生物菌体发酵产生大量的蛋白酶，直接作用于食物蛋白。相比于蛋白酶解法，此法具有酶产量高、生产周期短、生产成本低等优点，具有较好的发展前景。但微生物代谢产生的酶系较为复杂，水解副产物较多，而且受到菌种使用安全的限制，微生物发酵法的推广应用仍然面临着诸多挑战。今后的研究要集中在发酵菌种、原料的筛选和发酵工艺的革新方面，进一步提升胶原低聚肽的制备效率及安全性。

有研究表明，控制酶解条件、优化后续分离纯化技术，可以制得纯度和活性更高的胶原低聚肽。高活性的胶原低聚肽肽段的氨基酸数目一般小于

20，分子量小，分离难度较大，因此需要一些新型分离技术的发展。凝胶过滤色谱和反向高效液相色谱，从胶原蛋白酶解物中分离纯化出了 ACE 抑制肽，并利用超高效液相色谱—质谱鉴定出两种 ACE 抑制肽的氨基酸序列。此外，有报道指出，除了利用分子量的差异，还可以根据其肽段性质的不同进行分离纯化，例如铁离子螯合亲和层析法。发展分离纯化技术及新型的技术，是今后制备纯度更高、活性更好的靶向 FCPs 药物及功能食品的研究方向。

2. 合理、高效、环保、综合地提高生物原料资源

近年来，我国畜牧、水产养殖业和农副产品加工业得到了迅猛的发展，但目前我国许多水产品加工企业的加工技术和设备落后，存在产业链较短和创新性差等问题，加工技术和综合利用仍然与世界水平存在很大差距。其主要表现，一是加工量偏低，对于生物资源产品的利用，我国还是以传统的烹饪食用为主要的消费方式，大量的副产品被丢弃，造成大量的资源浪费，同时带来巨大的环保负担。二是加工技术落后，在生物资源产品的加工过程中，基本以粗加工为主。例如，鱼类的加工成品基本以鱼片为主，没有高新技术和高附加值产品。三是生物资源产品加工后的下脚料综合利用水平不高。因此，如何提高生物资源类产品及深加工制品质量，建立和完善市场体系，进一步促进我国畜牧、水产养殖业产业的可持续发展，是水产业亟待解决的重要问题。

（二）胶原低聚肽的多维应用

胶原低聚肽作为比蛋白质和氨基酸更易吸收的氮源营养素，更加适合消化功能减弱或对蛋白质和氨基酸有特定代谢需求的临床病人。胶原低聚肽与游离氨基酸的吸收机制相互独立，有助于减轻游离氨基酸相互竞争吸收点位而引起的吸收抑制，从而促进胶原低聚肽中氨基酸的吸收；胶原低聚肽中部分小分子低聚肽还可以直接参与组织蛋白质的合成，有利于患者伤口的愈合及恢复。此外，胶原低聚肽具有抑制肿瘤细胞增殖、降血压、调节免疫力、抗菌、辐射保护等功效，其氨基酸组成中富含色氨酸、天冬氨酸、谷氨酸、

酪氨酸和组氨酸，这些氨基酸残基也表明胶原低聚肽具有较好的抗氧化活性，在功能食品领域具有很大的研发价值。[1] 近年来，胶原低聚肽作为食品添加剂被广泛应用于乳制品、饮料、肉制品等行业的加工中，可以起到增强风味、提高营养价值的作用。胶原低聚肽的多种特性使其在促进人类健康方面具有得天独厚的优势。胶原低聚肽展现出在新型营养产品、功能食品的开发及精准营养干预方面的巨大潜力，是有效实现防治一体化的良好营养对策。

需要注意的是，给药途径的限制的解决，仍是胶原低聚肽产品实现多样化发展的前提。多肽类物质作用的发挥与给药途径密切相关，多肽类药物主要通过注射给予，而多肽类功能食品多为口服给予。静脉注射是多肽类药物主要的注射方式，但存在诸多副作用，例如清除速率快、半衰期短、易出现过敏甚至会造成休克，因此不适宜长期给药，口服成为首选的给药方式。但胃肠道环境的多变性及不确定性给多肽类功能食品及药物的研发带来了巨大的挑战，多肽类物质具有高亲水性、不稳定性及酶敏感性，在胃部易受到胃酸及胃蛋白酶的降解，通过口服的生物利用度极低。此外，多肽类蛋白在小肠的渗透性较低，不利于其跨细胞转运。[2] 近年来还有报道指出某些多肽药物经口服具有明显的首过效应。目前主要的策略有吸收促进剂、酶抑制剂、化学修饰法、载体转运、结肠定位系统等。目前以纳米载体和结肠定位给药系统为代表的新型口服给药系统已经成功得到了应用，并有产品成功上市，但仍需要更加深入的研究。

更为重要的是，因小分子肽段具有鲜明的特征结构、纳米螯合性和受体特异亲和性等特点，是"君臣佐使"的最优代言。胶原低聚肽的如上特点，可以使其实现在特殊年龄、状态和条件下，精准识别、靶向递送、多重显

---

[1] Jiang Liang, Xinrong Pei, Nan Wang, et al. , "Marine Collagen Peptides Prepared from Chum Salmon (Oncorhynchus Keta) Skin Extend the Life Span and Inhibit Spontaneous Tumor Incidence in Sprague-Dawley Rat," *J Med Food*, 2010, 13 (4): 757–770.

[2] Ruiyue Yang, Junbo Wang, Zhigang Liu, et al. , "Antioxidant Effect of a Marine Oligopeptide Oreparation from Chum Salmon (Oncorhynchus Keta) by Enzymatic Hydrolysis in Radiation Injured Mice," *Mar Drugs*, 2011, 9 (11): 2304–2315.

效、立体调节的优势作用。因此，胶原低聚肽是日常营养补充、健康/功能食品、特医食品、肠内肠外营养制剂等多样营养干预技术的优秀组件，可以在居家、社区、机构、院内等全方位多场景中得以应用。但如何应用、如何更好地落地实践，是全健康领域都需要面临的挑战。

综上，胶原低聚肽的安全性及各种生理活性已经得到大量基础研究和初步的临床试验证实。未来，如何充分利用我国优势资源，就胶原低聚肽进行"以人为本"针对性研发、创制与应用，将是胶原低聚肽科研重大突破与科技迭代更新中的关键点。这需要我们用多学科视角、全球视野，采用全新的思维方式去重点发力突破。在构建人类命运共同体的指引下，我们应该有信心也有能力为全球健康作出中国贡献。

高尿酸血症营养干预行业调研报告

张贵锋　张学武　霍军生　李光韬　石连杰[*]

摘　要：　我国慢性病的疾病谱发生重大变化，代谢性疾病患病人群持续增加，高尿酸血症（HUA）呈明显上升和年轻化趋势，已成为威胁我国居民健康的重大公共卫生问题。营养干预对于HUA的防控具有重要作用，但重视程度不高。本报告从HUA发病机理、临床治疗、与其他慢性疾病之间的关系、流行病学的数据分析、研究进展和非药物干预等方面进行了综述。重点针对营养干预行业涉及的产品种类、产业规模、快检设备、科普宣传等方面进行了调研；针对行业发展趋势，对行业监管、健康管理、技术创新和产品研发等方面提出一些建议：鼓励科技创新，加强行业规范，加强科普宣传。

关键词：　高尿酸血症　痛风　健康管理　营养干预

一　高尿酸血症概况

（一）尿酸与高尿酸血症

尿酸是一种分子量为168 Da的杂环化合物，呈弱酸性，37摄氏度时在血浆中的溶解度为6.8mg/100mL，超过此浓度容易形成结晶；人体内尿酸是嘌呤代谢的终产物，主要以阴离子形式存在于人体血浆中。尿酸（$C_5H_4N_4O_3$）

* 张贵锋，中国科学院过程工程研究所生化工程国家重点实验室；张学武，北京大学人民医院风湿免疫科；霍军生，中国疾病预防控制中心；李光韬，北京大学第一医院；石连杰，北京大学国际医院风湿免疫科。

分子结构如图 1 所示。

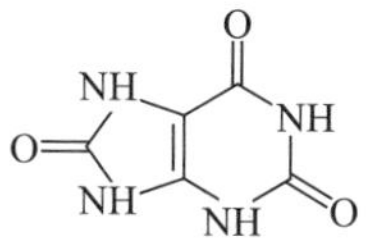

图 1 尿酸（$C_5H_4N_4O_3$）分子结构

高尿酸血症（Hyperuricemia，HUA）是一种非传染慢性疾病，是人体内嘌呤代谢异常或尿酸排泄量降低导致的血尿酸浓度过高的非正常状态；非同日连续两次空腹检测血尿酸结果高于一定阈值（男性 > 420μmol/L 或女性 > 360μmol/L）则被诊断为 HUA。

HUA 短期内不会直接威胁到患者生命，但如果血尿酸长期处于高浓度状态，可能会引起多器官、多系统的损害，许多重大疾病的发生都与血尿酸水平过高相关。HUA 以及由此导致的痛风关节炎等慢性疾病已成为威胁国民健康的重大公共卫生问题。

（二）高尿酸对健康的影响

HUA 的临床症状较为隐匿，部分人群长期无症状，未经体检筛查很难发现，多数患者在继发其他疾病时才会被检查出。HUA 是影响健康生活的新危险因素，已成为继传统"三高"后不容忽视的"第四高"。血尿酸过高会引起短期和长期两种不良的后果。

血液中的尿酸在短期内升高可导致尿酸钠以结晶形式析出并产生痛风。尿酸钠在水和血清中溶解度极低，当血液中尿酸的浓度高于 6.8mg/100mL 时，通常情况下会以单钠尿酸盐的形式析出，在关节、韧带、骨膜或软骨等连接部位的组织中缓慢沉积，痛风是由此引发的一种炎性反应，称为痛风性关节炎。痛风性关节炎是痛风的最初临床表现，是常见的可治疗的晶体性关节炎，多见于第一跖趾关节，也可发生于其他关节，男性发病率高于女性，主要表现为急性和发作性关节炎，长期也可能逐步进展为慢性关节炎。[①]

---

① 徐鹏、刘树民、于栋华等：《痛风性关节炎治疗的研究进展》，《中国医药导报》2022 年第 5 期。

血尿酸浓度长期保持较高水平，会对细胞正常功能造成影响，尤其会引起血管内皮功能紊乱，并引发血管相关的疾病，包括动脉粥样硬化、心肌梗死和脑血管病等，导致血压增高、糖代谢异常、肥胖、肾脏功能受损等，增加脑卒中和冠心病的风险，并对男性生殖功能造成不良影响。[1]

（三）HUA 及痛风发病人群统计

随着我国城镇化和工业化进程以及人口老龄化速度的加快，我国慢病谱发生重大变化，代谢性疾病增长趋势显著，尤其是继传统三高之后的 HUA 患病人群增速惊人（见表 1）。

表 1 中国内地 HUA 平均患病率

单位：%

时间范围	HUA 平均患病率	男性/女性 患病率
2009～2010 年	8.4	9.9/7.0
2010～2014 年	13.3	19.4/7.9
2015～2019 年	17.4	22.7/11

资料来源：2009～2010 年数据来源于 Liu H., Zhang X. M., Wang Y. L., et al., "Prevalence of Hyperuricemia Among Chinese Adults: A National Cross-sectional Survey Using Multistage, Stratified Sampling," *Journal of Nephrology*, 2014, 27 (6): 653–658; 2010～2014 年数据来源于 Liu R., Han C., Wu D., et al., "Prevalence of Hyperuricemia and Gout in Mainland China from 2000 to 2014: A Systematic Review and Meta-analysis," *Biomed Research International*, 2015: 762820; 2015～2019 年数据来源于 Huang J. Y., Ma Z. F., Zhang Y. T., et al., "Geographical Distribution of Hyperuricemia in Mainland China: A Comprehensive Systematic Review and Meta-analysis," *Global Health Research and Policy*, 2020, 5: 52–69。

表 1 数据表明我国 HUA 患病率有显著增长的趋势，且近年来患病率比统计的数据可能还要高。在患病人群的年龄分布、性别和地域分布的特征为，患病率在一定年龄阶段随年龄增加而上升，男性患病率高于女性，城市患病率高于农村，沿海高于内陆。

我国不同地域 HUA 患病率整体在 15.5%～24.6% 范围内，综合发病率最高的在东北地区，为 24.6%，其次是华南地区为 20.7%，东部地区为

---

[1] 陆皓璇、马笑笑、娄昕：《高尿酸血症相关脑血管病的研究进展》，《中国卒中杂志》2021 年第 5 期。

17.3%，华北地区为17.4%，西南地区为15.8%，西北地区较低，为15.5%。另外的类似的调查结果表明，在中国西南地区35～79岁人群中，高尿酸的平均患病率在13.5%，其中男性为17.3%，女性为10.0%。

由于统计人群的差异，不同地区获得的数据与统计方式及数据来源有关；部分统计数据来源于就医患病人群的检测结果，多数统计数据来源于健康人群体检结果。[①] 据此推测，中国人均GDP前30%人群，HUA患病率高于20%，流行趋势与糖尿病和血脂相关疾病类似，发病率逐渐上升的原因可能与生活、饮食方式变化和城镇化进度密切相关。

根据《HUA和痛风病证结合诊疗指南》中的统计数据，我国痛风发病率约为1.1%，其中男性为1.5%，女性仅为0.9%。[②] 国家风湿病数据中心的统计数据结果表明，我国痛风患者患病年龄平均为40.1岁，男女患病率的比例在15∶1～20∶1。

二 尿酸产生与排泄途径

（一）嘌呤代谢与尿酸产生

人体内的嘌呤在能量、代谢以及组成辅酶等方面的作用十分关键。嘌呤主要来源有两种途径：一是通过饮食摄取食物中的嘌呤，约占体内嘌呤总量的1/5；二是来源于体内细胞降解，约占嘌呤总量的4/5。细胞可以将核酸降解后的腺嘌呤核苷酸和鸟嘌呤核苷酸在不同催化酶的作用下形成尿酸。正常生理条件下人体每天产生尿酸约800毫克，主要在肝脏、肠道、血管内膜和肌肉等器官和组织中。

黄嘌呤在黄嘌呤氧化酶（XOD）催化条件下形成尿酸，黄嘌呤的来源途径主要有两种：一种是腺嘌呤核糖核苷酸在核苷酸酶和脱氨酶作用下形成肌

---

① Huang X. B., Zhang W. Q., Tang W. W., et al., "Prevalence and Associated Factors of Hyperuricemia Among Urban Adults Aged 35 – 79 Years in Southwestern China: a Community Based Cross-sectional Study," *Scientific Reports*, 2020, 10: 15683

② 《高尿酸血症和痛风病证结合诊疗指南》，《世界中医药》2021年第2期。

苷，在嘌呤核苷磷酸化酶作用下形成次黄嘌呤，次黄嘌呤在 XOD 作用下形成黄嘌呤；另一种是鸟嘌呤核苷酸在核苷酸酶作用下形成鸟苷，在嘌呤核苷磷酸化酶作用下形成鸟嘌呤，在脱氨酶作用下形成黄嘌呤。

从核酸降解到尿酸产生过程中的生物反应涉及多种生物酶。磷酸核糖焦磷酸合成酶（PRS）和次黄嘌呤磷酸核糖基转移酶（HPRT）是尿酸代谢途径中形成次黄嘌呤和黄嘌呤的关键酶。这两种酶的活性及含量异常时，将导致尿酸的代谢过程紊乱。次黄嘌呤－鸟嘌呤磷酸糖转移酶（HGPRT）是细胞内核酸合成补偿途径的关键酶，可使次黄嘌呤和鸟嘌呤逆向转换成次黄嘌呤苷酸和鸟苷酸，该酶的缺陷会导致次黄嘌呤和鸟嘌呤无法转化，则只能被氧化后形成尿酸，增加了尿酸的产生量，同时还会导致 PRS 累积，导致尿酸的产生量增加。XOD 既可以将次黄嘌呤转化为黄嘌呤，也可将黄嘌呤直接氧化成尿酸，是许多针对抑制尿酸产生过程药物的作用靶点。[①] 人体内尿酸合成途径如图 2 所示。

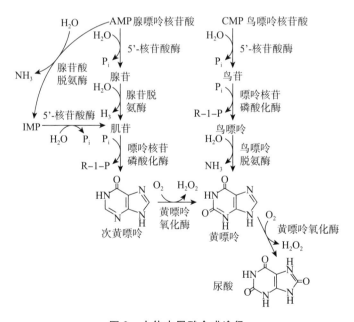

图 2　人体内尿酸合成途径

---

① 孙泽锐、王宣军、盛军：《高尿酸血症研究进展》，《云南民族大学学报》2021 年第 2 期。

（二）尿酸的排泄

尿酸的合成与排泄在正常条件下处于动态平衡，尿酸的排泄途径分为两种：一种是尿酸进入肠道后被肠道内的微生物代谢，该过程称为肠道解尿酸，占尿酸排泄量的 1/4 左右；另一种途径是经过肾脏排泄，占总排泄量的 3/4。人的血液循环中的尿酸多数以尿酸钠形式游离存在，部分尿酸以血浆蛋白结合的形式存在，约占 5%。

尿酸可通过肾脏排到尿液，肾脏对尿酸的排泄主要借助于尿酸转运蛋白，尿酸转运蛋白包括尿酸回收蛋白和尿酸分泌蛋白。通过尿酸回收蛋白和分泌蛋白对过滤后的尿液中尿酸的排泄和重吸收，借以保持人体内血尿酸的整体水平。

血液中的尿酸可自由通过肾小球的滤过膜，血尿酸的 90% 通过肾小管重吸收又重新进入血液，只有 10% 的尿酸通过肾小球过滤最终排泄到尿液。尿酸转运蛋白分为两类，一类作用于尿酸的重吸收，另一类作用于尿酸分泌（见表 2）。尿酸重吸收蛋白和分泌蛋白在肾小管重吸收和尿酸分泌中发挥关键作用。尿酸酶可将尿酸代谢为高溶性的 5 - 羟基尿酸盐，再降解为尿囊酸和氨，之后被排放到尿液中。尿酸转运蛋白尤其是尿酸分泌蛋白的功能障碍会影响尿酸的排泄，这些蛋白相关的基因如果发生突变，则会引起尿酸重吸收和分泌功能障碍，属于原发性 HUA，并在一定程度上增加痛风的急性发作风险。[①]

表 2　尿酸重吸收和分泌蛋白种类

转运/吸收蛋白	蛋白质种类
尿酸重吸收蛋白	有机阴离子转运体家族蛋白 OAT－4、阴离子转运蛋白和葡萄糖转运蛋白 9
尿酸分泌蛋白	尿酸分泌蛋白 OAT－1/3、ABC 转运蛋白 2（ABCG－2）、磷酸盐转运蛋白（NPT－1/4）、尿酸盐转运蛋白（UAT）和多药耐药蛋白 4（MRP－4）

[①] 刁峻峰、赵有为、邹前等：《痛风中尿酸异常发生机制的研究进展》，《吉林医药学院学报》2021 年第 1 期。

三　HUA 研究进展

（一）HUA 发病机制

根据尿酸产生与排泄途径，尿酸产生过多或尿酸排泄量减少，均会导致人体内尿酸累积过多，导致血液中尿酸浓度过高。依据嘌呤的来源，人体内尿酸的 80% 来源于体内嘌呤代谢，剩余的 20% 来源于饮食摄入的嘌呤。HUA 成因包括体内尿酸合成过多和尿酸排泄量减少。尿酸产生量过多的主要因素包括以下三个方面。

一是过多摄入富含嘌呤的食物。嘌呤作为合成尿酸的前体，过多地摄入会增加尿酸产生量，高嘌呤食品和饮品（如动物脏器、海鲜和啤酒等）会导致尿酸水平提高。

二是合成代谢异常。与尿酸合成过程中关键酶相关，占发病率的 20%，PRS、XOD 升高或活性增强会导致尿酸生成量增加。

三是糖类物质摄入。果糖和富含果糖食物会促进嘌呤核苷酸降解，而磷酸腺苷可进入嘌呤核苷酸降解途径，导致血液中尿酸水平剧增。

引起 HUA 的另一原因是尿酸排泄量减少，肠道尿酸代谢和肾脏尿酸排泄超负荷是引起 HUA 的最主要的原因。肾脏和肠道排泄两种途径概况如下。

肾脏排泄。人体每天产生 800 毫克尿酸，约 75% 的经肾脏排出，正常的肾脏功能可维持体内尿酸代谢平衡。尿酸的排泄能力降低会导致血尿酸水平过高，尿酸排泄的重要转运蛋白的表达异常会导致尿酸的分泌和重吸收过程受限，导致尿酸排泄减少并影响血尿酸水平。

肠道排泄。尿酸转运体可将尿酸从细胞内转运至细胞外，尿酸被排泄到肠道后并驻留被微生物进一步代谢，有近 25% 的尿酸在尿酸转运体协助下排到肠道，肠道细胞功能紊乱会影响嘌呤/尿酸吸收和排泄，也是导致 HUA 的原因之一。

人体每天产生的 800 毫克尿酸进入尿酸池，尿酸存量长期保持在 1200 毫克，每天通过肾脏排泄约 600 毫克，通过肠道排泄约 200 毫克。超过 80% 的 HUA 患病人群是尿酸排泄量减少所致，仅不到 15% 的患病人群是因为尿酸产生量过高所致。

按照发病原因 HUA 可分为原发性和继发性。原发性 HUA 是患者没有其他获得性疾病，主要由遗传因素导致，如某些蛋白质或生物酶的先天性缺失会导致尿酸代谢障碍，引起血尿酸浓度增高或尿酸钠沉积。目前研究较为明确的影响血尿酸水平的基因位点超过 26 个，主要是编码尿酸转运蛋白的基因。继发性 HUA 是由其他疾病或者药物不良反应所致，如肾病导致的 HUA、利尿药等药物导致药物继发的 HUA。肾功能不全，常伴有继发性 HUA。[1]

（二）HUA 与慢性疾病

HUA 会引发多种慢性疾病（见表3），与这些疾病的发生紧密相关的因素有4个方面：

①单钠尿酸盐结晶析出会激活免疫系统，促进炎症反应；

②尿酸合成过程中会产生自由基，起到助氧化剂作用；

③XOD 催化过程中产生氧化应激，使一氧化氮（NO）失活；

④尿酸对血管内皮细胞功能造成影响。

不同类型疾病与以上4种机制的关联程度各有差异，不同机制导致疾病形成的顺序不尽相同，部分机制还伴随着关键生物酶的表达异常，各种影响因素叠加后还会加剧慢性疾病并引发其他疾病。[2] HUA 导致的内皮功能障碍推断机制如图3所示。

表 3　HUA 与慢性疾病之间的关系

序号	疾病	致病机制概况	文献
1	痛风	尿酸盐在关节沉积后形成结晶，这些晶体可与巨噬细胞表面上的 Toll 样受体进行特异性结合，单核和巨噬细胞等免疫相关细胞在尿酸晶体沉积的起始反应中发挥重要作用，促进细胞因子表达，并最终形成炎性反应	申林强、邓鑫杰、章淑薇等：《高尿酸血症和痛风的发病机制及中医药干预作用》，《中国民间疗法》2021 年第 15 期

[1] 马红梅：《高尿酸血症发病机制及药物治疗进展》，《中国城乡企业卫生》2021 年第 9 期。
[2] Maruhashi T., Hisatome I., Kihara Y., et al., "Hyperuricemia and Endothelial Function: From Molecular Background to Clinical Perspectives," *Atherosclerosis*, 2018, 278: 226–231.

续表

序号	疾病	致病机制概况	文献
2	慢性肾病	尿酸盐在肾小管和间质中沉积，导致肾小管和肾间质中 NO 合成酶表达降低并引起肾炎；细胞氧化应激引发血管内皮功能障碍；肾素－血管紧张素系统被激活，肾脏动脉血管硬化、肾小球硬化和间质纤维化	胡奇、夏运风：《高尿酸血症对慢性肾脏病患者肾功能的影响研究进展》，《现代医药卫生》2020 年第 17 期
3	糖尿病	胰岛素抵抗和 HUA 的因果关系研究十分活跃，HUA 导致胰岛素抵抗概率增加；尿酸结晶会导致胰岛 β 细胞功能受损，刺激活化白细胞并释放炎性因子，氧自由基会促进炎症反应，诱导细胞因子引起胰岛素抵抗	杨月莲：《高尿酸血症与胰岛素抵抗关系的研究进展》，《现代医学与健康研究》2019 年第 1 期
4	高血压	尿酸形成过程导致的活性氧会引起 NO 失活，并导致部分生物酶的表达异常，降低 NO 生物利用度；血管内皮细胞功能障碍，诱导内皮功能紊乱、血管重构和平滑肌细胞增生导致的纤维化，肾素－血管紧张素系统调整以及钠离子滞留等	Stewart D. J., Langlois V., Noone D., "Hyperuricemia and Hypertension: Links and Risks," *Integrated Blood Pressure Control*, 2019, 12: 43–62
5	高血脂	脂代谢紊乱和尿酸升高相互影响，尿酸升高会降低脂蛋白酶活性，并影响脂质代谢。HUA 会增加单核细胞趋化因子，并减少脂联素，进而影响脂肪细胞的功能；高血脂也引发高尿酸，脂肪分解会产生酮体和游离脂肪酸，有机酸会影响尿酸排泄。肥胖会导致高胰岛素和胰岛素抵抗，导致肾脏对尿酸的重吸收率升高	Zhang S. H., Zhang Y. C., Lin S. J., et al., "Hyperuricemia As a Possible Risk Factor for Abnormal Lipid Metabolism in the Chinese Population: a Cross-sectional Study," *Ann Palliat Med*, 2021, 10 (11): 11454–11463
6	冠心病	炎症反应激活和氧化应激增加可导致冠状动脉内皮损伤，血尿酸升高会增加氧自由基，NO 被氧化失活，血管内皮细胞功能紊乱，导致血管舒张，血小板被异常激活或血液黏稠度升高，容易导致冠状动脉内形成血栓和闭塞发生障碍，如冠状动脉血管痉挛或急性冠状动脉综合征	陈永俊、郝应禄、李燕萍：《高尿酸血症与早发冠心病的相关性研究进展》，《医学综述》2019 年第 2 期
7	脑卒中	HUA 参与出血性脑卒中的发生、发展和转归，尿酸结晶会损伤血管内膜，上调 T 细胞活性和树突状细胞，激活免疫并引发内皮损伤，引起炎症反应，导致机体血管微炎症状态，破坏血管内皮细胞功能	吴刚、宋星慧：《自噬、高尿酸在出血性脑卒中发病中作用的研究进展》，《山东医药》2018 年第 27 期

序号	疾病	致病机制概况	文献
8	动脉粥样硬化	与内皮细胞功能相关,其受损会影响血管舒张及收缩功能,导致血管内皮再生受损或者血管内皮增生过多,抗血小板及抗血栓等屏障功能降低及炎症反应增强,引起动脉粥样硬化、急性冠脉综合征或高血压	毛任浩、刘志平:《高尿酸血症与粥样硬化性心脏病关系研究进展》,《世界最新医学信息文摘》2019年第50期
9	慢性阻塞性肺疾病(COPD)	COPD发病机制与尿酸沉积引发的炎症反应相关,慢性气道炎症引起中性粒细胞增加,分泌的蛋白酶会破坏肺泡结构,导致肺受损伤、肺泡弹性回缩减少、局部气道炎症,促进炎性细胞聚集并通过产生活性氧加剧氧化应激	刘洋、华毛、冯喜英:《高尿酸血症与呼吸系统疾病的研究进展》,《临床肺科杂志》2019年第2期

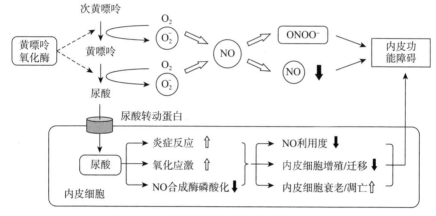

图3 HUA导致的内皮功能障碍的推断机制

资料来源:Maruhashi T., Hisatome I., Kihara Y., et al.,"Hyperuricemia and Endothelial Function:From Molecular Background to Clinical Perspectives,"*Atherosclerosis*,2018,278:226-231。

在 HUA 会引发慢性疾病的 4 个因素中,NO 失活与血管内皮细胞功能障碍均与 XOD 催化反应过程中产生的自由基有关。炎症反应主要与尿酸结晶有关,当尿酸结晶形成并沉积在关节等组织后,被抗原提呈细胞(APC)识别,激活相关信号通路并释放炎症因子或细胞因子,致使白细胞介素在局部聚集,引起炎症反应。不同部位的抗原提呈细胞种类不同,导致炎症因子种类以及导致的炎症程度各异。在高尿酸导致的不同类型急慢性疾病中,痛风主要与尿酸结晶导致的炎症反应相关，肾病主要与尿酸结晶和自由基导致的血管内皮障碍有关。高血压、高血脂等主要与 NO 失活和血管内皮细胞功能障碍有关，更多慢病疾病主要是这 4 种影响因素综合作用所致，但诱因和发挥作用先后顺序各不相同。

（三）抑制 XOD 活性测定方法

由嘌呤到尿酸反应过程中，XOD 直接参与产生尿酸，也可将次黄嘌呤转化为黄嘌呤。XOD 是一种底物非专一性的羟化酶，分子量为 300kDa，由两个相同的亚基组成，每一个亚基全长 1333～1358 个氨基酸，是钼离子依赖型酶。抑制 XOD 的活性即可减少尿酸生成，其反应底物包括嘌呤、嘧啶、蝶呤、芳杂环类以及部分醛类等。在发挥催化的反应过程中钼中心失去 2 个电子，由 +6 价成为 +4 价，经 2Fe–2S 过程传递，通过 FAD 将电子传给 NAD^+ 或 O_2，将其转化成 NADH 或 O_2^-。XO 还在 Fe 离子吸收和转运过程发挥重要作用。在药物研发过程中，以 XOD 为靶点的药物或营养物降尿酸评价方面，酶活测定方法至关重要。[①]

具体测定方法为，将待测物溶解，加入 400μL 黄嘌呤（2mmol/L）和 50μL XOD（0.5U/mL）进行混合，孵育 10 分钟后加入 100μL NaOH 溶液（1.0mol/L）将反应终止。利用酶标仪在 295nm 处测定吸光值。抑制率计算公式为：

$$抑制率（\%） = (A_1 - A_2)/A_1 \times 100\%$$

A_1 为不含目标物的阳性空白体系吸光度，A_2 是样本组的吸光度，采用非布司他作为阳性对照。受试样品的 XOD 抑制活性用非布司他的半抑制浓度（IC_{50}）表示。

（四）高尿酸细胞模型

高尿酸细胞模型具有研究周期短、所需样品剂量低、设备依赖性程度低

[①] 袁禛、程述震、吴迪等：《黄嘌呤氧化酶肽类抑制剂的研究进展》，《食品科学》2022 年第 11 期。

和操作简单方便等优点，是结果较为接近人类真实的 HUA 模型。HUA 细胞模型分为以下两种。①

一是增加尿酸产生的细胞模型，包括高尿酸环境细胞模型和诱导型细胞模型。

高尿酸环境细胞模型：HUA 的主要诱因是内源性的嘌呤代谢紊乱，在细胞生长环境中直接加入尿酸或人体内合成尿酸的前体，即可提高细胞环境尿酸浓度或加速尿酸产生。以尿酸钠培养基孵育细胞可建立高尿酸细胞模型，用于研究高尿酸对细胞分化和增殖的影响。以尿酸生物合成前体溶液孵育细胞，细胞培养液中尿酸水平会显著增加，腺苷、肌苷、鸟苷与黄嘌呤可作为尿酸合成的前体化合物，其中核苷诱导尿酸合成能力大于核苷酸，黄嘌呤诱导能力最强。

诱导型细胞模型：在细胞培养过程中，以黄嘌呤作为底物，氧嗪酸作为抑制尿酸酶的抑制剂，加入双酚 A 进行诱导，可使细胞尿酸合成显著增加，得到高尿酸细胞模型。其他诱导物还包括胆固醇和果糖，胆固醇诱导的细胞培养液中的尿酸浓度升高具有剂量依赖性，可能与氧化应激相关。

二是减少尿酸排泄细胞模型，包括果糖干扰尿酸排泄细胞模型、尿酸重吸收蛋白异常细胞模型和尿酸转运蛋白异常细胞模型，如托拉塞米导致的尿酸重吸收障碍细胞模型，托拉塞米及其代谢产物可通过反刺激管腔侧有机阴离子转运蛋白增加，提高尿酸盐重吸收率，从而导致 HUA。基于基因突变的技术也常用于细胞模型的构建。

（五）高尿酸动物模型

HUA 模型动物主要是小鼠和大鼠，动物模型可分为遗传修饰模型和化学诱导模型。遗传修饰模型可通过基因修饰技术敲除尿酸转运蛋白或尿酸酶的基因，与人 HUA 的发病机制相似，该模型不适合用于降尿酸药物的研究，尤其是以尿酸酶和尿酸转运蛋白作为治疗靶点的药物研究。

---

① 吴丹、刁勇、徐先祥：《高尿酸细胞模型研究进展》，《中国临床药理学与治疗学》2021 年第 2 期。

化学诱导模型可利用试剂或化学药物等诱导尿酸产生增加或尿酸排泄降低，但尿酸不能长期维持高水平，需持续给予造模药物。增加尿酸来源诱导物可以是尿酸前体物质，如腺嘌呤、鸟嘌呤、次黄嘌呤和黄嘌呤等，也可以是酵母及沙丁鱼等富含多种嘌呤的食物。腹腔注射尿酸可致血尿酸升高，但该法不稳定。抑制尿酸酶活性或抑制尿酸排泄可增加动物体内血尿酸水平，氧嗪酸是抑制尿酸酶的造模常用药物，通过竞争性抑制尿酸酶的活性可短期内提高动物的血尿酸水平。

（六）HUA 研究热点

从 2000 年到 2019 年，我国中文核心期刊上发表的与尿酸和痛风相关的论文持续增长，受非典的影响，2003～2005 年研究进程有所放缓，2020～2021 年受新冠肺炎疫情影响又有所下降（见图 4）。尽管我国关于高尿酸和痛风的论文发表数量较多，但论文质量不高，关于药物的临床观察、药物疗效、流行病学统计等论文对基础研究的贡献率不大，在分子层次上关于机理研究的论文占比较低。在研究热点方面，关于 HUA 与慢性疾病关系的研究始终处于非常活跃的状态，关键酶的活性抑制物筛选方面一直是热点研究方向。

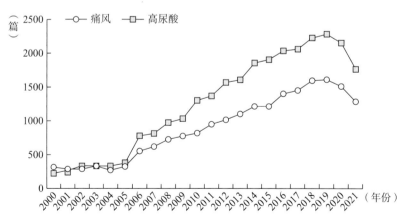

图 4　2000～2021 年发表的与高尿酸/痛风相关的论文统计

四 HUA 的临床观察与治疗

（一）高尿酸及痛风的临床检测方法

1. 常规检查

常规检查包括血尿常规、肝肾功、血糖、血脂、同型半胱氨酸、动态红细胞沉降率、C反应蛋白及泌尿系统彩超的检查。高尿酸血症或痛风患者常伴有血脂、血糖及血同型半胱氨酸的异常，以及部分患者因脂肪肝的存在导致的肝酶异常，而痛风急性发作期常出现C-反应蛋白和血沉明显增快。持续的高尿酸血症会导致肾脏尿酸盐结晶或结石发生，泌尿系统超声有助于早期发现有无肾脏尿酸结石。

2. 血尿酸检测

血尿酸通常包含于肾功能检测中，因为尿酸受饮食影响明显，故应空腹多次测定。正常嘌呤饮食状态下，非同日连续两次空腹检测，尿酸大于420μmol/L，诊断为高尿酸血症。

3. 尿尿酸检测

此项目需低嘌呤饮食5天以上才能进行检测，24小时尿尿酸排泄量大于600毫克为尿酸生成过多型，小于600毫克为尿酸排泄减少型，也可能两种情况同时存在。而在正常饮食情况下，24小时尿尿酸排泄量以800毫克进行区分，此项目目前在临床上不作为常规检测。

4. HLA-B5801基因检测

该基因阳性患者人群口服别嘌醇可导致严重的药疹等不良反应，且我国人群该基因异常较高，以华南地区为例可高达20.19%，因此，有条件的医院和患者拟行别嘌醇治疗应完善该基因检测，以减少严重不良反应的发生。

5. 影像学检查

关节X线检查：X线检查可以发现尿酸盐沉积带来的关节和骨的破坏，表现为偏心性圆形或卵圆性囊性变，甚至呈虫蚀样、穿凿样破坏。

肌骨超声检查：这是近年被广泛用于鉴别痛风和高尿酸血症患者有无尿

酸盐沉积的影像学检查手段，可判断关节及关节周围是否有尿酸盐沉积或痛风石的形成，目前已用于痛风的分类诊断，其特异性为97%，敏感性为78%。典型的特征有痛风石、软骨表面的双轨征、聚集物（又称暴风雪征）和骨侵蚀。

双能 CT：能特异地识别尿酸盐结晶，可用于临床上尿酸正常的痛风患者的诊断或与其他疾病进行鉴别。对于早期无痛风石的患者敏感性较低，也可能出现假阳性。

6. 偏振光显微镜

如在偏振光显微镜下发现 $2 \sim 20 \mu m$ 强的负性针状或杆状晶体即是阳性，阳性对于确诊痛风有很好特异性，但阴性并不能排除痛风诊断。

（二）高尿酸血症和痛风的临床治疗原则

控制血尿酸水平是高尿酸血症和痛风的根本治疗。目前认为，对于无症状高尿酸血症，如果不伴有心血管危险因素且血尿酸高于 $540\mu mol/L$，或者伴有心血管危险因素且血尿酸高于 $480\mu mol/L$ 时，应考虑起始降尿酸治疗。痛风患者一经确诊则应尽早起始降尿酸治疗。

如果合并痛风石或者肾结石，血尿酸的治疗目标为 $300\mu mol/L$ 以下，不合并上述情况时，血尿酸治疗目标为 $360\mu mol/L$。国内外指南均推荐黄嘌呤氧化酶抑制剂为一线降尿酸药物，如果疗效不佳或不能耐受，可以选择促进尿酸排泄的药物如苯溴马隆或丙磺舒。在黄嘌呤氧化酶抑制剂中目前首推别嘌醇，因为在心血管安全性方面，特别是老年患者别嘌醇优于非布司他。但是，应该特别注意别嘌醇可能引发药物超敏反应，相关危险因素包括 HLA - B5801 阳性、肾功能不全、别嘌醇剂量、联合应用噻嗪类利尿剂等。在 HLA - B5801 阳性人群中，如果肾功能正常，发生超敏反应的风险约为 3%，但肾功能不全时超敏反应发生率高达 17%。故在起始治疗前应综合患者情况确定是否选择别嘌醇，并从小剂量开始治疗。在发生超敏反应的人群中，约 50% 在起始治疗的 30 天内出现，97% 在 180 天内出现，因此应给予严密监测。对于合并尿路结石的患者，还应保证每天尿量不低于 2.5 升，同时建议将尿液 pH 值控制在 6.5 ~ 7.0。对于无尿路结石的痛风患者，不常规推荐碱化尿液。由于碳酸氢钠可能增加钠的摄入以及尿路钙盐结石风险，可选择柠檬酸钾作为碱化尿液的药物，但肾功能不全患者须监测血钾。促进尿酸排泄的药物中国内目前常用苯溴马隆，但是存在尿路结石或轻中度肾功能不全的患者应慎用，口服苯溴马隆的患者应多喝水并碱化尿液。对于口服上述降尿酸药物效果不佳或出现明显副作用的患者，国外近年来开始应用尿酸氧化酶类药物，该类药物可以促进尿酸分解进而排出体外，但存在发热及过敏等不良反应。无论使用何种降尿酸药物，为减少尿酸下降过快引起的痛风发作，降尿酸的速度不宜过快，应控制在每月下降 60 ~ 120μmol/L，同时在尿酸达标前应服用预防痛风发作的药物，包括糖皮质激素、秋水仙碱和非甾体抗炎药。

（三）HUA 治疗药物

根据尿酸产生与代谢途径，抑制尿酸产生或促进尿酸排泄可有效降低血尿酸水平。目前抑制 HUA 的药物主要分为三类。一是抑制尿酸产生类药物：从核酸降解到尿酸产生过程中涉及的关键酶的抑制剂类，包括 XOD 抑制剂类的药物。二是促进尿酸排泄的药物：肾脏排泄过程中与尿酸回收过程相关蛋白的抑制剂类药物。三是促进尿酸转化的药物：可直接将尿酸进行分解成利于排泄的小分子（见表4）。

表4　临床常用降尿酸药物种类

种类	英文/中文名称	作用机制	推荐剂量	可能存在的不良反应
尿酸合成酶抑制	Allopurinol/别嘌醇	XOD 抑制剂	300mg/d	别嘌醇超敏综合征，松解症、肝炎、间质性肾炎等症状，2% 患者出现过敏
	Febuxostat/非布司他	竞争性抑制	80mg/d	副作用发生率低于 2%，主要是肝酶升高、皮疹、关节疼痛等
	Topiroxostat/托匹司他	竞争性抑制	80mg/d	可能引起转氨酶升高

续表

种类	英文/中文名称	作用机制	推荐剂量	可能存在的不良反应
尿酸回收蛋白抑制	Benzbromarone/苯溴马隆	URAT1 和 GLUT9 抑制	50mg/d	肝功能异常及肝死亡
	Probenecid/丙磺舒	URAT1 和 GLUT9 抑制	500mg/d	少数病人有胃肠道反应、皮疹、发热。初期可使痛风发作加重，加重肾结石
	Arhalofenate/阿洛芬酯	URAT1 抑制剂	400 mg/d	胃肠道反应，加重肾结石
尿酸氧化酶类	Rasburicase/拉布立酶	将尿酸分解成为尿囊素	0.20mg/kg 静脉点滴	发热，静脉滴注拉布立酶疗效恶心、呕吐和皮疹
	Pegloticase/PEG 化尿酸酶	尿酸分解	注射 8mg	免疫原性反应

资料来源：胡欣瑜、张楠、董鲜祥等：《高尿酸血症的防治策略研究进展》，《昆明医科大学学报》2019 年第 3 期。

XOD 抑制剂是目前使用最为广泛的药物，包括别嘌醇和非布司他等，用于促进尿酸排泄使用最为广泛的药物是苯溴马隆等，其他药物的使用量相对较低。

辅助治疗药物主要是控制急性炎症的药物，用于减轻急性痛风性关节炎等，但不具有降尿酸的效果，包括秋水仙碱、阿那白滞素和利纳西普等，这些药物也存在一定的不良反应。

（四）中药治疗 HUA 的机制研究

中医对于痛风认识多集中于先天之本肾脏以及后天之本脾脏，病机多属湿热蕴结，药物多集中于抗风湿类药物及化痰除湿类药物，配伍活血化瘀药物。

随着现代药理学的快速发展，部分中药的药理及作用机制逐渐被解析。HUA 和痛风病证结合诊疗指南针对 HUA 和痛风推荐了常用的中药，包括黄芪、鸡血藤（常春油麻藤）、土茯苓、泽泻（如意花）、车前子、草薢、虎杖、金钱草、玄参、山慈菇等中药。

针对高尿酸的部分中药研究思路与化学药物研究路线类似，多数是分别从抑制 XOD、抑制尿酸转运蛋白表达或同时兼具两种功效等方面进行生物活性成分识别、代谢及量效关系研究等。如姜黄提取物中存在具有 XOD 抑制活性的成分，可通过下调 TGF - β1 和 NF - κB，延缓 HUA 引起的肾损伤，表明姜黄不仅能降尿酸，同时还能延缓慢性肾病的恶化。红花中存在槲皮素、杨梅素和木犀草素，与某些金属离子形成配合物后，通过竞争性抑制，产生更强的酶活抑制作用。山药中的薯蓣皂苷可下调 mGLUT9 同时上调 AB-CG2 的表达，其代谢产物可抑制 URAT1 活性，降低尿酸的再吸收。某些药物中的多酚类化合物既可能降低血清和肝脏中 XOD 的活性，又能减少肾脏中尿酸回收蛋白的活性，提高尿酸分泌蛋白的表达，实现多靶点协同降低血尿酸水平。传统的中药或中成药多侧重于高尿酸引起痛风的炎症控制。

五　HUA 的非药物干预

引发血尿酸升高的因素很多，包括遗传、年龄、性别、饮食习惯、生活方式等；原发性、继发性、尿酸生成增加、尿酸排泄减少、高尿酸并伴随不同慢性疾病的人群，在非药物干预方面应有所差异。HUA 的非药物干预方式包括饮食调整、营养干预、睡眠时间调整（熬夜等）、体重管理、适量运动、烟酒控制以及健康教育等。与药物治疗相比，非药物干预更安全、方便实施、患病人群的依从性好，有助于提高患者生活质量。

（一）饮食结构调整

高嘌呤和高果糖的饮食是导致 HUA 发病率不断攀升的重要原因，低嘌呤食物的摄入虽然无法治疗 HUA，但可以有效预防 HUA 症状的出现。

不同食物中嘌呤含量区别较大，充分了解食品中嘌呤的含量有助于膳食结构调整，减少嘌呤摄入，并有效预防尿酸和痛风等症状发生。按嘌呤含量，食物分为低含量（< 100mg/100g）、中等含量（100 ~ 200mg/100g）和高含量（> 200mg/100g）三种类型。动物内脏属于高嘌呤含量食品，动物肉类属于中等嘌呤含量食品，植物性食品大部分属于低嘌呤含量食品，香菇中嘌呤含量较高，可达 320mg/100g，蔬菜水果多属于低嘌呤含量食品。

果糖可诱导肥胖、高脂血症、胰岛素抵抗和高血压等代谢综合征的表现已在动物及人群研究中得到广泛证实，果糖可加速嘌呤核苷酸降解和嘌呤合成，从而使血尿酸水平升高，与其代谢所致磷酸化产物累积以及肝脏 ATP 持续消耗相关。果糖分为游离果糖和结合果糖，蔬菜类及制品、水果及制品、谷类及制品是其最主要的食物来源。

在肠道菌群中，乳酸菌和假单胞杆菌可分解尿酸成为尿囊素和尿素，且肠道菌群的结构与尿酸代谢异常密切相关，痛风病人粪便微生物菌群结构与正常人相比有显著差异。适当摄入益生菌和非低聚果糖类益生元有助于降低尿酸水平。

（二）HUA营养干预

近年来，基于营养干预的 HUA 防控研究日益引起广泛关注，研究重点多聚焦尿酸合成直至排泄过程中关键酶或蛋白质功能的调控。研究目标包括天然产物、维生素类、益生菌和微量元素类物质，我国针对药食同源品种的研发也日趋活跃。

1. 天然产物

抑制尿酸产生或促进排泄的天然产物以抑制 XOD 和尿酸转运蛋白或促进分泌蛋白为目标，多种天然产物及其提取物具有降尿酸的生物活性，部分天然药物还具有抑制尿酸诱发的炎症、氧化应激的作用，并对肾脏起到保护作用（见表5）。[1]

表5　具有干预 HUA 生活性的天然产物

序号	种类	天然产物名称	作用目标蛋白位点
1	黄酮	芹菜素	XOD, URAT1, GLUT9
		木犀草素	XOD, URAT1

---

[1] Feng S. M., Wu S. J., Xie F., et al., "Natural Compounds Lower Uric Acid Levels and Hyperuricemia: Molecular Mechanisms and Prospective," *Trends in Food Science & Technology*, 2022, 123: 87 – 102.

续表

序号	种类	天然产物名称	作用目标蛋白位点
1	黄酮	木犀草素－7－O－葡萄糖醛酸苷	XOD，URAT1
		黄芩素	XOD，GLUT9，URAT1
		黄芩苷	XOD
		白杨素	XOD，OAT1，ABCG2，URAT1，GLUT9
2	黄酮醇类	槲皮素	XOD，mOAT1，mGLUT9，mURAT1
		山柰酚	XOD
		芦丁	XOD，rSLC2A9v2，rRST，rOAT1，rUAT
		杨梅素	XOD
		高良姜素	XOD，URAT1，GLUT9
3	黄烷酮类	柚皮素	XOD，URAT1
		橙皮素	XO，XDH，URAT1
		葡萄糖苷橙皮苷	XOD
		水飞蓟宾	XOD
4	异黄酮类	大豆苷元	XOD
		染料木素	XOD
5	黄烷醇类	表没食子儿茶素没食子酸酯	XOD，OAT1，GLUT9，URAT1，ADA
		绿茶多酚混合物	XOD，URAT1，OAT1，OAT3
6	花青素	紫甘薯花青素	XOD，OAT1，OAT3，ABCG2，URAT1，GLUT9
7	酚酸类	咖啡酸	XOD，URAT1，GLUT9，OAT1，UAT，ABCG2
		绿原酸	XOD，mOAT1，mABCG2
		没食子酸	XOD
8	芪类	白藜芦醇	XOD，GLUT9，OAT1，ABCG2
9	萜类	熊果酸	XOD
10	生物碱	甜菜碱	URAT1，GLUT9，OAT1，ABCG2

2. 维生素类

维生素类营养元素降低血清中的尿酸含量效果已经被证实。成年人连续2个月每天补充 500 毫克的维生素 C（VC）可显著降低尿酸水平并减少痛风发作，对痛风的影响主要归因于血尿酸浓度的降低。VC 具有一定的抗氧化效果，还可消除由尿酸产生所导致的过氧自由基。补充 VD 降低血尿酸浓度机制尚不清楚，影响可能与导致甲状旁腺素降低有关，也可与影响尿酸转运蛋白基因的表达有关。此外，关于 B 族维生素降低血尿酸水平和预防内皮功能紊乱的研究也有报道。

3. 益生菌类

肠道负责约 25% 的尿酸排泄，当尿酸被分泌到肠道时会被迅速代谢。调整肠道菌群种类分布及数量有助于加速肠道尿酸的排泄。肠道微生物参与嘌呤和尿酸的代谢，如肠道中乳酸菌具有分泌尿酸酶的能力，当尿酸被分泌到肠道后被大肠杆菌快速代谢。此外，部分微生物可减少肠道对嘌呤的吸收、分泌尿酸代谢相关酶，从而降低血液中尿酸水平。

4. 药食同源品种

药食同源品种对尿酸的干预研究主要集中于两个方面。一是基于功效成分的识别，如天然产物中具有明确作用机理的成分筛选及其在原料中的含量分析，报道的具有抑制 HUA 活性的药食同源品种包括栀子、菊苣、茯苓、蒲公英、桑叶、葛根、马齿苋、百合和紫苏等，如葛根等通过黄酮类物质抑制 XOD 活性阻止尿酸的生成等，茯苓则通过调控尿酸转运体而促进尿酸排泄。二是基于湿热相关中医理论，采用单味中药或提取物，借助中药内治法，进行尿酸或痛风及炎症的控制。

（三）睡眠时间调整

个人的生活方式对尿酸水平有显著的影响，睡眠对于人体代谢的调节和激素分泌水平影响的相关研究已被广泛报道，睡眠时间过长或过短均可导致慢性疾病的发生风险增加，包括超重或肥胖、血压升高、血糖或脂肪代谢异常等慢性疾病。研究表明睡眠时间过短（少于 7 小时）与血尿酸水平高呈正相关，与正常（7~9 小时）睡眠时间相比，睡眠时间过短（5~6 小时）导致 HUA 患病率提高了 28%~37%。睡眠时间少引起 HUA 的生物学机制尚不清晰，可能涉及交感神经系统的功能紊乱，导致核苷酸周转率加快，导致内源性嘌呤的增加。① 建议 HUA 患病人群通过调整睡眠时间进行适当干预。

（四）体重管理

肥胖与高尿酸可能属于互为因果关系。摄入过多热量的食物为嘌呤合成提供足够的能量，导致尿酸合成增加；内脏脂肪过多也会使流入门脉系统和肝脏的游离脂肪酸增加并刺激脂肪酸合成，促进 NADP-NADPH 介导的 5－磷酸核糖向磷酸核糖焦磷酸进行合成途径，增加尿酸的产生。此外，肥胖症还可导致胰岛素抵抗，胰岛素抵抗与高尿酸也互为因果关系，并增强肾脏过滤过程中尿酸的重吸收作用，脂肪酸释放导致的尿液酸化可通过阴离子转运蛋白将尿酸转运回肾小管上皮细胞，从而提高尿酸重吸收。因此，体重管理也有助于降低尿酸水平。

（五）烟酒控制

含酒精饮品对血液尿酸的影响研究多集中在乙醇代谢对尿酸产生或排泄的影响，统计结果表明乙醇的摄取会减少尿酸的排泄。② 对于习惯性饮酒人群，饮酒不仅尿酸水平会提高，而且尿酸含量与血压升高呈正相关，对于非习惯性饮酒人群，尿酸升高与体质指数有密切关系。③ 啤酒中嘌呤及核酸降解物是导致尿酸产生的前体物，啤酒及其代谢产物中的有机酸会抑制尿酸的排泄。

饮酒容易导致高尿酸的一种原因可能与金属钼离子有关，钼是人体必需的微量元素，在人体内总计不到 10 毫克。XOD 和醛氧化酶均属钼离子依赖

① Yu X. X., Gong S. M., Chen J., et al., "Short Sleep Duration Increases the Risk of Hyperuricemia Among Chinese Adults: Findings from the China Health and Nutrition Survey," *Sleep Medicine*, 2021, 84: 40－45；刘振宇、王江敏、魏云鹏：《社区居民睡眠时间和高尿酸血症的关系研究》，《中国全科医学》2022 年第 14 期。

② Kawamoto R., Kikuchi A., Akase T., et al., "Alcohol Consumption and Serum Uric Acid Are Synergistically Associated with Renal Dysfunction Among Community-dwelling Persons," *J Clin Lab Anal*, 2021, 35: e23812.

③ Seki S., Oki Y., Tsunoda S., et al., "Impact of Alcohol Intake on the Relationships of Uric Acid with Blood Pressure and Cardiac Hypertrophy in Essential Hypertension," *Journal of Cardiology*, 2016, 68: 447－454.

型酶，经常喝酒的人可能体内钼离子含量高，推测该类人群体内 XOD 的活性较高；另一种可能的原因是，乙醇经醇脱氢酶催化后形成乙醛，乙醛在醛氧化酶催化条件下形成乙酸，有机酸易导致肾脏过滤过程中尿酸回收蛋白活性增加，尿酸排泄量降低。按照对尿酸水平影响的高低，三种含酒精饮品影响由大到小依次为：啤酒 > 白酒 > 葡萄酒。

统计结果表明，吸烟和被动吸烟会增加患 HUA 和痛风的风险，烟龄超过 20 年且每日吸烟支数高于 10 支则引起高尿酸的风险剧增；针对老年人群，相对于继续吸烟的对照组，停止吸烟或避免被动吸烟可以更好地控制血尿酸水平。

（六）其他非药物干预方式

其他非药物干预方式还包括健康教育、意识培养、定期检查和心理干预等。

健康教育有助于提高对 HUA 的认知和重视程度，有意识地通过饮食和行为方式调整控制尿酸。老年人群知识相对缺乏，对 HUA 危害性和严重程度重视度不高，主动就医率低。早期筛查、科学干预和治疗有助于 HUA 的诊断与控制，包括病情监测和并发症筛查等。

HUA 可能伴随抑郁症的发生，容易出现情绪低沉、兴趣降低、思维滞后、认知功能损伤等临床表现，导致治疗效果不佳，甚至加重基础病情并诱发并发症。总之，非药物干预对减少并发症发生概率和提高患者生活质量有着积极的意义。①

六　HUA 的营养干预行业分析

我国大健康产业总体布局由三大板块和五大支撑产业组成，HUA 的非药物干预属于非医疗板块中健康管理与服务，五大支撑产业中除药物和医疗

---

① 郑东鹏、王新：《非药物干预对社区老年高尿酸血症患者生活质量影响的研究进展》，《上海医药》2021 年第 16 期。

器械外，涉及营养食品和保健用品，目前市场上尚未见用于高尿酸防控的保健产品。HUA 的营养干预相关产品属于大健康五大支撑产业领域中的营养食品产业。

（一）HUA 营养干预产品种类

基于淘宝、天猫和京东以及直播购物平台可获取的 HUA 营养干预国产产品种类包括代用茶、固体饮料、液体饮料、压片糖果和泡腾片五个品种。跨境电商或进口产品主要是膳食补充剂，产品剂型包括胶囊和压片等型式。

在产品数量方面，代用茶类最高，占产品总量的 44% 以上，固体饮料和液体饮料类次之。

在产品价格方面，泡腾片类产品多数低于 100 元/盒，固体饮料类产品单价一般在 200~600 元。压片糖果类产品根据是否添加益生菌和低聚肽类，价格波动较大。

在产品配料方面，按照产品配料表主要原料品种的使用频次，表 6 从高到低列出了主要的原料种类，与抑制嘌呤氧化酶活性研究较为密切的药食同源种类较为一致。

表 6 常见 HUA 干预产品种类及主要配料

种类/占比	主要原料种类	产品价格区间	案例
代用茶 （44%）	菊苣、栀子、葛根、茯苓、桑叶、百合、蒲公英、代代花、甘草、决明子、薏苡仁、菊花、枳椇子、玉米须、牛蒡、玉竹叶等	不同产品在原料种类及比例组成上有差异，多数产品价格范围在 50~300 元	同仁堂修正
固体饮料 （24%）	菊苣、茯苓、栀子、蒲公英等药食同源品种提取物、果蔬粉、低聚肽类、益生菌、益生元等	价格范围 150~800 元不等，添加低聚肽和益生菌类价格高于 800 元	清风康
液体饮料 （12%）	碳酸盐、药食同源提取物、果蔬汁、维生素类	仅含 Na_2CO_3/K_2CO_3 类价格较低，含药食同源/维生素类高于 400 元	清风康健
压片糖果 （10%）	茯苓、栀子、决明子、菊苣、桑叶、玉米须、蒲公英、芹菜籽、淡竹叶、低聚肽、低聚糖类	价格区间在 50~300 元，含低聚肽产品价格高于 400 元	解酸灵

续表

种类/占比	主要原料种类	产品价格区间	案例
泡腾片（10%）	碳酸盐、柠檬酸、低聚糖类、药食同源和果蔬提取物、益生菌	价格范围在 20～100 元，添加益生菌类产品高于 200 元	于氏泡腾片

在科技支撑方面，多数代用茶类产品以中医药理论作为依据配合产品客户体验等，固体饮料类产品多以研究较为明确的嘌呤氧化酶抑制剂活性的多酚或黄酮类物质为基础，配合多肽或维生素类原料，部分产品（如清风康饮品）开展了临床试验提供具有统计学意义的支撑数据，是按药物标准进行正规的临床医学循证试验的植物型功能饮料，证实了其有效性和安全性。

益生菌类原料在固体饮料和泡腾片类产品中已被使用，对肠道尿酸分解具有一定作用。低聚肽类原料在固体饮料和压片糖果类产品中已被使用，整体上含低聚肽和益生菌类原料的产品比例偏低。

（二）行业分析

目前中国 HUA 及痛风患病人数保守估计达 1.8 亿，2015 年全球痛风及高尿酸治疗药物的市场规模在 18 亿美元，年复合增长率约为 16%。据预测，我国该领域药物市场规模约为 30 亿元人民币。加强基于非药物干预尤其是营养干预的高尿酸防控，对于提升国民健康水平、节省医保开支、预防慢性疾病并提高居民生活质量尤为关键。与药物治疗相比，高尿酸的营养干预涉及人群基数远高于痛风人群；根据患病率统计，我国 HUA 的患病人群是痛风患病人群的 15 倍以上，在营养干预方面，人均消费按照 300 元/年估算，我国该行业的市场规模超过 400 亿元。与此相关的尿酸检测、健康管理与服务等行业规模估计也逐年攀升。

我国从事高尿酸和痛风科研及产品研发的单位超过 1500 家，其中超过 10 年的单位超过 600 家，近 10 年来新增研发机构尤其是企业数量约为 900 家，表明近年来我国 HUA 和痛风人群对尿酸防控产品以及与此相关的健康服务需求也日益增加。

　　在地域分布方面，注册在广东省和山东省的企业和研究机构分别为170家和123家，超过50家的省（区、市）由高到低依次为贵州省（87家）、吉林省（81家）、四川省（74家）、辽宁省（58家）、湖北省（56家）和北京市（53家），云南省和广西壮族自治区企业数量超过40家。企业和研发机构数量在一定程度上可反映患病人群的分布特点，与基于流行病学的统计结果较为一致。

　　专利申请量统计可反映目前高尿酸或痛风专利技术的布局范围以及技术创新的活跃度，进而分析该领域的竞争激烈程度。从专利申请数量分析，目前已公开的与高尿酸血症相关的专利申请累计达1864项，从2014年开始申请数量增加显著（见图5、图6）。专利申请排名前十的机构包括日本Kissei制药公司、沈阳药科大学、中国药科大学、苏州凯祥生物科技公司、美国诺华制药、华南理工大学和昆明制药股份公司，另外三个是以自然人作为专利权人的专利申请。与痛风治疗或诊断相关的已公开专利6890件，申请书数量骤增也起始于2014年。以从嘌呤到尿酸产生再到尿酸排出整个过程中涉及的关键生物酶或蛋白为检索关键词，还可以检索出HUA和痛风防控相关的技术进步或科技创新，但涉及具体生物酶和蛋白质的种类繁多，专利技术的转化程度或与产品之间关联度需进一步调研。

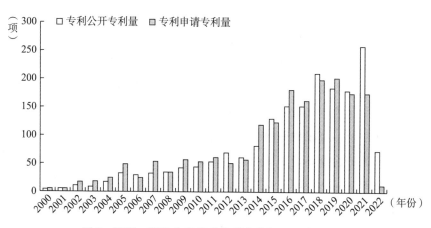

图5　2000~2022年高尿酸专利申请与公开情况统计

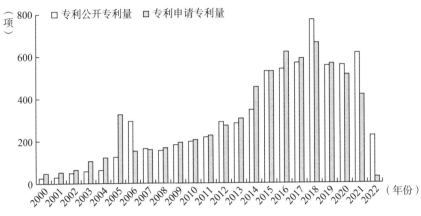

图6　2000～2022年痛风专利申请与公开情况统计

（三）尿酸检测器械与耗材

血尿酸快速检测是 HUA 或痛风防控的关键，检测方法包括基于尿酸酶法、比色法、干化学法、电化学法等，产品包括仪器、试纸或试液耗材等。我国研发和生产尿酸检测的医疗器械企业 217 家，注册或备案的检测设备、试剂和耗材类产品共计 330 个，其中试剂盒类 210 种，仪器类 48 种，试纸、测试条或测试卡类产品 42 种，试剂类耗材 8 种。单一尿酸检测产品 292 种，可同时检测尿酸、血糖/酮、胆固醇/甘油三酯类的多功能仪器或耗材 28 种。产品销售排名前 5 的包括三诺、百捷、可孚、中生康和糖护士。进口产品 30 种，包括试纸类 4 钟、检测仪器 4 种、试剂盒 17 种、多功能检测仪器 5 种。

从产品种类及数量分析，国产品牌占有一定优势，但用于个人检测产品和针对医疗机构的产品市场占有率不对称。从检测原理、产品型式和产品功能三个方面分析，血尿酸检测产品同质化十分严重，部分品牌产品销售量极低。针对痛风的医疗器械未见产品，无痛、快速、实时的检测仪器或基于可穿戴类的检测产品种类较为少见，应是该领域的发展趋势，或血尿酸监测方向是新的增长点。

（四）健康管理

针对 HUA 或痛风人群的健康管理涉及健康教育、症状控制、情绪管理、随访护理等。传统的健康教育主要以会议形式，对疾病的发生及发展、治疗、康复、护理等进行宣讲并促进病友间相互交流，近年来，基于微信或短视频的健康教育比例逐渐增加。在症状控制方面，重点加强具体指标的监测并在膳食、运动方面等进行指导或提出合理化建议。在情绪管理方面，主要是加强心理疏导，包括移情胜景、以景寄情、暗示、鼓励、答疑解惑等，保证患者保持良好的情绪状态。随访护理方面，重点关注患者的依从性，包括低嘌呤饮食、运动、用药、按时复查和戒烟酒情况。康丽源健康管理公司在高尿酸与痛风人群管理方面，结合社区医院、中医诊所等对 HUA 和痛风人群进行系统管理，提高了患者对平台的依赖性，在健康管理方面积累了许多宝贵经验，值得在行业内推广。

（五）科普宣传

《国务院关于实施健康中国行动的意见》（国发〔2019〕13 号）提出推进健康知识普及行动，健康中国行动推进委员会组建了国家健康科普专家库，第一批专家共计 1065 人，涉及与健康相关的 34 个具体领域。科技创新和科学普及是实现创新发展的两翼，我国发布的《全民科学素质行动规划纲要（2021～2035 年)》指出重点加强健康科普服务，面向人民生命健康等重大题材鼓励开发动漫、短视频等多种形式科普；HUA/痛风相关科普资源见表 7，近年来以抖音为代表的短视频科普发展迅速，如"医路向前魏子""痛风快好"在专业知识和饮食控制等方面进行科普，对 HUA 和痛风的防控起到积极的推广作用。

表 7　常见高尿酸和痛风科普平台

序号	平台类型	主要资源
1	大众科普平台	中国科普、科学在线、科普之窗、科普城、生命在线、知乎、百度等
2	医学专业平台	好大夫在线、丁香园、春雨医生、《健康报》、《健康时报》等
3	短视频平台	抖音、快手、微视、好看视频、西瓜视频等
4	微信公众号	公众号标题含高尿酸的超过 200 个

七　行业发展中存在的问题

HUA 的营养干预涉及活性物质识别、作用机理及量效关系等基础研究，产品研发涉及原料制备、产品剂型、储存运输等过程。产品使用过程涉及政策监管、产品定位、适用人群及产品宣传等多个环节。HUA 的营养干预行业处于起步阶段，但发展迅速，许多方面亟待加强规范。

（一）基础研究有待加强

具有 HUA 抑制活性的物质筛选需要从嘌呤代谢到尿酸排出全链条干预，目前在关键酶或功能蛋白的抑制或功能调控方面的天然产物研究已有一定进展，但在整体上支撑 HUA 的营养干预行业的发展，在以下方面还有待加强：一是生物活性物质的作用机理、量效关系研究有待加强；二是 HUA 的营养干预涉及天然产物、维生素、益生菌以及微量元素等，这些营养物质之间的协同关系研究有待确认；三是尿酸排泄过程主要通过肾脏完成，但肠道分解尿酸的作用也非常关键，适合尿酸的肠道代谢的营养物质研究及产品开发相对滞后；四是 HUA 分为尿酸产生过多和尿酸排泄减少两种类型，针对不同类型人群，营养干预如何进行精准定位。

我国药食同源品种丰富，在 HUA 预防方面可发挥作用潜力巨大，HUA 的营养干预不仅仅针对发病人群，有效预防 HUA 更是重中之重。

（二）缺乏行业规范

我国缺少 HUA 营养干预相应的行业规范，28 种常见保健食品的功效未覆盖到高尿酸和痛风人群；特殊膳食食品是指为了满足特殊的身体或身体状况和满足疾病紊乱的状态下的特殊膳食需要，专门加工和配方的食品；特殊医学用途配方食品是指为了满足进食受限、消化吸收障碍、代谢紊乱或特定疾病状态人群对营养素或膳食的特殊需要，专门加工配制而成的配方食品。以上三类食品均未涵盖高尿酸或痛风人群，用于 HUA 营养干预的产品定位需要进一步明晰。

（三）市场有待规范

HUA 作为基础代谢异常的疾病，尤其会导致其他慢性疾病对人体的危害，应引起监管部门重视。随着我国老龄化社会进程的加快，人们的保健意识逐渐加强，对疾病预防的需求逐渐提高。从近 10 年专利公开数量和从事高尿酸防控相关的企业数量增速也可以反映出市场需求的发展趋势。许多企业为了抢占先机，借助大量资金扩大产品宣传，但产品功效和产品质量以及与此相关的技术支撑不足，长此以往会滋生出类似早期保健食品泛滥等深层次问题。国家应尽快出台政策并加大行业监管力度，对厂家、产品名称注册信息以及产品评价等相关信息应建立快速查询途径，使信息透明化，让消费者可以快速查询产品相关信息，有选择地筛选适合特定人群的产品。

（四）宣传教育亟待加强

HUA 和痛风的营养干预是一个长期的过程，认知的欠缺导致患病人群不能做到很好地预防或配合营养干预。健康管理以及基于科普的宣传，可通过普及预防 HUA 和痛风的知识、提高患者对 HUA 的认识、调整患者饮食结构、改变不合理的生活方式、指导患者合理用药以及进行营养干预、定期监测尿酸等方式，有效降低血尿酸水平，预防痛风急性发作。科普宣传还有助于从思想上消除患者的顾虑，使其乐意积极接受治疗，从而提高患者的生活质量。目前，民间自发的科普视频和短文等层出不穷，但缺乏系统科学的支撑，基于科学指导且有权威机构支撑的科普作品相对较少。

八　行业发展建议

（一）鼓励科技创新

中医药针对痛风的治疗出现在我国历代医学方书，但在高尿酸血症研究以及药物研发国外较为领先。建议通过设置科技专项等方式加大研发投入力度，尤其是利用生物科技手段加大对传统中医中药治疗痛风和 HUA 的科学机理的诠释及相关营养物研发力度。在 HUA 防控方面，目前药物主要针对酶抑制的研发以及肾脏过滤效率的提升，通过肠道降解尿酸的途径未引起足够重视，建议加大益生菌和益生元在 HUA 防控领域的应用力度，加强天然产物中具有抑制尿酸产生过程中关键酶活性的物质挖掘和利用，具有促进肾脏过滤效果的天然产物和肽类化合物研发具有广阔前景。在尿酸检测方面，建议加大基于可穿戴医疗的实时监测装置的研发和应用推广力度。

（二）加强行业规范

针对 HUA 和痛风的防控和营养干预，建议增加保健食品或特膳特医食品种类，加强标准的制定，包括可用于营养干预的食品原材料标准，如植物提取物或药食同源品种等，建立尿酸合成和代谢过程干预的原材料生物活性评价方法。为促进行业快速健康发展，建议建立完善的规范，从产品研发、功效评价、量效关系、适用人群和食用方式等方面进行规范，在产品分类、产品注册、生产和使用等方面建立完善的管理机制。

（三）加强科普宣传

《全民科学素质行动规划纲要（2021～2035 年）》提出，到 2025 年我国公民具备科学素质的比例要超过 15%。健康素养是科学素质的重要组成部分，健康科普尤为重要。建议在全国范围内加强 HUA 和痛风防控知识的科普，特别需要医生、护士、科技工作者等专业人员主动"降维"进行科普宣传。另外，在社会层面营造氛围并提升大众健康素养方面，还需要社会各方广泛参与，包括医生、护士、医疗机构、医学专业组织以及患者、患者家属、社会团体、媒体等多层次多维度科普，提高 HUA 和痛风防治知识知晓率，提高患者依从性和自我管理能力。

我国红枣产业发展现状

徐怀德 雷宏杰 李 梅 王 军 董晓博*

摘 要： 本文论述了我国红枣产业现状、存在的问题和发展对策，提出了红枣产业发展的具体措施：开展枣轻简高效栽培关键技术集成，红枣防裂抗裂关键技术集成，枣绿色采收处理关键技术集成，进行红枣深加工和高值化利用集成与示范，红枣全产业链智联物流一体化示范，创新全产业链一体化经营协作发展模式。

关键词： 红枣 红枣产业 全产业链 高质量发展

一 红枣产业是我国第一大干果产业

中国红枣产量占全球产量的 97% 以上，世界上有枣树的国家约有 50 多个，但均未形成经济栽培。

全世界枣属植物约有 40 种，我国就占 17 种。据《中国枣种质资源》记载，我国有枣品种（品系）944 种，知名枣品种包括灰枣、骏枣、冬枣、金丝小枣、赞皇大枣、木枣等。干制枣、鲜食枣、兼用枣和蜜枣品种的产量为

* 徐怀德，教授、博士生导师，中国经济林加工利用分会会长，主要研究方向为果蔬贮藏加工品质变化机制与控制、果蔬副产物高值化加工与综合利用；雷宏杰，博士、教授、博士生导师，中国经济林加工利用分会秘书，长期致力于农产品精深加工与综合利用方面的教学科研工作；李梅，博士、博士生导师，中国经济林协会加工利用分会理事、秘书，主要从事果蔬贮藏与加工中品质控制及综合利用研究；王军，博士，主要从事农产品干燥、干燥预处理及贮藏方面的研究；董晓博，博士，中国食用菌协会理事，长期从事食用菌质量安全、精深加工与副产物综合利用以及功能因子挖掘研究工作。

53：40：5：2，干制品种主要有金丝小枣、木枣、骏枣、灰枣、婆枣、赞皇大枣、壶瓶枣、扁核枣、灵宝大枣。

红枣被列为"五果"（桃、李、梅、杏、枣）之一，被誉为"木本粮食"。红枣作为药用，早在汉代有《本经》论枣："主心腹邪气，安中养脾，助十二经。平胃气，通九窍，补少气，少津液，身中不足，大惊，四肢重，和百药。"李时珍在《本草纲目》中写道："枣味甘、性温，能补中益气、养血生津。"《名医别录》中记载："补中益气，强力，除烦闷，疗心下悬，肠澼泻。"《日华子本草》中记载："润心肺，止咳，补五脏，治虚劳损，除肠胃癖气。"《黄帝内经》中记载："肝色青，宜食甘，粳米牛肉枣葵皆甘。"一日三枣，一辈不老。红枣历史和文化底蕴深厚，在传统饮食、中药和保健食品中用途广泛，晋陕峡谷红枣声誉好，影响力大。

现代科学研究证明，大枣的药理作用主要有以下几个方面。一是抗过敏作用。大枣含有环磷酸腺苷（cAMP）和乙基 α–D–呋喃果糖苷等营养成份，乙基 α–D–呋喃果糖苷对 5–羟色胺和组胺有抵抗作用，也有抗变态反应作用。cAMP 具有激素活性及儿茶酚胺的作用。口服大枣后，cAMP 被消化道吸收，移行到末梢组织，使这些细胞内的 cAMP 比例持续增高，这是大枣抗过敏作用的基本机制，为更好地使用中药方剂治疗支气管哮喘及过敏性疾病提供了科学依据。二是镇静、催眠作用。主要由 cAMP 及两种黄酮苷引起。三是降压作用。这与其所含的黄酮~双葡萄糖苷 A 及苹果糖苷有关。四是防癌和保肝护肝作用。因其含有白桦脂酸、齐墩果酸等成分，具有抗癌防癌功效，能增加血清总蛋白和白蛋白的含量，对于急慢性肝炎、肝硬化患者及血清转氨酶活力较高的病人，能降低血清谷丙转氨酶水平。五是增强体力。英国科学家在 163 个虚弱患者中做过试验，凡是连续吃红枣的人，健康恢复的速度比单纯服用维生素的人快 3 倍以上。红枣有抗疲劳的作用，能增强人的耐力。六是降低胆固醇。七是预防亚硝酸盐类物质引起的肿瘤，并可抑制癌细胞的增殖。

红枣还具有防癌抗癌、降血脂、养肝护脾、养血补气和抗疲劳、安神益气和养颜、防治心血管疾病、提高机体免疫力等作用。

　　我国红枣种植面积约 2250 万亩，年产量达到 800 余万吨，以新疆、河北、山东、陕西、山西、河南等地为主。其中，制干枣面积 1800 万亩，年产 460 万吨，优质果品供应与规模化加工并重；鲜食枣面积 350 万亩，年产 300 万吨，预计年产值 300 亿元，设施栽培是其特色，传统产区是发展的主产区；蜜枣面积 100 万亩，蜜枣产业萎缩。枣产区覆盖人口达 2500 万，枣产业的产值 1000 多亿元。

　　新疆种植红枣品种主要为灰枣和骏枣。红枣期货交割标准的是灰枣，符合交割标准的约 80 万～100 万吨。新疆红枣种植区主要集中在南疆塔里木盆地周围，南疆红枣产量占全疆总产量的 97%。

　　枣树的适应性和抗逆性强，抗旱、耐瘠薄，是粮棉争地的木本粮食。生态脆弱区适合种植红枣，尤其是在黄土高原沿黄生态保护方面，红枣成为解决当地农村发展问题和可持续发展的关键因素之一，红枣能很好地协调经济收入的增加和生态环境的改善。如何唤醒"沉睡的资源"，让绿水青山真正变成金山银山？以红枣特色林业产业为重要抓手，在生态美、产业兴、百姓富的可持续发展之路上加速前行。

　　红枣是集药、食、补三大功能于一体的果品资源。红枣的休闲化、营养化、功能化加工日趋提高产品综合产值，符合当前"方便、美味、可口、实惠、营养、安全、健康、个性化、多样性"的食品产业发展理念，具有巨大的市场潜力。我国红枣消费以干枣消费为主，经过分选、晾晒、冲洗、烘干、包装等步骤即可上市销售。红枣加工产品有紫晶枣、枣酒、红枣浓缩汁、膨化脆片、枣醋、蜜枣等，从分子营养和功能角度开发的红枣精深加工产品较少。

　　鲜食枣采用了设施栽培技术使冬枣成熟期提前，形成了露地栽培、避雨栽培、冷棚栽培和日光温室栽培等多种栽培模式，这种多种栽培模式共存的产业结构，使冬枣采收时间从 5 月中旬一直延续到 10 月上旬，成熟期的拉长和延伸为冬枣产业赢得了更多的发展空间，枣农也收获了较高的经济利益。鲜食枣主产区在陕西大荔县和山东沾化。

二 红枣产业存在的问题

我国红枣产量和面积均居世界首位，但存在专用品种普及率低、人工成本高、机械化水平低、产品品质和种植效益下降等问题。

红枣生产成本高，灾害应对能力差。红枣多在山区，品质好，但生产成本很高，灾害应对能力差。干旱缺水以及传统的作物方式，造成红枣生产上的劣质、低效问题突出，主要表现在山地红枣经营成本高且效益低，品种良莠不齐、病虫危害严重，抵御自然灾害能力较差。近几年枣区减产的原因就是枣锈病和绿盲蝽的发生，以及受反常气候影响，例如开花期遇干热风，导致焦花落花现象。红枣收获期集中，红枣干制加工企业和设备数量严重不足。每到红枣成熟期的9、10月份，阴雨偏多，造成不同程度的裂果烂果问题，红枣丰产不丰收。

缺乏现代化的红枣加工企业，缺乏有影响力的加工品牌。干制枣95%的用于干制分选包装，鲜销红枣不到1%，加工红枣饮料、高档红枣白兰地、红枣酒、枣片等深加工产品占红枣消耗量的4%左右。红枣加工企业多数属于初级加工企业，主要以烤、熏枣为主，附加值低，效益不高，且多为季节性加工，生产秩序混乱，没有统一的质量标准和卫生要求。未能充分发挥枣果营养优势，特色功能食品加工技术滞后，加工产品严重短缺且生产效益很低，同时受资金缺乏、贷款难等制约因素的困扰，绝大多数红枣加工企业没有品牌，分散凌乱，各自为政，市场占有率太低，缺乏主打品牌。

缺乏劳动力。随着城市化进程的加快和农村劳动力的转移，留下少数60岁以上的人口经营红枣，红枣修剪、打药、施肥和收枣力不从心。甚至有的农户放弃红枣，任其自然徒长，枣园荒芜，"靠天吃枣"的现状日益凸显。

产业链条短，信息化配套不足。红枣上下游技术之间没有形成精准匹配、紧密联结的链式关系，没有形成适宜大规模产业化经营的完整技术体系，缺少产业技术链、信息链和组织链的有效融合，生产、加工、销售、消费等环节脱节。

三 红枣产业高质量发展的对策

（一）从规模数量型转为质量效益型

以往片面追求总规模和单位面积产量的目标导向已经不适应买方市场时代的新要求。在买方市场情况下，能满足消费者需求才是唯一的出路。消费者最关心的是品质及安全性、新颖性、性价比。有鉴于此，今后应将高产变为优质前提下的适度高产，品种同质化转为优质多样化，片面追求超高价和低价倾销转为优质优价，面向国内单一市场转为国内、国际两大市场。

在发展模式上从产区规模化转向枣园规模化。目前，在控制总面积的前提下，需要通过土地流转及公司化和农民专业合作社等途径，加速走上企业化规模化经营、一二三产业融合发展的新道路。

在品种布局上从良种同质化转为良种多样化。如前所述，单一品种的大规模化种植势必导致价格的下跌和经济效益的下降。我国有枣树品种900多个，改革开放以来新选育的品种有近300个。要坚持以干枣为主、鲜枣为辅、良种多样化的定位，制干品种要突出优质和抗病性，主要用于替换现有大宗品种。在交通便利、旅游业发达的区域适当发展不同成熟期的优良鲜食品种。

在栽培管理上从技术复杂化转为技术简单化。2010年之前，在卖方市场和枣农不计劳动成本的情况下，几乎所有的栽培技术都是以提高单产和单果重为目标的。随着从事枣树管理人员的老龄化、劳动力成本的急剧增加和化肥农药等生产价格的上涨，特别是规模化、企业化经营的普及，成本控制变得十分重要。因此，应逐步将劳动密集型转为资金、技术、机械设备密集型。通过采用适栽易管良种、宽行密植〔行株距（3.5~4.5米）×1.0米〕建园、生草养殖肥田、水肥一体施用、简化树形修剪、生物物理治虫、壮树避雨防病、全程机械作业等，最大限度地实行机械化、标准化、自动化，实现规模化经营跨越。

在加工方式上从低档单一化转为高档多样化。据初步统计，红枣产品中初级加工品占到 80% 以上，精加工和深加工比例很低。加工品的种类与国内其他区域的产品同质化现象严重，市场竞争力差。因此，应加大产品研发力度，重点研发基于木枣营养特点的高营养功能性新产品，以提高市场竞争力和经济效益。

（二）从粗放经营型转为科技效益型

一是研究品种换代和品质提升技术，研发以优质抗病新品种高接换头和平衡施肥、肥水一体化管理为核心的品质提升技术。

二是研发集成全程机械化和自动化的省力节本安全高效新一代栽培技术体系，实现五减（化肥、节水、农药、人工、总投入）五增（单产、品质、安全、纯效益、投入产出率），推动枣园规模化、企业化经营。

三是攻关研究和大规模示范推广重大毁灭性病害（裂果、枣疯病）的高效防治技术体系，保障枣产业的可持续发展。

四是着力研发面向高端人群的功能性营养品、面向普通百姓日常消费的大宗粮食型产品（食品）、面向病人和亚健康人群的医学食品以及面向国际市场的创汇型新产品。

五是研发林下经济多种经营和一二三产业融合的枣产业发展新模式及其关键技术，实现多层面多领域综合增值。

六是积极引进现代营销模式，开拓国际市场，争取早日将木枣纳入期货市场，为枣业增值增效开拓新渠道。

通过新技术、新模式研发应用，为枣产业转型升级和持续健康发展保驾护航。

四　红枣产业发展的具体措施

（一）枣轻简高效栽培关键技术集成与示范

枣树大多生长在山区，大型机械无法实施，机械化程度低，各种农活主要通过人力完成，成本居高不下，竞争力低。有必要开展轻简高效省力化生产。针对干制枣专用品种栽培用工量大、效率低等问题，集成干制枣宽行稀植、覆膜保墒除草等轻简栽培农艺、机械化简约作业和水肥一体化智能在线管理技术，优化栽培农艺作业过程，筛选、提升配套挖坑施肥同步作业机具、覆膜除草机具及水肥一体化智能管理装备并集成示范，建立干制枣专用优良品种轻简高效栽培技术规范。

制定可持续红枣低产园改造政策，积极与院校专家合作沟通，试验红枣抗裂果、免打农药、土壤改良、施肥等农业生产新技术。

（二）红枣防裂抗裂关键技术集成与示范

裂果是沿黄枣区红枣生产的最大瓶颈，目前解决裂果最有效的办法就是设施避雨栽培，但沿黄多为坡地枣园，土地破碎，栽植不规范，不适于搞设施栽培。要根本解决裂果问题，还要从品种更新、防裂减损栽培等方面入手，这需要科研院所、大专院校加大科研力度，协作攻关。从目前个别抗裂品种推广应用效果来看，发展抗裂品种是解决裂果问题最快捷、最经济、最有效的技术途径。因此，要重点开展抗裂品种的选育，尽快审定推广一批抗裂优良品种，以期最终突破裂果这个制约红枣生产的瓶颈。针对沿黄枣区干旱少雨、土壤瘠薄，红枣产量低而不稳的现状，在栽培方面要重点开展有机旱作、防裂减损、优质丰产集成技术的研发与推广。科技人才还要扎根一线指导生产，广泛开展技术培训，就地解决实际问题，及时把科研成果和先进管理技术传授给农民，为农民丰产增收和保证产业持续稳定发展提供有力的技术支撑。

（三）枣绿色采收处理关键技术集成与示范

针对枣人工采收用工量大、效率低的问题，提升剪切式、气吸式等人机协同采收机具的结构与性能，建立人机协同绿色采收技术规范；利用光谱与机器视的无损检测技术，建立基于枣外观表型品质、内部品质、气象条件的最佳采收时期判定系统，筛选优化配套振动式或气吸采收装置并集成示范，建设枣绿色采收技术规范。

针对枣采后处理技术滞后的问题，集成环境温湿度感知技术和枣智能化干燥装置及生产规范，制定干制枣储藏防霉防虫的技术规范；集成基于光谱与机器视觉的枣内外品质快速高效分选技术和装置，实现枣快速精准分选；建立枣采后绿色处理技术规范。

（四）进行红枣深加工和高值化利用集成与示范

沿黄枣区远离城镇，工矿企业稀少，没有污染，具备生产有机农产品的环境条件。中国人讲究药食同源，而红枣营养丰富，还可入药，是典型的功能性食品，加强红枣功能性食品的开发生产，可以凸显绿色、养生，实现产业深层增值。

红枣加工可细分为初加工、中加工和深加工，沿黄红枣加工产品定位应以中加工为主，产品主要包括枣片、枣粒、枣粉、枣泥、枣酱、枣汁、红枣酵素等，这些产品多为食品工业基料，市场需求量大。之所以选择中加工是因为沿黄木枣与新疆原枣相比果个较小、商品外观差，但味道偏酸、风味好，中加工能保留原有的营养成分和突出风味好的优势，既满足了消费者的口感要求，又隐藏了其品相不好的缺陷。目前沿黄枣区红枣加工企业多以粗加工为主，如免洗枣、滩枣、空心脆枣、熏枣、无核糖枣等，要具备中加工能力须在技术上、设备上进行大的升级。沿黄枣区红枣加工企业众多，品牌多而不强，政府应主动引导企业进行整合，通过合并重组提高企业竞争实力，形成在全国有影响力的大型工贸企业。

加大科研力度，基于枣梯度加工原则，采用微波—热风耦合、超声波—中短波红外耦合、射频—中短波红外耦合干燥红枣技术，缩短了干燥时间，节省了能源，提高了干燥效率和品质；规范紫晶枣标准化加工技术；采用超声辅助可控酶解技术，通过低温浸提工艺制备枣原浆产品，制定枣原浆产品标准化加工技术规程；通过可控益生菌发酵红枣渣（原浆加工副产物），采用冻干联合低温粉碎技术制备益生菌枣粉产品，制定益生菌枣粉产品标准化加工技术规程；基于食药同源的食材，通过科学配方，采用加工复合枣产品，制定枣产品标准化加工技术规程；采用高效复合酶制剂联合机械磨皮法制备去皮枣产品，制定去皮枣产品标准化加工技术规程。

（五）红枣全产业链智联物流一体化示范

枣果生产履历采集 App。App 用于对生产人员提供生产履历采集工具和技术指导，以智能手机或者平板电脑为载体，实现种植过程生产履历信息的现场采集，如采集枣果品种、树体管理、施肥、灌溉、病虫防控、土壤管理等农事操作的时间、用量等，系统可提供数据远程上传功能，构建枣果品种、环境、栽培数据库，为红枣产品溯源和产业链优化提供数据。

利用物联网、云计算、互联网、大数据、人工智能等现代信息技术，与农业社会化服务深度融合，研发和升级基于"互联网＋果农保姆"手机 App，链接红枣专家、技术推广员、合作组织、农户。构建红枣经济作物的教学片、标准化种植学习课程、标准化技术方案，建立专家、推广员、农户数据库，构建红枣加工新技术、新装备、新产品等知识库，实现红枣标准化种植的学习、培训与考试认证，社员生产问题和种植经验分享，线上线下双线服务等。

（六）创新全产业链一体化经营协作发展模式

针对红枣存在的产业链短、产业综合效益低的问题，结合产业链差异化发展现状与市场需求，以"深耕利益链、配置资源链、提升服务链、设计创新链和创新价值链"为理念，明确全产业价值增值的创新路径，创新多主体协同合作的收益分配机制，制定多主体合作、价值共创的资源和服务能力配置规划方案，构建以企业为龙头，原料基地、合作社、农户和科研院所共同参与，以产促销、品牌赋能的差异化全产业链一体化经营协作模式。在红枣主产区，建立基于优良专用品种轻简高效栽培、人机协同绿色采收、初加工产品标准化生产和新产品研发、智联物流产加销全产业链示范，发挥看得见、摸得着的实体样板的示范引领作用，辐射带动全国范围整个产业发展，推动产业链延伸，提高产业综合效益。

五 红枣产业龙头企业生产案例

（一）好想你健康食品股份有限公司

好想你健康食品股份有限公司创立于1992年，多年来一直稳居红枣行业第一名，2011年在深交所中小板上市，成为红枣行业第一家上市公司，目前也是唯一一家。2016年以9.6亿元并购杭州郝姆斯食品有限公司，公司产品由红枣拓展至红枣、坚果炒货、果干、肉脯海鲜、糕点糖果等品类。

目前，公司总股本5.16亿，员工4000人左右，公司会员总数突破6000万人。公司已建立河南新郑、杭州临江、河北沧州、新疆哈密、新疆阿克苏、新疆若羌六大生产加工基地，在全国拥有覆盖五大区域的18个仓储物流基地，电商、专卖、商超、流通、出口等全渠道销售网络。

从创新平台看，公司拥有1个国家级企业技术中心、2个创新中心（河南省特色果蔬食品创新中心、食品生产与安全河南省协同创新中心，后者是河南首家）、1个工程技术研究中心（河南省红枣深加工工程技术研究中心）、1个博士后工作站（河南省博士后工作站分站）、3个创新联盟（科技部枣产业技术创新战略联盟、河南省果蔬健康食品产业技术创新战略联盟和冻干果品产业国家创新联盟）。建立中国营养学会＆好想你—红枣科学研究院、百草味食品研究院等研发机构，拥有数百名专业研发人员，并从德国、美国、意大利引进了多种食品加工设备，技术装备和研发创新水平位居全国先进行列。从发明专利和转化能力看，公司是河南省技术创新示范企业，坚持以变求赢，以变求胜，积极实施差异化战略，通过创新产品，实现品牌建设和市场拓展，先后取得专利70件、著作权登记证10件，通过河南省科技成果鉴定12项、中国商业联合会科技进步奖1项、中国轻工业联合会科技进步奖1项、河南省科技进步奖4项、山东省科技进步奖1项、郑州市科技进步奖4项，成为全国红枣产品制造业中以差异化战略取胜的独一无二的经典案例。

1. 以科技创新为动力，加快实施高端化布局

近年来，好想你聚焦"健康、时尚、快乐、品质"的品牌定位，坚持

"五行对五色，五色入五脏"的产品研发理念，将科技创新融入原料采购、研发生产、包装设计的全过程，推出了一系列健康营养、绿色有机、设计新颖的新型冻干产品。2017年开发的清菲菲（红枣湘莲银耳羹）产品上市后获得众多消费者的青睐，先后荣获第二十一届中国农产品加工业投资贸易洽谈会金质产品奖、2017中国特色旅游商品大赛金奖等荣誉。

为引领冻干行业发展，公司加足马力，乘胜追击，又相继推出想菲菲（红枣杏仁露）、简单枣面、摇一摇等新产品，市场反响强烈，销量破亿元，创造了良好的经济效益，坚定了公司转型健康冻干产业的信心与决心。

2. 以设备升级为载体，大力提升智能化水平

2016年，公司斥资20亿元建设的中国红枣城投入运营，新建集冷藏、清洗、加工、包装于一体的现代化车间3座，其中1号车间拥有目前红枣行业最先进的生产线，产品涵盖100多个单品。此外，公司对红枣生产加工的各个环节进行全面升级改造，极大地提升了产品的品质和综合效益。如在烘干环节，采用多层网链微波烘干设备，能够自动控制温湿度，利用微波加热辅助烘干，相对于原来的烘干方式，能效由0.224元/千克降至0.1元/千克，生产时间缩短至2~4小时，并省60%的人工；在筛选环节采用全自动光影分选机，利用混合高斯建模与自适应更新专利技术，实现了枣果的高效精准分选，提高了智能化、自动化生产水平。

2019年，公司投资4.96亿元建成的年产1万吨电商代加工红枣及其休闲食品项目，占地74.67亩，利用真空冷冻干燥技术，生产清菲菲、简单枣面等冻干休闲食品，拥有10条冻干生产线，是国内规模最大、技术最先进的全自动化智能无人生产车间，可实现年收入3.5亿元，利税6000万元，提供321个直接就业岗位和1000个以上的间接就业岗位。

同时，公司在绿色转型发展方面取得了良好成效，2017年被河南省工信厅认定为"河南省智能工厂"，2018年被工信部认定为"第三批绿色示范工厂"。

未来，公司将继续发挥健康食品全产业链优势，顺应消费升级和食品安全需求，实行"好想你"和"百草味"双品牌运作模式，以红枣为核心发

展驱动力，利用冻干技术加工全国各地的特色农产品，打造一县一品一店，实现一二三产业的融合和特色农业的全产业链发展，助力乡村振兴战略的实现。同时，做大做强中国健康食品产业，推动中国健康食品产业发展，为国人健康保驾护航。

（二）陕西华和实业有限公司

陕西华和实业有限公司是一家以红枣现代化深加工为主，集研发、生产、销售和有机红枣种植管理于一体的混合所有制农业高科技企业。企业聚焦以黄河木枣为主要原料载体的产品研发和生产制造，是陕西省林业、农业产业化经营重点龙头企业，国家高新技术企业。

企业总部生产基地——曼乔红枣科技园，位于陕西省神木市南部黄河木枣原产地、著名的红枣之乡西豆峪村，生产基地拥有 2000 亩有机木枣种植园、产品研发中心和生产制造工厂，工厂引进先进的生产线设备，全面实施 6S 标准化管理，严格按照 ISO9001 质量管理体系、国际 HACCP 食品安全管理体系良好规范生产。2012 年，企业旗下高端红枣休闲食品品牌——曼乔，因枣而生，为爱呈现，基于"安全便捷、时尚美味"的产品理念，致力于打造中国第一红枣新时尚品牌。曼乔系列产品主要包括红枣咖啡、红枣复合果汁饮料、红枣 HA 植物能量饮、枣花蜂蜜、木枣浓缩汁等。其中，曼乔红枣咖啡第一次让代表中国传统文化的红枣与源自东南亚的白咖啡完美融合，开启了全新的中式国民咖啡新纪元，产品枣咖交融、温润醇香，获得了第二十四届中国杨凌农高会"后稷特别奖"、第三届中国森林食品交易博览会金奖，并于 2017 年被评为陕西省名牌产品；曼乔系列产品的上市得到了消费者的广泛认可与赞誉，让拥有古老传统的黄河木枣焕发出了年轻、时尚的生命力，为陕西省沿黄生态经济带红枣产业的高质量发展开辟了崭新的道路。2019 年，企业发起了"一棵枣树"产业新公益活动，通过有偿公益的方式，将企业、枣农、爱心人士的力量聚集起来，保护黄河木枣可持续发展；2020年 5 月，企业与神木市文旅集团合力打造的精品"黄河驿站"正式运营，驿站具备旅游接待、休闲度假、会议展览等服务功能，通过农旅融合发展，实现品牌传播和乡村振兴的梦想。

春华秋实，人心枣魂，华和实业正成为陕西省沿黄旅游观光路上一颗冉冉升起的明珠，秉承着"自律利他、自强不息"的创业精神，风雨兼程在追梦的路上，努力实现"中国曼乔，美好生活"的光明愿景。

（三）清涧北国枣业有限责任公司

清涧北国枣业有限责任公司成立于 2018 年 4 月 17 日，隶属榆林合力产业扶贫开发公司管理，注册资本金 7900 万元，属国有控股企业（榆林合力产业扶贫开发公司占比 87.35%，清涧县农业综合开发公司占比 12.65%），占地 184 亩，总投资 3.4 亿元，设计产能年消耗红枣 2 万吨，产值为 3 亿 ~ 4 亿元，可为当地枣农增收 7000 万 ~ 8000 万元，实现税收 2000 万 ~ 3000 万元，同时能解决当地 300 多人的就业。

公司拥有三个现代化车间，引入 6 条国内先进生产线，并配套有功能完备的检测中心，主要从事以枣为主的农副产品种植、收购、储存、深加工和销售以及农产品深加工技术研发与推广，先后推出了红枣干制品、饮品、休闲食品等 9 大系列 50 多个产品，同时通过了 ISO9001、HACCP 质量管理体系认证。

公司始终坚守"发展绿色产业、助力脱贫攻坚，推动乡村振兴"的初心和使命，秉承"诚信为本，安全为天，质量至上"的经营理念，在产业扶贫道路上勇担社会责任，不断发展创新，为打造行业三甲砥砺前行，为实现绿色强企、助力乡村振兴，彰显陕煤担当，贡献国企力量。

（四）江苏楷益智能科技有限公司

江苏楷益智能科技有限公司系专业从事红枣相关的食品加工机械、果蔬深加工装备、果蔬采后处理装备及智能化控制设备的研发、设计、生产制造、销售、安装调试及培训服务于一体的科技发展型企业。

公司作为专业的智能果蔬加工机械制造商，秉承"科技创新，诚信为安"的经营理念，坚持走专业化开发、制造、销售、服务的道路，并注重新技术、新工艺的引进和应用，着重发挥公司的成套工程（工艺）设计、工程管理与施工方面具有的经验优势，对各类主机设备和整厂交钥匙工程进行多元化研发设计及生产制造，从而为客户提供各类果蔬深加工整体解决方案。

公司与江南大学、西北农林科技大学、中国农业大学、中国农科院柑橘研究所、南京农业大学、江苏大学、济南果品研究院、国家热带水果加工技术中心、国家蔬菜工程技术中心、陕西师范大学、陕西科技大学、江西农业大学、南京财经大学、陕西省农产品加工研究院、农业部南京农机化研究院、海南省农科院、中粮营养研究院等科研院所紧密协作或合作，不断提高公司的科技研发水平。

公司成立以来，建设有国家果蔬加工装备研发专业中心，获得国家高新技术企业、江苏省科技型中小企业、江苏省民营科技型企业称号，并建设"无锡市智能果蔬加工装备工程技术研究中心"研发平台及"江南大学国家重点学科食品科学与工程一级博士点"教学科研实习基地。楷益公司多次承担国家、省、市科技支撑项目，是中国食品科学技术协会非热加工分会常务理事单位、中国食品科学技术协会果蔬加工分会理事单位、中国果品流通协会常务理事单位、中国果品流通协会果蔬贮藏加工分会常务理事单位、中国饮料协会会员单位、江南大学食品学院及机械学院董事会成员单位。公司注重科技开发和原始创新，已申请专利200多项，获得100多项发明专利和实用新型专利，已取得3项软件著作权，已有5个高新技术产品。产品出口澳洲、美洲、南美洲、非洲、东南亚、南亚及西亚等地。

肉苁蓉行业发展报告

郭玉海*

摘　要：　肉苁蓉是列当科肉苁蓉属寄生植物，因其极强的抗逆性而广泛种植于内蒙古西部、新疆、甘肃、宁夏、青海等西北荒漠化干旱地区。肉苁蓉素有"沙漠人参"之美誉，最早记载于《神农本草经》，是人们提高生活水平、实现膳食平衡多样化的特色食物。本报告介绍了肉苁蓉次级代谢物质的抗衰老、缓解疲劳和润肠通便等功效对调节人体生理活动和提升人体健康的重要作用；肉苁蓉行业在栽培技术、四翅滨藜新寄主植物发现、肉苁蓉次级代谢物质化学成分、肉苁蓉新食品和保健品等行业研究的新进展；针对肉苁蓉种质混杂群体，缺乏肉苁蓉优良品种，种植、产地初加工过程欠规范等问题，提出了选育肉苁蓉优良品种、规范种植技术、制定肉苁蓉产品标准、保障肉苁蓉行业高质量发展的建议；展望肉苁蓉行业未来，肉苁蓉是小宗作物，优质适产是种植业发展方向，作为膳食平衡多样化的特色食物，肉苁蓉具有数百亿元的市场前景。本报告介绍了内蒙古、甘肃、新疆本地的5家肉苁蓉企业肉苁蓉生产、食品和保健品生产以及企业发展的情况。

关键词：　肉苁蓉　寄生植物　特色食物　保健品

---

* 郭玉海，博士，中国农业大学中药材研究中心教授，主要研究方向为药用作物栽培。感谢姜勇、贾存勤、李鹤、王学武、游林、魏均、贺文军提供资料方面的帮助。

一　肉苁蓉功效与健康

肉苁蓉（*Cistanche deserticola* Y. C. Ma）及其寄主植物梭梭，因具极强的抗逆性而被广泛种植于荒漠化地区，特别是沙漠边缘。同时，荒漠化地区在沙漠边缘的极度缺水、干旱等环境刺激下，肉苁蓉体内合成高含量的次级代谢物质甘露醇、寡糖、苯乙醇苷类等。肉苁蓉的肉质茎不仅营养丰富，而且具有调节人体生理功能、预防多种疾病发生的功效。

（一）预防和治疗疾病作用

1. 润肠通便，预防和治疗便秘的功效

肉苁蓉具有润肠通便的功效，传统用于治疗便秘。作物生理学研究表明，肉苁蓉生长在荒漠化地区沙漠边缘的极度干旱环境，极度干旱刺激、诱导肉苁蓉合成抗旱物质脯氨酸、甘露醇、寡糖等物质。甘露醇、寡糖等物质提高肉苁蓉的渗透压，增强肉苁蓉吸水、保水功能，防止干旱下肉苁蓉失水，而适应极度干旱环境得以生存和生长。药理学研究表明，肉苁蓉中的甘露醇、寡糖类成分，可提高人体肠内渗透压，抑制大肠水分吸收，保持大便湿润，防止干燥，促进肠蠕动。通过润肠通便的作用，进而防止便秘的发生。利用肉苁蓉食物（肉苁蓉片、颗粒或粉等）的这种特色食物特性，调节人体肠道的生理功能，预防乃至治疗便秘。

2. 保护神经，预防老年痴呆的功效

20 世纪 80 年代初，面对世界老龄化问题，研究者开始研制对老年性疾病，特别是对阿尔茨海默病的有效药物。肉苁蓉中的松果菊苷和毛蕊花糖苷及其预防和治疗老年性痴呆的作用受到关注。

（1）防治阿尔茨海默病

阿尔茨海默病（AD）是一种老年痴呆症，主要病变部位在大脑皮层，是一种以进行性认知障碍和记忆力损伤为主要临床表现的中枢神经系统退行性病变。肉苁蓉中的松果菊苷和毛蕊花糖苷提高喹啉酸（QA）所致 AD 小鼠的学习记忆水平，通过抗氧化机制起到防治老年痴呆症的作用。

（2）预防帕金森病

帕金森病（PD）是一种中枢神经系统锥体外系功能障碍的慢性进行性疾病，该病常见于中老年人群，主要病理表现为黑质内多巴胺（DA）神经元变性，导致中枢神经递质 DA 含量减少，同时伴有乙酰胆碱（ACH）、去甲肾上腺素（NA）、5－羟基色胺（5－HT）、γ－氨基丁酸（GABA）及神经肽等多种神经递质的异常和平衡失调，从而引起一系列临床症状，如肌肉僵直、运动困难、姿势障碍等。肉苁蓉中的毛蕊花糖苷能明显改善 MPTP 诱导的 C57 小鼠的 PD 模型小鼠的行为学表现、增加多巴胺递质含量和多巴胺能神经元的数量以及黑质纹状体 α－突触（α-synuclein）蛋白水平；毛蕊花糖苷对鱼藤酮致 SH－SY5Y 细胞损伤具有神经保护作用。

苯乙醇苷类是肉苁蓉合成的一大类物质，其中松果菊苷和毛蕊花糖苷含量高。这两种成分保护神经，可以预防和治疗老年痴呆病。因此，利用肉苁蓉特色食物的这种特性，保护神经，预防老年痴呆具有显著的作用。

3. 改善脑记忆功能，提高学习记忆能力的功效

记忆力减退是一种老年性记忆性功能障碍。动物模型实验显示，肉苁蓉具有改善脑记忆功能、提高学习记忆能力的功效。研究肉苁蓉对提高学习记忆能力的作用，所用的动物模型包括正常小鼠，东莨菪碱导致小鼠学习记忆获得障碍，亚硝酸钠导致小鼠学习记忆巩固障碍，乙醇导致小鼠学习记忆再现缺失的功能障碍，缺血再灌注损伤导致血管性痴呆大鼠的记忆功能障碍，氢化可的松导致肾阳虚小鼠的学习记忆功能障碍。然后，观察肉苁蓉总苷对上述模型小鼠行为学指标的影响。结果显示，肉苁蓉总苷可减少水迷宫试验错误次数，延长跳台试验潜伏期，提高正确反应百分率，缩短到达终点的时间等，这表明肉苁蓉总苷具有提高学习记忆能力的作用。

4. 抗疲劳和增强体力作用的功效

肉苁蓉具有抗疲劳和增强体力的作用。传统经验，肉苁蓉食物具有促进老年人强身健体的功效。现代研究，用小鼠模型验证了肉苁蓉抗疲劳和增强体力的功效。肉苁蓉的水煎液可有效保护负重游泳小鼠肝脏肝细胞，防止内

皮细胞受损，上调一氧化氮合酶 3（NOS3）的表达，促进肝糖原合成。显著降低 ICR 小鼠血清肌酸激酶、乳酸脱氢酶和乳酸含量，提高血红蛋白（HB）和葡萄糖的含量。提高运动小鼠的耐力和加速消除疲劳，具有增强体力和抗疲劳的作用。

此外，肉苁蓉的其他次级代谢物质成分功效研究显示，肉苁蓉还有免疫调节、抗氧化、保肝、促进骨质生长、抗炎、抗肿瘤、抗辐射、抗过敏、舒张血管、抑制前列腺增生、美白、镇静等作用。

（二）基本营养作用

肉苁蓉丰富的糖、淀粉、蛋白质、氨基酸、矿物质、维生素 E 等物质，为人体提供了基本营养。肉苁蓉富含钙、镁、钾、铁、锌等矿质元素，具有预防人体矿质元素隐形缺乏疾病，均衡人体营养素的作用。

（三）农业体验，愉悦身心

肉苁蓉花朵多彩美丽，从蜜腺释放出挥发油的淡淡清香，沁人心脾，具有愉悦身心、减轻压力、改善焦虑情绪等功效。在田园栽培肉苁蓉，在家庭凉台栽培盆栽肉苁蓉，观察寄生作物肉苁蓉生长发育之神奇，体验劳动，欣赏肉苁蓉花的美丽，感受花的芳香，愉悦身心，减轻压力，降低焦虑情绪。发挥肉苁蓉的农业多功能性，开展农业体验式健康生活，具有调节人体生理功能和愉悦身心的重要作用。

肉苁蓉具有多功能性，花具有欣赏价值，挥发油愉悦身心，肉质茎可食。肉苁蓉次生代谢物质的抗老年痴呆、预防便秘、免疫调节、缓解疲劳、增强体力等功效，在提升人体健康方面具有重要作用。

二 肉苁蓉行业科研新进展

（一）肉苁蓉种植业

1. 肉苁蓉发芽率检测

肉苁蓉播种出苗率低，一直是困扰其生产的问题。植物种子发芽率测定的国际标准方法，不适合寄生植物种子发芽率检测。由于肉苁蓉的寄生特性，种子萌发需要寄主植物根的刺激。为解决肉苁蓉种子发芽率测定方法，进行了肉苁蓉萌发刺激物质的研究。经多次实验，2006 年筛选到氟定酮这个物质，能够刺激肉苁蓉种子萌发。由此，建立了肉苁蓉发芽率检测技术。这是一项新的技术突破。

应用肉苁蓉发芽率检测这项技术，研究了肉苁蓉种子大小、颜色、胚率和发芽率之间的联系，建立了适合用于生产肉苁蓉种子的质量和分级标准。按照种子直径（≥0.5 毫米、≥0.6 毫米、≥0.7 毫米）、发芽率、杂质含量、含水量等指标，将种子分为三级。用确定发芽率的种子播种，通过调整播种量，将播种出全苗，变成一项可控的田间技术。这项技术具有播种苗全、苗匀、苗壮的技术性能。

应用肉苁蓉发芽率检测这项技术，研究了肉苁蓉优质种子生产技术。建立种子生产基地，针对肉苁蓉的无限生长习性，顶部种子质量差，空壳、无胚种子、瘪子等问题，通过对肉苁蓉不同部位蒴果内种子发芽率的检测，确定了无效蒴果和种子所在的位置，采用打顶技术，在肉苁蓉花序顶端 3~5 厘米处打顶，促进梭梭和肉苁蓉体内营养供应种子发育，生产优质种子。将肉苁蓉优质种子生产变成一项可控的田间技术。这项技术具有种子直径大、发芽率和发芽势高、发芽整齐、种子产量高的技术性能。

2. 肉苁蓉栽培

肉苁蓉的栽培研究始于 20 世纪 80 年代，最初是在内蒙古阿拉善盟医药公司的肉苁蓉种植试验站获得成功，随后在内蒙古和新疆多个地区接种成功。近 30 年来，肉苁蓉栽培技术经历了四个阶段。一是零的突破阶段，主要特征是肉苁蓉采用人工方法首次接种成功，这也是我国首例根寄生植物通过人工方法接种成功，为此后肉苁蓉、管花肉苁蓉、盐生肉苁蓉和其他寄生植物的栽培提供了新思想，具有重要意义。但是由于该技术用种量大、成本高、接种率低，不适合应用到大规模生产中。二是初级阶段，随着接种纸、接种块等栽培技术的出现，用种量降低、接种率提高，该阶段的技术开始应用到生产中。但是由于接种块和接种纸种植技术实际操作过程比较麻烦，种植成本高，该技术推广种植面积较小。三是中级阶段，随着肉苁蓉种子质量标准的建立和种子处理技术的发展，以及沟播技术的出现，接种率进一步提高，该阶段的种植技术开始大面积应用到生产中。但是沟播需要挖深度 70～80 厘米深沟，用工量大，播种均匀度差。四是高级阶段，肉苁蓉种植的机械化。农艺和机艺相结合，改进梭梭株行距配置，调整株距为 1 米，调整行距为 4 米，以适宜大型播种机进入和大型肉苁蓉收获机田间操作。克服肉苁蓉种子小影响播种均匀度，为适合机械播种，将种子丸粒化。配方施肥，水肥一体化滴灌。创建集成了肉苁蓉高产稳产的栽培技术，并开始推广应用到生产中。由此，肉苁蓉产量由几十年来的亩产几十斤提高到几百斤（350～500公斤/亩），肉苁蓉高产试验结果显示，肉苁蓉亩产量已达千斤，产量水平大幅度提高。

肉苁蓉栽培技术的突出进展，是研究集成了肉苁蓉旱作栽培技术和水浇地栽培技术。

肉苁蓉旱作栽培技术是在没有灌溉条件的旱地上，利用自然降雨，在自然生长的梭梭或防风治沙种植的梭梭上栽培肉苁蓉的技术。该项技术采用雨季播种、播种后等雨，或播种时浇 1 次水的办法种植肉苁蓉，播种后没有其他管理，3 年后收获。该技术主要应用在梭梭自然分布区和国家防风治沙种植的生态梭梭林，梭梭密度从 35 株/亩到 100 株/亩、150 株/亩不等。内蒙古大约有 4000 万公顷，新疆、甘肃、青海等地大约有 2000 万公顷。该项技术具有茎伸长 15～25 厘米/年、亩产 40～100 公斤、肉苁蓉品质高、节水的技术性能。

水浇地肉苁蓉栽培技术，是在具有灌溉条件的地上种植梭梭和肉苁蓉的技术。梭梭株距 1 米、行距 4 米，密度为 167 株/亩，机械化播种和收获，配方施肥，水肥一体化，适用在水浇地、农业生产条件好的地区。该技术具有茎伸长 40～80 厘米/年、亩产 300～1000 公斤、优质高产的技术性能。

3. 肉苁蓉栽培规范化和全程可追溯体系

肉苁蓉种植区的地质因素，栽培、产地初加工技术的运用欠规范等，会导致肉苁蓉存在重金属、农药和真菌毒素含量超标，肉苁蓉品质差、品质不稳定等问题。近年来，大力推进肉苁蓉生产规范化，制定了肉苁蓉良好农业规范（GAP）、肉苁蓉栽培技术规程、肉苁蓉产品质量与分级标准及全程可追溯体系等一系列国家标准、行业标准、团体标准和企业标准。这些规范、技术规程、产品标准的生产应用，对肉苁蓉生产规范化起到了重要的推动作用。

4. 荒漠肉苁蓉新的寄主植物四翅滨藜

在我国肉苁蓉生产中，荒漠肉苁蓉的寄主植物是藜科植物梭梭和白梭梭。梭梭和白梭梭针状叶的光合性能低及存在夏季休眠现象，是影响荒漠肉苁蓉产量和品质提高的主要问题。为提高荒漠肉苁蓉产量和品质，对肉苁蓉的寄生性和寄主的选择性开展了研究，期望荒漠肉苁蓉寄生到光合性能更强、抗逆性与梭梭相当的寄主植物。经过多年探索，2019 年，藜科植物四翅滨藜荒漠肉苁蓉播种实验获得成功。经进一步栽培实验，荒漠肉苁蓉产量高，苯乙醇苷和毛蕊花糖苷含量高。从四翅滨藜的植物形态观察，叶片大、叶功能期长、光合性能强，可为肉苁蓉生长提供更充足的营养供给。从四翅滨藜的生态适应性观察，它比梭梭、白梭梭生态适应性更强，既适应我国西北部荒漠化地区内蒙古西部、新疆南疆、甘肃等极度缺水干旱环境，也对降雨较充沛的北京、河北、山东等地环境有很好的适应性。北京、河北和山东在四翅滨藜上播种荒漠肉苁蓉实验，成功长出荒漠肉苁蓉，大幅度扩大了荒漠肉苁蓉的农业分布范围。荒漠肉苁蓉新的寄主植物四翅滨藜的发现，是荒漠肉苁蓉的寄生性和寄主选择性研究的一次突破，使荒漠肉苁蓉在农业生产条件更好的地区生产成为现实。

（二）肉苁蓉加工业

1. 肉苁蓉化学成分

肉苁蓉的化学成分研究始于 20 世纪 80 年代初，为解决老龄化问题，开发对老年性疾病，特别是对阿尔茨海默病的药物，日本学者做了大量工作。肉苁蓉作为补肾、壮阳、强精的药物，被深入研究。80 年代后期，我国学者对国产肉苁蓉的化学成分进行了系统研究，基本上明确了国产肉苁蓉属植物的化学成分。肉苁蓉主要含有苯乙醇苷类、环烯醚萜及其苷类、木脂素及其苷类、寡糖酯类、多元醇、多糖等次级代谢物质成分，从肉苁蓉（Cd）中分离得到 120 个化合物，从中国产管花肉苁蓉（Ct－C）中分离得到 75 个化合物，从巴基斯坦产管花肉苁蓉（Ct－P）中分离得到 21 个化合物，从盐生肉苁蓉（Csa）中分离得到 31 个化合物，从鳔苁蓉（Cp）中分离得到 11 个化合物，从沙苁蓉（Csi）中分离得到 20 个化合物（见表 1）。

表 1　肉苁蓉化合物类型和数量

种 （Species）	苯甲醇苷类 （Benzyl glycosides）	苯乙醇苷类 （Phenylethanoids）	环烯醚萜类 （Iridoids）	木脂素类 （Ligans）	单萜类 （Monoterpenes）	其他 （Others）
Cd	4	41	12	14	1	48
Ct－C	/	33	21	3	5	13
Ct－P	/	11	2	5	1	2
Csa	3	10	3	/	3	12
Cp	/	5	4	/	/	2
Csi	/	12	6	1	/	1

Cd：*C. deserticola*；Cp：*C. phelypaea*；Csa：*C. salsa*；Csi：*C. sinensis*；Ct－C：*C. tubulosa* from China；Ct－P：*C. tubulosa* from Pakistan.

肉苁蓉的单体化合物具有明显的神经保护，提高和改善学习记忆能力，防治阿尔茨海默病和帕金森病，抗氧化、抗衰老，增强免疫功能，增强体力和抗疲劳、通便等药理作用。苯乙醇苷类化合物具有神经保护，防治阿尔茨海默病和帕金森病，抗氧化、抗衰老，增强体力和抗疲劳的药理活性。多糖类化合物，包括甘露醇和寡糖类成分，具有提高免疫功能、润肠通便的药理活性。肉苁蓉的药理作用与衰老关联，多种途径拮抗衰老因素对肌体的损伤，而起延缓衰老的作用。随着肉苁蓉次级代谢物质功效的阐明，肉苁蓉被广泛用于特色食物、保健品乃至药品开发。

2. 肉苁蓉产品

随着肉苁蓉化学成分和功效研究的进展，肉苁蓉被广泛用于肉苁蓉食品、保健品、化妆品、配方颗粒、药品等系列产品的开发，主要肉苁蓉产品已达20多种（见表2）。

表2　肉苁蓉食品、保健品、化妆品和药品产品情况

编号	产品名称	产品类型	单位	备注
1	苁蓉普洱茶	食品	阿拉善尚容源生物科技有限公司	产品标准 GB/T22111
2	苁蓉葡萄酒	食品	阿拉善尚容源生物科技有限公司	产品标准 GB/T15037
3	肉苁蓉植物发酵饮品	食品	阿拉善尚容源生物科技有限公司	产品标准 Q/KDWY001S
4	肉苁蓉益智糖果	食品	阿拉善尚容源生物科技有限公司	产品标准 GB/T29602
5	苁蓉酒	食品	内蒙古曼德拉沙产业开发有限公司	产品标准 GB/T27588
6	苁蓉酵素	食品	内蒙古曼德拉沙产业开发有限公司	产品标准 GB/T31326
7	苁蓉茶	食品	内蒙古曼德拉沙产业开发有限公司	产品标准 GH/T1091
8	域之康牌肉苁蓉淫羊藿红茶	保健食品	新疆维吾尔自治区中药民族药研究所	已获得批准证书：国食健注 G20200479；获得证书时间：2020 年 4 月 28 日
9	域之康牌肉苁蓉枸杞大枣片	保健食品	新疆维吾尔自治区中药民族药研究所	已获得注册证书：国食健注 G20210134；获得证书时间：2021 年 11 月 12 日
10	域之康牌刺五加肉苁蓉片	保健食品	新疆维吾尔自治区中药民族药研究所	已获得注册证书：国食健注 G20210148；获得证书时间：2021 年 11 月 12 日
11	疆芸牌肉苁蓉决明子绿茶	保健食品	新疆维吾尔自治区中药民族药研究所	已获得注册证书：国食健注 G20210270；获得证书时间：2021 年 12 月 27 日
12	域之康牌蝙蝠蛾拟青霉管花肉苁蓉片	保健食品	新疆维吾尔自治区中药民族药研究所	已获得注册证书：国食健注 G20210271；获得证书时间：2021 年 12 月 27 日
13	劲牌黄精肉苁蓉胶囊	保健食品	劲牌有限公司	已获得注册证书：国食健注 G20210044；获得证书时间：2021 年 5 月 27 日
14	尚容源苁蓉植物修护面膜	化妆品	阿拉善尚容源生物科技有限公司	备案编号：蒙 G 装网备字 2020000232；备案时间：2020 年 9 月 28 日
15	尚容源焕彩修护面膜	化妆品	阿拉善尚容源生物科技有限公司	备案编号：蒙 G 装网备字 2019000238；备案时间：2019 年 8 月 23 日
16	尚容源苁蓉焕彩保湿喷雾	化妆品	阿拉善尚容源生物科技有限公司	备案编号：蒙 G 装网备字 2019000236；备案时间：2019 年 8 月 21 日

续表

编号	产品名称	产品类型	单位	备注
17	肉苁蓉配方颗粒	配方颗粒	内蒙古祈蒙药业股份有限公司	备案编号：内配备字 20200343000
18	蒙药肉苁蓉配方汤	配方颗粒	内蒙古祈蒙药业股份有限公司	备案编号：内配备字 20200710000
19	蒙药肉苁蓉配方散	配方颗粒	内蒙古祈蒙药业股份有限公司	备案编号：内配备字 20200692000
20	蒙药肉苁蓉配方丸	配方颗粒	内蒙古祈蒙药业股份有限公司	备案编号：内配备字 20200672000
21	苁蓉总寡糖	药品	江苏康缘药业股份有限公司；北京大学	临床许可号：CXZL1900009；时间：2020年2月3日
22	苁蓉总寡糖口服液	药品	江苏康缘药业股份有限公司；北京大学	临床许可号：CXZL1900010；时间：2020年2月3日

肉苁蓉食品。肉苁蓉在内蒙古自治区有作为食品原料食用历史，炖肉、入菜、制作主食、泡茶、传统方式泡酒等。近年来，肉苁蓉片、肉苁蓉配方茶、肉苁蓉调料、肉苁蓉菜品、肉苁蓉面条等肉苁蓉特色食品类产品逐渐丰富起来，并快速走向市场、走向餐桌和走向生活。

保健品。近年来，随着肉苁蓉化学成分及功能的逐步明确，开发了肉苁蓉决明子茶、肉苁蓉黄精胶囊、康咖片等一批保健食品，保健功能明确，使用方便。在科技部大品种项目支持下，2022年研制了30多个保健品和大健康产品。此外，还有肉苁蓉面膜化妆品、肉苁蓉配方颗粒、苁蓉总苷、松果菊苷片、苁蓉总寡糖、苁蓉总寡糖口服液等药品产品。

三 肉苁蓉产业发展现状、存在的问题及改进建议

（一）肉苁蓉产业发展现状

我国肉苁蓉历史悠久，最早记载于《神农本草经》。自20世纪80年代肉苁蓉野生变栽培以来，肉苁蓉生产取得长足进展。肉苁蓉栽培面积由零发展到75万亩，年总产量由100吨发展到5000吨。研究集成的肉苁蓉旱作栽

培技术、水浇地肉苁蓉优质高产栽培技术逐渐在生产上推广应用。肉苁蓉良好农业规范、全程可追溯和产品标准，进入千家万户百企种植肉苁蓉基地，肉苁蓉品质、品牌和标准化生产能力提高。肉苁蓉从炖肉、入菜、制作主食、泡茶、传统方式泡酒等，扩展到菜品、肉苁蓉面条等食品，具有调节免疫、抗疲劳、恢复体力等多种功能的保健食品 20 多种，还有新的大健康食品、保健品、化妆品、配方颗粒、药品等 30 多种。种植业、加工业链条已经形成。种植业规模大、加工业规模小形成的"扇形"产业结构，正随着食品、保健食品的试产开拓和企业壮大，正在向"圆柱形"的合理产业结构调整。

（二）存在的问题和及改进建议

1. 肉苁蓉种植业缺少优良品种

目前肉苁蓉生产中，肉苁蓉的播种材料——种子，是多个种质的混合体。因此，生产的每个肉苁蓉在大小、粗细、颜色、分枝多少、化学成分含量等农艺性状差异很大。据测定，肉苁蓉有的个体苯乙醇苷含量可达到38%，有的个体不含苯乙醇苷。现代农业实践证明，优良品种是作物优质高产的根本措施。因此，建议开展肉苁蓉优良品种的育种工作，实现肉苁蓉优良品种化。良种良法，解决肉苁蓉产量、品质在年内和年际不稳定性问题，实现肉苁蓉生产的优质高产和品质稳定。

2. 肉苁蓉一二三产业融合发展水平有待提升

肉苁蓉第一产业（种植业）规模大、第二产业（加工业）规模小导致的一二产业"扇形结构"，限制着第一产业和第二产业的协调发展。第一产业规模大，产量供大于求，价格下降，"粮贱伤农"。反过来，种植者生产积极性受挫，肉苁蓉供小于求。肉苁蓉多了、少了，产业不良波动循环。因此，加快深加工业和销售服务业发展，促进产业向"圆柱形结构"方向转化，有待提升一二三产业融合发展水平。当前，农业领域肉苁蓉种植企业、合作社、大户数百家，深加工领域企业仅数十家，且多处于起步阶段，销售服务业能力较弱。因此，组建数百亿元规模的大集团公司，是带动肉苁蓉一二三产业融合发展的有效措施。建议国家制定促进食疗产业发展的政策，进行肉苁蓉加工和服务产业整合，组建数百亿元规模的大集团公司，进入肉苁蓉产业领域，深挖抗衰老、改善便秘、提高免疫力和学习记忆等市场细分领域，推进数百亿元潜力的肉苁蓉产业加快发展。

四　肉苁蓉产业发展前景与展望

面对中国和世界人口老龄化的发展趋势，肉苁蓉的神经保护，提高和改善学习记忆能力，抗老年痴呆、抗氧化、抗衰老、免疫调节、抗疲劳和增强体力、润肠通便等功效，契合了社会对健康的需求。因此，肉苁蓉产业具有巨大的市场潜力和广阔的发展前景。

展望肉苁蓉产业发展，发展肉苁蓉种植面积 100 万亩，发展 100～150个肉苁蓉产品（食疗配方产品 50～100 个，大健康食品、保健品 50 个）。肉苁蓉种植业 50 亿元，肉苁蓉加工产业 300 亿元，肉苁蓉特色商业 150 亿元，肉苁蓉产业具有 500 亿元规模的发展潜力。

五　肉苁蓉产业案例

（一）阿拉善宏魁苁蓉集团有限责任公司

1. 公司简介

宏魁苁蓉集团是阿拉善盟苁蓉产业的领军企业，目前是国家级高新技术企业，内蒙古自治区级农牧业产业化龙头企业、林业产业化重点龙头企业、扶贫龙头企业、龙头企业与农牧民利益联结实效突出企业、首批"大众创业、万众创新"示范基地。

2. 公司主要产品

肉苁蓉中药饮品、OTC 药酒七味苁蓉系列酒（国药准字 B20020734、国药准字 B20020735）、保健食品苁蓉养生液（卫食健字〔1997〕第 684 号）、肉苁蓉杜仲黄芪颗粒（国食健注 G20190334）和肉苁蓉食药同源类的产品。

3. 公司生产基地

公司有肉苁蓉系列产品生产线 7 条，形成中药材提取 300 吨/年、肉苁蓉酒饮剂 2000 吨/年、苁蓉养生液 500 吨/年、片剂 1 亿片/年、颗粒剂 1000 万袋/年、胶囊剂 3000 万粒/年的生产能力，并已经投入市场。公司于 2011 年通过 GMP 认证。拥有荒漠肉苁蓉种植基地 4 个，接种肉苁蓉 4 万亩。

4. 公司竞争优势

公司处于荒漠肉苁蓉产地核心区，生产优质肉苁蓉，具有质量优势。优良国药准字号"七味苁蓉酒"、卫食健字号"苁蓉养生口服液"为独家品种，企业竞争优势突出。

（二）甘肃汇勤生物科技有限公司

1. 公司简介

甘肃汇勤生物科技有限公司由北京汇勤生物科技有限公司于 2014 年投资创建，注册地位于甘肃省白银市靖远县，是集肉苁蓉种植、技术推广、产品研发、加工和销售于一体的国家高新技术企业。

2. 公司主要产品

公司核心产品有如意酵素、苁蓉口含片、"蓉畅宝"固体饮料、"丝路盛景"鲜肉苁蓉酒和苁蓉健圣茶。如意酵素为公司独家品种，"丝路盛景"鲜肉苁蓉酒为公司首创。

3. 公司生产基地

公司总投资 1.08 亿元，围绕肉苁蓉种植、产品研发、加工和销售的全产业链进行建设，发展肉苁蓉大健康产业，带动白银地区乃至甘肃省的肉苁蓉产业发展。建设研究院和生产车间、库房等，生产车间建设有酵素、固体饮料、袋泡茶、露酒和苁蓉片等生产线，已于 2020 年 12 月建成投产，年产值达 3 亿元。项目分两期建设，一期投资 3600 万元，建设完成后，年产值达 3 亿元；二期投资 7200 万元，预计 2023 年完成建设，产值可达 10 亿元。

公司建立 13000 亩梭梭—肉苁蓉种植生态经济示范基地，其中靖远县7000 亩、景泰县 6000 亩；刘川镇肉苁蓉优质种子基地 100 亩。辐射带动白银地区利用沙化撂荒地种植梭梭 6 万亩，其中靖远县 14000 亩、景泰县 41000 亩、平川区 5000 亩。未来 5 年带动农民利用荒漠化土地种植梭梭树和肉苁蓉面积达 10 万亩，带动农民增收 3 亿元。

4.公司竞争优势

公司产品如意酵素为独家品种，获得中老年人群和女性青睐。针对老年人细分市场，瞄准肉苁蓉抗衰老、身壮体健和便秘功效，企业竞争优势突出。

（三）内蒙古王爷地苁蓉生物有限公司

1.公司简介

内蒙古王爷地苁蓉生物有限公司成立于 2006 年，注册地位于巴彦淖尔市磴口工业园区。

2.公司主要产品

公司主要产品有御品苁蓉、肉苁蓉片、肉苁蓉块、肉苁蓉熟片、苁蓉礼盒。

3.公司生产基地

公司拥有 2000 吨的荒漠肉苁蓉切片生产线 1 条、2 万亩荒漠肉苁蓉有机种植基地 1 个。

4.公司竞争优势

公司处于荒漠肉苁蓉产地核心区，自有 2 万亩肉苁蓉基地 1 个。肉苁蓉饮料为独家产品，面向易疲劳人群细分市场，瞄准肉苁蓉缓解体力疲劳功效，具有独特的企业竞争优势。

（四）内蒙古游牧一族生物科技有限公司

1.公司简介

内蒙古游牧一族生物科技有限公司成立于 2005 年，位于内蒙古巴彦淖尔市临河区，是集肉苁蓉栽培、保健食品生产、茶叶制品生产、苁蓉系列健康养生食品销售于一体的民营企业。

2. 公司主要产品

公司核心产品有苁蓉礼品、苁蓉茶、汤炖料、泡酒料、切片料、苁蓉果糕6大系列80多个品种。

3. 公司生产基地

公司肉苁蓉茶、苁蓉黄精茶生产线通过内蒙古食品药品监督管理局的GMP认证。公司拥有荒漠肉苁蓉种植基地5000亩，接种肉苁蓉3000亩。

4. 公司竞争优势

公司处于荒漠肉苁蓉产地核心区，生产优质肉苁蓉，具有质量优势。苁蓉茶、苁蓉黄精茶为独家品种，企业竞争优势突出。

（五）和田帝辰医药生物科技有限公司

1. 公司简介

和田帝辰医药生物科技有限公司位于新疆和田洛浦县，成立于2007年，从事原产地和田的管花肉苁蓉产业化开发，是集良种培育、种植推广、原料收储、加工、提取和系列保健食品研发、生产、销售于一体的现代化高科技企业。

公司以科技加资金推动，使新疆肉苁蓉生产已呈现规模化和产业化，有效提升了肉苁蓉的应用价值，使肉苁蓉生态产业持续健康发展，不仅为贫困地区的群众带来了经济收益，而且还取得了生态效益，开创了中国特色的可持续沙漠治理新模式和荒漠地区精准扶贫新模式。

2. 公司主要产品

公司历经长期探索、不懈进取，研发生产出以原产地和田的管花肉苁蓉提取物为君，辅以人参提取物和黄芪提取物，君臣佐使、科学配伍的帝辰牌肉苁蓉人参黄芪片，开创了中华天然草本补益圣品肉苁蓉科学利用、高效吸收新纪元。其中，管花肉苁蓉补肾益精，人参固本培元，黄芪补气固表，三者配伍，具有缓解体力疲劳的功效。公司主要产品有帝辰牌康咖片、帝辰牌肉苁蓉人参黄芪片、肉苁蓉切片、肉苁蓉颗粒。其中，帝辰牌康咖片是管花肉苁蓉品类中经过深加工萃取并获得原国家食品药品监督管理局颁发蓝帽子证书的保健食品（国食健注 G20140170）。

公司连续 3 年获得 OCIA（国际有机物改良协会）和 NOP（美国有机计划）认证，产品质量达到美国、欧盟等国际标准，产品连续多年出口日本、韩国及中国台湾等市场。

3. 公司生产基地

公司构建 15000 吨鲜品收储体系，拥有 2000 吨鲜品加工生产线及配套 GMP 植物提取工厂、良种繁育基地 5000 亩、订单合作推广种植基地 50 万亩，拥有产、学、研、用深度融合，"公司 + 院校 + 基地 + 农户 + 工厂"上下游贯通、协调发展的完整产业链。

4. 公司竞争优势

公司主要产品帝辰牌肉苁蓉人参黄芪片、肉苁蓉切片、肉苁蓉颗粒，具有专利、商标、保健品文号和专有技术。帝辰牌肉苁蓉人参黄芪片为独家产品。针对易疲劳人群，瞄准肉苁蓉缓解体力疲劳功效，具有独特企业竞争优势。

参考文献

1. 屠鹏飞、郭玉海等：《荒漠肉苁蓉及其寄主梭梭栽培技术》，科学出版社，2015。
2. 朱艳霞、郭玉海：《ICP-AES 测定肉苁蓉及其提取物中矿质元素含量》，《光谱学与光谱分析》2013 年第 3 期。

砂仁产业发展报告

李　光　张丽霞　陈　曦　黄　健　王金辉*

摘　要：　砂仁为姜科植物阳春砂（*Amomum villosum* Lour.）、绿壳砂（*Amomum villosum* Lour. var. xanthioides T. L. Wu et Senje）或海南砂（*Amomum longiligulare* T. L. Wu）的干燥成熟果实，为我国"四大南药"之一。砂仁具有化湿开胃、温脾止泻、理气安胎的功效，是我国卫生管理部门最早收录在既是食品又是药品物种目录的品种之一，具有显著的药理活性及保健功效。随着砂仁在云南省的大面积推广种植，砂仁产业不断壮大，云南省也将砂仁作为"十大云药"重点发展。本报告综述了砂仁药理活性及保健功效，分析了砂仁产业现状，同时也对砂仁产业未来发展趋势进行了预测，并提出为了促进砂仁产业健康发展应加大砂仁产品开发力度，加强对砂仁质量评价及市场监督，从而让砂仁更好地为人民健康服务。

关键词：　砂仁　砂仁产业　大健康产品

* 李光，副研究员，硕士研究生导师，云南省第十六批技术创新人才，主要研究方向为民族药药理及产品开发；张丽霞，博士，研究员，中国医学科学院药用植物研究所云南分所副所长，主要从事南药傣药资源保护和可持续利用研究；陈曦，研究员，博士研究生导师，中国医学科学院药用植物研究所云南分所常务副所长，主要研究方向为药效物质发现、代谢组学以及新药研发；黄健，哈尔滨医科大学教授，博士研究生导师，主要从事中药民族药药效物质基础及作用机理等研究工作；王金辉，哈尔滨医科大学教授，博士研究生导师，主要从事中药民族药药效物质基础、质量控制及创新药物等研究开发工作。感谢苏晶、丁璇、吕亚娜、刘世芳、李佳鑫、任佳慧检索整理资料及文字校对方面的帮助。

一　砂仁功效与健康

砂仁为姜科植物阳春砂（*Amomum villosum* Lour.）、绿壳砂（*Amomum villosum Lour.* var. xanthioides T. L. Wu et Senje）或海南砂（*Amomum longiligulare* T. L. Wu）的干燥成熟果实。夏秋二季果实成熟时采收，晒干或低温干燥。砂仁始载于唐《药性论》，称缩砂蜜，明《本草蒙筌》首次出现"砂仁"之名，而以"阳春砂仁"为名的记载始见于清《南越笔记》。砂仁具有化湿开胃、温脾止泻、理气安胎的功效，主要用于治疗湿浊中阻、脘痞不饥、脾胃虚寒、呕吐泄泻、妊娠恶阻、胎动不安等，其药用历史记载已达1300多年。

砂仁药用功效的最早记载见于唐朝甄权的《药性论》，此后历代医药著作对砂仁的临床功效记载颇多，但各方面记载有所差异。《药性论》："主冷气腹痛，止休息气痢劳损，消化水谷，温暖脾胃，治冷滑下痢不禁。"《本草拾遗》："主上气咳嗽，奔豚鬼疰，惊痫邪气。"《日华子本草》："治一切气，霍乱转筋，心腹痛，能起酒香味。"《医学启源》："治脾胃气结滞不散，主虚劳冷泻，心腹痛，下气消食。"《本草衍义补遗》："安胎止痛，行气故也。"《本草备要》："补肺益肾，和胃醒脾，快气调中，通行结滞。治腹痛痞胀、噎膈呕吐、上气咳嗽、赤白泻痢。霍乱转筋，奔豚崩带。祛痰逐冷，消食醒酒，止痛安胎。散咽喉口齿浮热，化铜铁骨鲠。"《中药材手册》："通行滞气，醒脾，消宿食，和胃止痛。治气滞凝结疼痛、胸腹胀满、噎膈、呕吐泻痢、胎动不安、血崩带下。"此外，历代本草中还记述有诸多集方，如《海药本草》："得诃子、鳖甲、豆蔻、白芜荑等良。"《汤液本草》："与白檀、豆蔻为使，则入肺；与人参、益智为使，则入脾；与黄檗、茯苓为使，则入肾；与赤白石脂为使，则入大小肠。"此集方后被历代本草引用。此外，《本草纂要》："同木香用，治气尤速。"《本草纲目》："冷滑下痢：用缩砂仁熬为末，以羊子肝薄切掺之……。又方：缩砂仁、炮附子、干姜、厚朴、陈橘皮等分，为末……。鱼骨入咽：缩砂、甘草等分，为末……。"《本草经疏》:"得人参、橘皮、藿香、白茯苓、白芍药、炙甘草,治泄泻兼呕吐及不思食也。得藿香、橘皮、木瓜,治霍乱转筋、腹痛吐泻。"《本草汇言》:"集方:……治伤饮油腻,瓜果、酒面、乳茶等物,用砂仁、苍术、草果、干葛、陈皮、茯苓、生姜。治奔豚气。用砂仁、茴香、吴茱萸、川黄连。安胎方:初受孕时服。过五个月则不用。砂仁、藿香、陈皮、桔梗、益智仁、苍术、黄芩各二钱,甘草、苏叶、厚朴各一钱,枳壳三钱,小茴香炒一钱五分……。"《本草通玄》:"同熟地、茯苓能纳气归肾,同檀香、白蔻能下气安肺,得白术、陈皮能和气益脾。"《得配本草》:"吴茱萸、青皮为使,入肝。"砂仁方剂使用广泛,经过长期的医疗实践和发展,据《药智数据》统计已达 1083 种,主要应用于现代临床的多发病、常见病如湿阻中焦、脾胃气滞及脾胃虚寒之脘腹胀痛、不思饮食、呕吐泄泻、妊娠恶阻、腹痛、胎动不安、痰气互结、胸膈闷胀等。

砂仁除传统方剂用于疾病治疗外,也已进一步开发砂仁产品,中国医学科学院药用植物研究所云南分所自主研发健胃砂仁酒、玖宝砂仁酒、坤宝砂仁酒、砂仁果脯等。近年来,砂仁饮品、袋泡茶、糖果、口服液、胶囊、片剂、颗粒剂、丸剂、贴剂、膏剂等也被大量研发出来。如"四世同堂"海狗鞭特补酒,具有抗疲劳、延缓衰老的保健功能,裕禾牌人参鹿茸酒、庆仁牌鹿茸人参酒能够增强免疫调节,春砂牌春砂胶囊、一片天牌砂仁佛手胶囊、同仁堂牌维斯达软胶囊对胃黏膜具有辅助保护作用。

由于砂仁中含有多种人体所必需的营养成分和生物活性物质,具有很高的保健价值,也常在药膳食疗中应用。需要注意的是,砂仁药膳需根据不同体质需求选择不同的药膳配伍,以便发挥砂仁药膳最佳的保健效果。同时并不是所有体质的人都适合砂仁,阴虚内热、肺部有伏火者应慎重使用。近年来砂仁果实被大量应用于各种产品的研发,砂仁的地上部分也用于提取精油,代替砂仁作为化妆品行业的添加物;茎秆还可用作造纸原料和生饲料。随着研究的不断深入,期待能有更多的砂仁产品被开发出来,充分利用砂仁优势,打造砂仁品牌。

二 砂仁最新研究进展

（一）砂仁化学成分研究进展

砂仁化学成分主要为挥发性成分及非挥发性成分，其中挥发性成分包括乙酸龙脑酯、樟脑、龙脑、莰烯、α–蒎烯和β–蒎烯等，非挥发性成分包括酚类、黄酮、香豆素、甾体、二苯庚烷、二萜、多糖等。乙酸龙脑酯为砂仁主要的有效成分，具有保胎、杀虫、抗炎、抗肿瘤、止痛、止泻、改善记忆等药理作用。樟脑有兴奋、强心、消炎、镇痛、抗菌、止咳、促渗、杀螨等药理作用，是世界上最早被使用的天然有机化学成分之一。

1. 挥发油

挥发油是指从香料植物或泌香动物中加工提取所得到的挥发性含香物质的总称。现代研究表明，砂仁挥发油主要含有醇类、醛类、酸类、酚类、酯类、酮类和萜类等挥发性成分。目前从砂仁挥发油中共鉴定了 645 个成分，包括 163 个单萜类成分，175 个倍半萜类成分，57 个苯衍生物，23 个醛、酮、醇、酯等类化合物，135 个脂肪烃类成分，14 个甾体类化合物和 78 个其他类化合物。

2. 非挥发性成分

砂仁非挥发性成分主要包括酚类、黄酮类、多糖、无机物等成分。现代研究发现除在砂仁挥发油中已经鉴定的 β–谷甾醇（β-Sitosterol）、豆甾醇（Stigmasterol）、硬脂酸（Stearic acid）、棕榈酸（Palmitic acid）、DL–苹果酸（DL-Malic acid）、对羟基苯甲酸（Parahydroxybenzoic acid）、橙花叔醇（Nerolidol）、龙脑（Borneol）、匙叶桉油烯醇（Spathulenol）、香草酸（Vanillic acid）、氧化石竹烯（Caryophyllene oxide）和乙酸龙脑酯（Bornyl acetate）等化合物外，共分离鉴定 101 个单体化合物，包括 36 个萜类化合物（单萜苷类化合物 11 个、倍半萜类化合物 11 个、二萜类化合物 14 个）、42 个酚性成分（24 个苯酚类化合物、12 个黄酮类化合物、5 个香豆素和 1 个蒽醌类化合物）、11 个二苯类化合物、4 个甾类成分和 8 个其他类型化合物。除此以外，砂仁非挥发性成分还包括多糖等化合物。

（二）砂仁药理作用研究进展

砂仁性温、味辛，具有化湿开胃、温脾止泻、理气安胎等功效，是中医治疗肠胃疾病的常用药。现代药理研究显示，砂仁对消化系统有增加胃肠动力，抗溃疡，促进胃肠激素、胆汁分泌，止泻等多种调节作用，还具有抗炎、镇痛、抗氧化、保肝、抑菌和调节菌群、抗肿瘤、降血糖、抗敏、杀虫等多种药理活性。近年来，对于砂仁的药理学研究主要集中于其挥发油成分对消化系统的作用，其他成分较少涉及。

1. 对消化系统的作用

砂仁具有明显的促进胃肠动力作用，不良反应少。其中促胃肠动力的作用主要体现在对胃排空和肠推进的作用、促进离体胃肠肌蠕动及小肠吻合口愈合的作用、对胃肠细胞生物电活动的作用等方面。研究还发现，砂仁抗消化系统溃疡作用主要体现在对胃黏膜的保护作用、对 5 - 氟尿嘧啶（5 - FU，5 - fluorouracil）所致的肠黏膜屏障损伤的保护作用、对大鼠实验性结肠炎慢性炎症期的治疗作用等方面。有研究表明砂仁挥发油给药后，大鼠胃液、胃酸、胃泌素分泌及胃蛋白酶活性明显降低，前列腺素 E2（Prostaglandin E2，PGE2）和 VIP 表达增加，胃排空和番泻叶诱导的排稀便时间延长。推测砂仁挥发油可能是砂仁治疗消化道疾病的主要有效成分，机制可能与调控胃泌素和前列腺素 E2 分泌及 VIP 表达有关。除此以外，还发现阳春砂醇提取物具有明显持久的利胆作用。

2. 抗炎、镇痛、止泻作用

有研究表明，砂仁叶油和不同产地及不同品种砂仁（阳春砂、绿壳砂和海南砂）挥发油对二甲苯致小鼠耳肿胀模型和卡拉胶所致足肿胀均表现出良好的抗炎作用，砂仁醇提取物通过激活 Nrf2/HO - 1 信号通路发挥抗炎活性。砂仁叶油和不同产地及不同品种砂仁（阳春砂、绿壳砂和海南砂）挥发油均能显著减少醋酸所致小鼠疼痛扭体的次数，表明其具有显著的镇痛作用。砂仁提取物的止泻作用在不同动物模型中效果不同。有研究表明，广东产阳春砂和云南产阳春砂挥发油、阳春砂新品种（春选 1 号 – F4 及其长果 2 号）挥发油、云南砂仁和缅甸砂仁的挥发油和非挥发性成分、广东不同产地的阳春砂水提取物、乙酸龙脑酯等均可减少番泻叶所致腹泻小鼠的稀便点数，但对蓖麻油所致的小鼠腹泻无效。

3. 抗氧化作用

有研究表明，不同品种（阳春砂、绿壳砂、海南砂）、不同产地（广东、云南、福建、缅甸进口等）、不同部位（果实、根、叶）、不同炮制方法（盐炙、姜炙）及采用不同溶剂提取等砂仁提取物均具有良好的抗氧化活性。且砂仁叶提取物的抗氧化活性优于根提取物，砂仁中二苯庚烷类化合物抗氧化活性优于黄酮类化合物，砂仁经盐炙、姜炙后，抗氧化能力增强。

4. 肝损伤的保护作用

阳春砂提取物能有效抑制内源性脂质合成、调节肠道菌群，通过促进 ZO – 1 和 occlutdin 蛋白的表达改善慢性低度炎症，抑制 TLR4/NF – QB 信号通路，起到预防脂肪肝的作用。绿壳砂提取物 WAX 能显著减轻肝脏炎症、坏死、胶原积聚和肝卫星细胞的活化，说明绿壳砂能通过调节抗氧化系统发挥良好的保肝作用，且绿壳砂乙酸乙酯提取物（EFAX）可调节纤维化细胞因子特别是 TGF – β 的水平，具有显著的抗肝纤维化作用。

5. 抗菌活性

砂仁对金黄色葡萄球菌、大肠杆菌、绿脓杆菌和枯草芽孢杆菌等均具有广谱抑菌活性，生品的抑菌效果优于盐炙砂仁，阳春砂石油醚提取物对枯草芽孢杆菌、大肠杆菌和沙门氏菌有抑制作用，氯仿提取物和水提取物对枯草芽孢杆菌、大肠杆菌、沙门氏菌、铜绿假单胞菌和葡萄球菌有不同程度的抑制作用，乙酸乙酯萃取物对各菌种具有一定的抑制作用，正丁醇层对大肠杆菌和葡萄球菌有抑制作用。砂仁采用水蒸气蒸馏法和 Bligh-Dyer 法提取获得的挥发油对红色毛癣菌、须毛癣菌、石膏样小孢子癣菌、金黄色葡萄球菌和粪肠球菌均表现出显著的抑制作用。

6. 抗肿瘤活性

有研究表明，砂仁醇提取物具有抑制乳腺癌细胞 MCF – 7 生长的作用且对环磷酰胺引起的骨髓嗜多染红细胞微核率的剧增，对外周血白细胞、红细胞和血红蛋白的降低均有显著的抑制或缓解功效，说明砂仁可以缓解抗肿瘤药物引起的免疫抑制，具备联合应用治疗肿瘤的潜力。

7. 降血糖的作用

绿壳砂甲醇提取物显著抑制 α - 葡萄糖苷酶活性，对大鼠小肠源蔗糖酶和麦芽糖酶的 IC_{50} 分别为 3.10μg/mL 和 4.20μg/mL，对酵母菌源 α - 葡萄糖苷酶的 IC_{50} 为 26.6μg/mL，是阿卡波糖活性的 26 倍。绿壳砂提取物能显著降低 IL - 1β 和 IFN - γ 诱导的 NO 产生量，与降低 NO 合成酶（iNOS）的表达水平相关；抑制 iNOS 基因表达的分子机制与抑制 NF - κB 活性相关，表明绿壳砂提取物具有预防糖尿病进展的疗效。除此以外，还有研究表明砂仁提取物能够明显降低大鼠血糖，明显改善胰岛 β 细胞超微结构。

8. 抗过敏活性

有研究表明，绿壳砂水提取物可通过调节细胞内 Ca^{2+}、TNF - α 和 p - 38 MAPK 的表达发挥抗肥大细胞过敏反应的作用。

9. 杀虫保鲜

研究发现砂仁精油对草莓果实具有保鲜作用，可有效降低草莓腐烂指数，减缓草莓中可溶性固形物、总糖和 Vc 损失速度，延长草莓的贮藏时间。而砂仁挥发油和乙酸龙脑酯、樟脑、莰烯和柠檬烯四种单体化合物在 78.63nL/cm² 浓度下，均对赤拟谷盗（*Tribolium castaneum*）和烟草甲（*Lasioderma serricorne*）两种昆虫有驱避活性。

三 砂仁产业发展现状

（一）砂仁种植产业现状

砂仁为热带、亚热带林下阴生植物，主要分布在北回归线附近及以南。目前市场上销售的砂仁主要有国产和进口两类，其中国产者以阳春砂为主，主产于云南、广西、广东和福建等地，均为栽培品；进口砂仁主要为绿壳砂，主产于越南、缅甸、老挝、泰国、印尼等东南亚国家，我国云南西双版纳、临沧、文山等地亦有分布，多为野生来源。

　　砂仁有种植记录始载于清代道光年间，距今有200多年的栽培历史。20世纪50年代前，砂仁（阳春砂）在我国仅产于广东阳春及周边地区，且产量一直很低，药用所需砂仁主要依靠大量进口解决；20世纪60年代，云南、广西、福建等地开始纷纷引种砂仁；至20世纪80年代，全国砂仁生产具备一定规模，并形成云南、广东、广西三个主产区，提高了我国砂仁的自给能力；20世纪90年代中后期，云南、广西两省区的砂仁生产发展迅速，产量大幅提高，至1998年，云南省砂仁种植面积达9.8万亩，占全国砂仁种植总面积的38.5%，年产量达500吨，占全国总产量的65.5%，跃居全国首位，自此国产砂仁的主产区转移至云南。各主产区砂仁种植现状如下。

　　云南　云南为我国砂仁第一生产大省，种植面积和产量占全国的90%以上。2021年砂仁被遴选为云南省"十大云药"之一。云南省农业农村厅数据显示，2017年以后，云南砂仁种植面积和产量呈快速增长趋势，种植面积从2017年的30万亩发展至2021年的84.6万亩，总产量从2017年的800吨提高到1.92万吨。2021年创农业产值17.47亿元，综合产值近60亿元。主要种植区域包括西双版纳、文山、红河、普洱、临沧、德宏、保山7个地州，其中以文山（22.25万亩）、红河（25.12万亩）、西双版纳（20.17万亩）、普洱市（10.92万亩）4个地州种植面积较大，占云南砂仁种植总面积的92.7%。

　　广东　广东阳春市为砂仁（阳春砂）道地产区。20世纪80~90年代，广东砂仁种植面积高达30多万亩，产量近1000吨，居全国之首。进入21世纪以来，由于种质老化、种植成本升高等，广东砂仁种植面积和产量大幅下降。目前种植面积约10万亩，主要种植于阳江、肇庆、江门等地，年干果产量约400吨。

　　广西　20世纪70年代，广西的那渡、靖西、德保等地开始引种砂仁，到2004年人工栽培面积约3万亩，年产量120吨左右。目前主要种植于崇左、百色、来宾、梧州、南宁等地区，种植面积约10万亩，年干果产量为

100～200 吨。

福建 20 世纪 50 年代引种栽培，主要分布于漳州市长泰县，受气候条件限制，福建砂仁种植面积和产量一直较低。目前种植面积约 400 亩，年干果产量 2～3 吨。

影响砂仁生长的最主要因素是生态环境条件，温度是决定砂仁地理分布的主要限制因子，其生长适宜年均温度为 22℃～28℃。目前，砂仁主要种植在自然林、人工林或人工遮阴条件下，适宜荫蔽度为 40%～70%，花期传粉昆虫缺乏及空气湿度低是影响砂仁产量的最大障碍，通过规范化生态种植，可提高砂仁产量。中国医学科学院药用植物研究所云南分所研究团队近年制定发布砂仁产地环境、种子质量、种苗质量、种苗生产、栽培管理、产地加工、病虫鼠害防控、商品规格等 15 项云南省地方标准或团体标准，首次选育认定"云砂 1 号""云砂 2 号"两个新品种，实现砂仁"良种 + 良法"的配套应用，构建了砂仁林下生态种植和提质增效生产技术体系，并在云南、广东及周边国家缅甸和老挝开展了技术体系的宣贯和推广应用，促进云南省砂仁平均单产从 2.67 公斤/亩增加到 25.57 公斤/亩，增幅 8.6 倍，且品质高于中国药典标准，显著促进了砂仁的提质增效。2017～2021 年全国砂仁种植面积增长情况、全国砂仁产量增长情况、全国砂仁农业产值增长情况如图 1、图 2、图 3 所示。

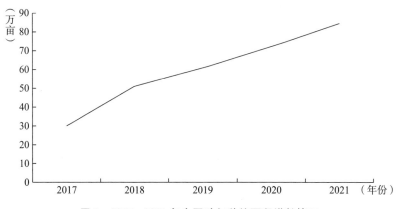

图 1 2017～2021 年全国砂仁种植面积增长情况

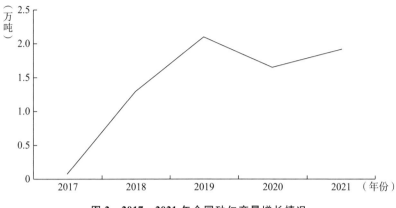

图 2　2017～2021 年全国砂仁产量增长情况

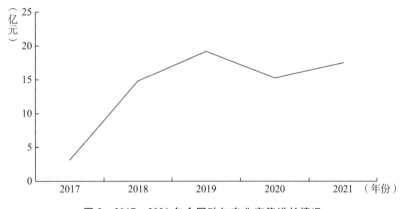

图 3　2017～2021 年全国砂仁农业产值增长情况

（二）砂仁炮制加工产业现状

经文献考证，传统中医药古籍中对砂仁炮制方法的记载颇多，主要有净制、切制、炒炙、盐炙、酒炙、姜汁炙、熟地汁炙、萝卜汁炙等，其中生用也较多。在辅料方面主要是盐，而加辅料酒、姜汁、熟地汁、萝卜汁炮制砂仁的方法现已基本不用。现今沿用的炮制方法主要为净制和盐炙法。目前市场上最为常见的砂仁炮制品是壳砂仁。根据市场调查，以砂仁为原料开发生产的中成药和保健、养生产品品种和产量不断增加，国产砂仁长期产不足销。同时，由于砂仁产量降低等因素的影响，砂仁价格由 2005 年的每公斤

38 元一路上升到 2016 年的每公斤 400 元左右，2020 年后回落至每公斤 150 元左右。据资料显示，中药保健品市场份额年增长 15%～25%，砂仁作为效果优异的传统保健品和调味品，其市场份额扩大十分明显，前景广阔。

目前市场上砂仁商品的来源有两个渠道：一为国产砂仁，主要为云南、广西等地栽培的阳春砂干燥成熟果实，药材品质优良，具有很好的发展前景和市场优势，但产量仅占市场份额的 40%；另一为进口砂仁，主要来源于老挝、缅甸、越南等东南亚国家野生的绿壳砂（缩砂）干燥成熟果实。绿壳砂经云南口岸进口，多数去壳，制成净砂仁，常混有豆蔻属或山姜属其他植物的种子，质量较次，价格亦较便宜。

广东、云南等 22 个省区市的《中药饮片炮制规范》及《全国中药炮制标准》（2020 年版）中，仅有《天津市中药饮片炮制规范》（2018 年版）中规定了乙酸龙脑酯（$C_{12}H_{20}O_2$）含量不得少于 0.90%，其他标准对炮制方法及工艺只做简单的描述，无量化指标。因此，生产企业及药品监管部门对炮制品的质量控制和监管也仅停留在外观性状上，缺乏有效的量化指标，造成饮片内在质量无法控制，炮制品之间含量差异显著，影响其药效的发挥。

总之，为了适应市场需求，保障砂仁炮制加工品质量，打造中国砂仁品牌，生产企业也要不断加速推进改革，从栽培方面控制砂仁原料质量，建设砂仁标准种植基地，加大对砂仁产品精深加工的研发以及生产线优化的投入。政策方面国家和各地方对砂仁及其炮制加工品的质量控制标准也要不断改进完善，为砂仁产业拓宽市场不断提供政策上的支持。

（三）砂仁保健食品产业现状

根据国家市场监督管理总局的公开信息，截至 2022 年 6 月，我国有以砂仁或砂仁提取物等为原料生产的国产保健食品共计 60 种，其中胶囊剂型的产品和酒类产品最多，各占总种类的 37%；其次为口服液，占总种类的 12%。此外，还有片剂、颗粒剂、茶剂、丸剂等剂型，数量较少且占比偏低（见表 1）。在已开发的砂仁保健食品中，功效以缓解体力疲劳、增强免疫力、促进消化和辅助保护胃黏膜损伤的作用为主，部分保健食品还具有辅助保护化学性肝损伤、延缓衰老、清咽等功效。

表 1　国产砂仁保健食品种类数量及占比

单位：种，%

种类	数量	占比
胶囊剂	22	37
口服液	7	12
酒类	22	37
片剂	2	3
丸剂	2	3
颗粒剂	1	2
茶剂	2	3
其他	2	3

资料来源：国家市场监督管理总局，课题组整理。

（四）砂仁食品产业现状

砂仁作为具有悠久"药食同源"应用历史的代表，食用价值也十分珍贵。砂仁具有浓烈芳香的气味，还有强烈的辛辣味，虽然浓郁，但是带有清凉感，香气也比较通透，入食堪称妙品。药典中规定，砂仁的用量为 3 ~ 6 克，入煎剂宜后下。自 2002 年起，砂仁被纳入《既是食品又是药品的物品名单》（卫法监发〔2002〕51 号），该目录表明可将砂仁限量添加于食品当中。砂仁作为新资源食品的法律地位的改变，体现了砂仁在使用中从以治疗疾病作用向以保健预防方向上的转化，也扩大了砂仁的应用范围，从政策上保证了砂仁产业的繁荣发展。

"药食同源"理念博大精深、历久弥新，是中华民族优秀传统文化的重要结晶之一，正在引领中国大健康消费市场新时尚。中国社会科学院公布的数据显示，2013 ~ 2020 年全国药食同源产品产值年均超 3000 亿元，增速保持在 14% ~ 20%，可见药食同源品种发展势头强劲。越来越多的企业开始转型将一些药食同源类的中药品种用于食品、保健食品的开发，从而刺激此类药材销量不断增加。

早期砂仁在食品中主要作为调味料，随着人们对其研究的深入，砂仁在食品中的应用也日益增多。目前，主要产品类型可分为砂仁酒、砂仁饮料、砂仁糖果、砂仁茶、砂仁果脯、砂仁膏、砂仁调味料等。我国的砂仁酒中最常见的有枸杞砂仁酒（露酒）、健胃砂仁酒、玖宝砂仁酒、坤宝砂仁酒等；砂仁饮料中最常见的品种为固体饮料，如鸡内金砂仁固体饮料、砂仁茯苓固体饮料、砂仁紫苏固体饮料、藿香砂仁固体饮料。目前，砂仁食品的开发也趋向多样化，砂仁饼干、砂仁糕点等新型食品的开发为砂仁食品市场提供了新思路。

除此之外，砂仁在药膳中也被广泛使用，该药味辛性温，有化湿开胃、健脾止泻、理气安胎、固涩止痢等功效。但阴虚内热、火热逼肺以致气逆喘咳等情况则不太适合食用。因此，在选择砂仁药膳时需要根据中医体质辨识选择不同的砂仁药膳。如对脾胃虚弱的患者推荐食用行气止痛、化湿醒脾的砂仁肚条；对食积不消、脘腹胀满、不思饮食、恶心呕吐、完谷不化的患者推荐食用消食化滞、理气和胃的砂仁内金粉粥，但脾胃虚弱者不宜服用；对脘腹胀痛、食欲不振、恶心呕吐、胎动不安等症的患者推荐食用消食开胃、行气化湿、温脾止泻、温胃止呕、安胎的砂仁裙边。在对不同人群提供砂仁药膳时，需按照患者中医体质的不同，提供不同种类的砂仁药膳，方能起到更好的保健效果。常用砂仁药膳如表2所示。

表2 常用砂仁药膳

砂仁药膳	材料	调料	适应症	功效
砂仁肚条	砂仁末10克、猪肚1000克、食用油100毫升	花椒粒、姜、葱、盐、料酒、味精、水豆粉、清汤适量	脾胃虚弱	行气止痛、化湿醒脾
砂仁鲫鱼	砂仁6克，陈皮、荜茇各3克，大鲫鱼1000克	青椒、白胡椒各3克，葱50克，姜20克，盐10克，茴香6克，蒜2瓣，花生油1000毫升（实耗100毫升），清汤适量	脾胃虚弱、食少腹胀、腹痛泄泻等症	健脾燥湿、行气利水

续表

砂仁药膳	材料	调料	适应症	功效
内金粉粥	鸡内金6个、干橘皮3克、砂仁2克、粳米50克	白糖适量	食积不消、脘腹胀满、不思饮食、恶心呕吐、完谷不化等症	消食化滞、理气和胃
砂仁萝卜饮	砂仁6克、萝卜500克	冰糖适量	痰气膈胀、脘腹满闷等症	消积化痰、下气宽中
菟丝砂仁鲫鱼	菟丝子25克、砂仁5克、鲫鱼500克	葱、姜、盐、料酒适量	阳痿、遗精、肾虚、水肿等症	补肾健脾、消肿利水
砂仁酥鸡	砂仁3克，仔鸡400克，酱油75毫升，花椒粒、八角、桂皮各2克	醋2毫升、料酒、香油各1毫升、味精1克，白糖、香菜梗各10克，葱、姜、蒜片各5克，鸡汤150毫升，植物油50毫升	脘腹胀痛等症	消食开胃、行气化湿、温脾止泻、温胃止呕、安胎
砂仁桂花鱼骨	砂仁3克，水发鱼骨200克，鸡蛋2个，油菜、水发玉兰片各2克，水发冬菇1克	料酒、花椒水各2毫升，盐2.5克，味精1.5克，大油50毫升	脘腹胀痛、食欲不振、恶心呕吐、胎动不安等症	消食开胃、行气化湿、温脾止泻、温胃止呕、安胎
砂仁裙边	砂仁3克，水发裙边200克，净猪肉100克，水发冬菇、油菜、水发玉兰片、火腿各10克，鸡蛋1个	葱末5克，料酒、花椒水各5毫升，酱油30毫升，味精、白糖各2克，香油1毫升，大油75毫升，水淀粉30克，高汤50毫升	脘腹胀痛、食欲不振、恶心呕吐、胎动不安等症	消食开胃、行气化湿、温脾止泻、温胃止呕、安胎

资料来源：课题组整理。

（五）砂仁其他产业现状

到目前为止，西方国家还没有砂仁相关的产品与药品。在我国，市场上除了传统的中药处方形式外，现代药物和保健品品种很少。

在日常生活中，砂仁研磨成粉可作为一种调味料出现在厨房之中，用于煲汤增味。除此之外，通过检索分析砂仁相关知识产权，发现砂仁还可用于化妆品、生物农药、饲料等不同领域，且砂仁提取物已被列入CFDA已使用化妆品原料名称目录中。

四　砂仁产业未来发展趋势

　　砂仁为《中国药典》收录的品种，也是珍稀南药品种之一，为历代医家所钟爱，同时也是一味用途十分广泛的香料与煲汤食材，具有极高的药用价值和营养价值，市场潜力巨大。据统计，我国已经成为全球第二大保健食品市场，保健食品行业市场规模增长稳定，从2017年的1482亿元增长至2020年的3822.2亿元。中国开始进入老龄化社会，老年人的营养保健食品将是市场主力产品之一。根据《2020年国民经济和社会发展统计公报》，截至2020年底，内地60岁及以上老年人口达2.64亿，占总人口的18.7%。2030年预计老年人口会加速增长，占人口总数的25%。目前中国人均预期寿命为77.3岁，预计到2040年将达81.9岁，将进一步扩大老年人保健食品的需求。同时，近年来，随着生活方式的改变和健康理念的普及，营养保健食品消费人群年龄阶层不断扩大，中青年人群对于营养保健食品的消费需求亦在快速上升，市场需求旺盛。

　　砂仁具有化湿开胃、健脾止泻、理气安胎、固涩止痢等功效，可用于重病后食欲不振、老年人消化不良及小儿食积的保健食品、食品及特医食品的开发，具有广阔的市场前景。尽管广东省阳春市为砂仁道地产区，但随着阳春砂在云南省的大面积推广种植，目前云南已成为全国最大的砂仁产区，种植面积和产量均占全国的91%以上，陆续成为云南多地政府精准扶贫及乡村振兴战略实施的主要抓手。

　　虽然目前砂仁的种植面积在不断增加，但市场缺口仍巨大，通过调研发现砂仁市场中，阳春砂、绿壳砂为砂仁药材的主要来源，目前海南砂在市场上较为罕见，并且为了弥补砂仁市场缺口，我国从东南亚地区进口了大量砂仁。由于姜科植物果实形态近似，市场调研发现大量进口砂仁样品不能符合《中国药典》规定。出现这种情况的主要原因是进口砂仁可作为调料品从国外进口，无相关质量评价标准，使得大量砂仁伪品作砂仁销售。该情况导致的后果就是大量砂仁销售商将进口砂仁掺入国产砂仁中，以次充好扰乱砂仁市场。据 2021 年最新数据发现，云南砂仁产地收购价为 130～180 元/公斤，而当年全国各大药材市场砂仁价格为 70～100 元/公斤。因此，为了进一步规范砂仁市场，一方面应完善进口砂仁标准，另一方面应增加国产砂仁标准中的指标，以区分砂仁正品及伪品。

除此以外，随着砂仁种植面积的增加，砂仁的销售价格呈逐年递减趋势，其主要原因就是砂仁产业下游产品的开发力度不够，砂仁以原材料形式出售，导致砂仁价格一直控制在药材收购商手中，严重打击了砂农的种植积极性。因此，为进一步完善砂仁产业市场，应围绕保健食品、食品、特医食品、日用化妆品等方面开展研发工作，同时要制定完善相关标准，以保障砂仁产业的良性发展。

五　砂仁行业案例

（一）云南产区发展砂仁林下生态种植

中国医学科学院药用植物研究所云南分所以周庆年为首的老一辈科技人员于 20 世纪 60 年代在西双版纳引种阳春砂仁，迄今已有 50 多年的历史，曾在景洪市基诺山基诺族乡创造了"一个药材致富一个民族"的传奇，也解决了我国药用砂仁紧缺问题。云南目前是我国最大的阳春砂主产区，当地企业如云南白药集团、昆明中药厂和云南腾药制药有限公司生产的参苓健脾胃颗粒、香砂平胃颗粒，昆明中药厂生产的暖胃舒乐颗粒和妇舒丸，云南植物药业有限公司生产的葛根枳椇子口服液均以砂仁为原料。2014 年，上海民营企业家于西双版纳成立神农生物科技公司，公司依托中国医学科学院药用植物研究所云南分所建立了西双版纳阳春砂农业标准化示范基地 1000 亩，示范带动周边 10 万亩以上砂仁规范化种植。2020 年，带动勐腊县砂仁种植实现农业产值 3 亿多元。公司以西双版纳林地资源为依托，以现代科学为支撑，将林下土地资源充分利用，实现农林合作的复合经营体系。砂仁林下生态种植以"公司＋科研院所＋合作社＋农户"的合作模式发展。依托中国医学科学院药用植物研究所云南分所建立了西双版纳阳春砂农业标准化示范基地，在勐养、大荒坝、勐远和瑶区等地区分别建立了种苗优选培育基地、橡胶林下种植示范基地、香蕉林下种植示范基地和其他杂木林种植示范基地，已种植砂仁等中药材 5000 余亩。勐腊万圣农业科技有限公司也成功认证了"勐腊砂仁"地理标志商标。

2017 年，中山大学杨得坡团队联合中国医学科学院药用植物研究所云南分所张丽霞团队，申报了 2017 科技部重点研发计划"南药（阳春砂、广陈皮与巴戟天）规模化生态种植及其精准扶贫示范研究"项目。构建了阳春砂规范化生产技术体系，积极倡导"退出天然林、发展人工林和集约化种植模式"理念，创新构建橡胶 + 阳春砂、苦楝子 + 阳春砂、香蕉 + 阳春砂等人工林下生态种植，以及大棚集约化高产种植等模式。在西双版纳，勐腊县、景洪市联合阳春砂合作社和企业建立了阳春砂种苗繁育基地 100 亩、规范化种植示范基地 1000 亩，扶贫推广种植阳春砂万亩以上，目前该项目已经进入"一带一路"东盟沿岸国家，与缅甸、老挝等国家开展了阳春砂种植技术合作和输出，在国外建立了阳春砂良种繁育和生产示范基地，促进中医药的国际化与标准化建设。

（二）阳江市阳春市春砂仁产业园

阳春市春砂仁现代农业产业园建设地位于阳春市春城街道、春湾镇、合水镇范围，规划总面积 822 平方公里，建设面积 3.6 万亩，其中以阳春市春城街道蟠龙村委会鹊桐自然村为核心区，依托其资源配置，开展标准化种植示范，发展春砂仁精深加工，建设春砂仁批发流通基地，开展春砂仁时尚养胃、养生休闲度假村和生态园建设。项目总投资 20784.17 万元。春砂仁产业园项目牵头实施主体是阳春市恒丰实业有限公司，共有 10 家实施主体，计划实施项目 10 个。目前，10 家实施主体的项目已经全部动工，主要是土地流转、春砂仁种植基地建设、生产线的投入、研发实验室、GMP 生产车间建设以及品牌打造等工作，已开工建设项目 10 个，开工率为 100%，已完工项目 3 个。产业园项目累计投入资金 5799.57 万元，占比 9.7%。其中广东省阳春市信德生物科技发展有限公司承担了整个产业园项目最核心的产品深加工部分——GMP10 万级生产车间和产品包装车间，总规划生产车间面积4000 平方米，现已完成建设并进行规划生产，为春砂仁精深加工项目提供产品生产流程作业。围绕春砂仁品牌自主研发了 10 多种春砂仁产品（包括春砂仁口服液、春砂仁酒、春砂仁茶、香砂正露颗粒、春砂仁植物提取液饮品、春砂仁蜜等），而春砂仁相关的 OEM 代加工则近上千种产品，有完整精细化的生产链，以及全国大规模的销售网络，大多销往长三角和珠三角城市，每年生产产值可达到 5000 万元。此外，为了转型升级产能，该公司还建立了比较成熟的电商模式，公司内 80% 的产品通过电商渠道进行销售，因为春砂仁产品丰富的保健作用及多样化产品深受海内外消费者认可和喜爱，每年销售额以两位数增长。除上述公司外，阳春市春砂仁产业园还有 3 家企业在春砂仁现代化加工生产方面有所建树，比如广东嘉华生物化工有限公司、广东一片天医药集团、阳春市振雄科技发展有限公司。此外，为确保春砂仁品质纯正，春砂仁产业园项目计划建立 100 亩春砂仁高产育苗基地，并开展良种繁育和高产栽培技术研发，为春砂仁种植和种质资源的保护奠定了基础。同时，该产业园还积极应用技术支撑单位的最新科技成果，研发良种繁育和高产栽培技术，配套相应的高产栽培设施，为春砂仁高产品种繁育基地乃至阳春全市的品种高效培育和推广应用提供技术支撑。值得注意的是，春砂仁产业园目前已建设春砂仁南药研究实验室，并引进相关研发设施，致力于打造阳春市春砂仁科学研究中心。将通过与广州中医药大学等高等院校建立科研体系，引进药学高端人才，实行信息、技术、科研成果、人才培养、奖励等共享的长效机制。同时，开展对春砂仁深加工研究，开发春砂仁药品、精油、营养保健品、饮品等，以增加产品附加值和科技含量，形成产业化经营。

六　砂仁相关企业

（一）五大中药老字号之一——昆明中药厂有限公司

昆明中药厂有限公司（以下简称"昆中药"）是"中华老字号"企业、

国家级非物质文化遗产保护单位、高新技术企业、博士后科研工作站、云南省企业技术中心、云南十大历史品牌企业。昆中药马金铺生产基地占地172亩，以绿色、环保、节能、简洁、现代的理念进行设计，引进智能化质量检测设备、中药生产设备，拥有片剂、丸剂、颗粒剂、胶囊剂、散剂、糖浆剂、搽剂、酒剂、膏滋剂、合剂等10个剂型，覆盖中药生产的前处理、制剂、外包生产线和饮片生产线，全部通过国家GMP认证，实现了中药提取生产线、中药塑制法生产线、包装连线、物流等过程的智能控制。生产的参苓健脾胃颗粒、香砂平胃颗粒、暖胃舒乐颗粒和妇舒丸均以砂仁作为原料，其中参苓健脾胃颗粒源自宋代（1080年）《太平惠民和剂局方》，传承经典名方"参苓白术散"，药性平和，温而不燥，用于腹胀、腹泻、不思饮食，是调理脾胃虚弱的传统方剂，为云南省名牌产品。参苓健脾胃颗粒荣获"2020健康中国·品牌榜"、"医药经济报40周年礼赞·中国医药最具成长力产品品牌"奖、"中国家庭常用肠胃药2019～2020家庭常备药上榜品牌"、"2019～2020年度中国药店店员推荐率最高品牌"、最受药店欢迎明星单品奖。暖胃舒乐颗粒，中药抑酸抗溃疡，治疗胃炎、胃溃疡、十二指肠溃疡，疗效显著，不易复发，是中药抗溃疡一线用药，为昆中药特有产品。目前，昆中药围绕"铸造精品国药，服务健康生活"愿景，坚守"大药厚德，疴瘝在抱"使命，以客户服务为基点、以价值动销为导向，积极实施"大C模式"，通过与各大连锁店达成"大共识"进军TOP连锁，开展"大引流""大培训""大引爆""大会员"，打造核心大单品参苓健脾胃颗粒。

（二）云南植物药业有限公司

云南植物药业有限公司（以下简称"云植药业"）是一家集植物原料药、中药和植物药制剂、化学药制剂等产品于一体进行研发、生产、销售的现代化制药企业，至今已有60余年的发展历史。近年来，云植药业先后被认定为国家高新技术企业、国家科技型中小企业、国家4A级标准化良好行为企业等，目前是云南省医药行业品种剂型齐全、规模较大、设施设备先进的制药企业之一。自2009年成为云南省工业投资控股集团有限责任公司旗下重点培育的生物医药工业企业后，云植药业肩负起推进医药企业整合重组、做大做强医药板块、促进生物医药产业发展的使命与责任。为激发企业活力，创新体制机制，2018年云植药业引入贵州百灵企业集团制药股份有限公司作为战略合作伙伴，实现资源共享、优势互补，发展迈入崭新阶段。由云植药业自主研发的"复方葛根枳椇子口服液"获得国家市场监督管理总局颁发的国产保健食品注册证书。复方葛根枳椇子口服液是以葛根、枳椇子和砂仁等八味药食同源的中药为主要原料制成的保健食品，对化学性肝损伤有辅助保护功能，对酒精性肝损伤和药物性肝损伤均有保护作用，还可改善饮酒后的不适症状，如胃肠道不适、胃胀气、反胃、恶心、呕吐、头疼、头晕等。

（三）仲景宛西制药股份有限公司

仲景宛西制药以"传承、创新、责任、诚信"为核心价值观，秉承"让老中医放心，让老百姓放心，让老祖宗放心"的社会承诺和"药材好，药才好"的制药理念，先后建立了六味地黄丸六大中药材基地，实施了中药材产业化经营和规模化发展，从源头上保证了产品质量。建设了先进的中药浓缩丸全自动生产基地，"仲景"牌中药配方颗粒填补了河南省中药配方颗粒的空白。设立了国家张仲景经方药重点研究室、河南省中药现代化工程技术研究中心和河南省同行业首家博士后科研工作站，现已经拥有各类发明专利49项，研发新药8个，其中出品的香砂六君丸和香砂养胃丸、木香顺气丸、太子金颗粒、和七制香附丸、妇科养荣丸等含有砂仁的药品广受好评。仲景宛西制药还通过品牌文化优势、自然资源优势，强力打造了集仲景工业、仲景农业、仲景商业、仲景食品、仲景医疗、仲景养生、仲景卫材等七位于一体的大健康产业。目前，仲景牌产品已走进千家万户，仲景系产业享誉大江南北，仲景大健康产业正在为国人提供全面的健康服务。

参考文献

1. 国家药典委员会编《中华人民共和国药典（一部）》，中国医药科技出版社，2020。

2. （唐）甄权撰、尚志钧辑释《药性论（辑释本）》，安徽科学技术出版社，2006。

3. （明）陈嘉谟撰，张印生、韩学杰、赵慧玲校注《本草蒙筌》，中医古籍出版社，2009。

4. （清）李调元：《南越笔记》，广陵书社，2003。

5. （唐）陈藏器撰、尚志钧辑释《本草拾遗（辑释本）》，安徽科学技术出版社，2002。

6. （五代·吴越）日华子集、尚志钧辑释《日华子本草》，安徽科学技术出版社，2004。

7. （金）张元素原著、任应秋点校《医学启源》，人民卫生出版社，1978。

8. （清）汪昂著、陈婷校注《本草备要》，中国医药科技出版社，2012。

9. 卫生部药政管理局编著《中药材手册》，人民卫生出版社，1959。

10. 郑金生等主编《中华大典·医药卫生典·药学分典四》，四川出版集团巴蜀书社，2012。

11. （明）李时珍：《本草纲目（点校本）》，人民卫生出版社，2003。

12. （明）倪朱谟著，郑金生、甄雪燕、杨梅香点校《本草汇言》，中医古籍出版社，2005。

13. （清）严西亭、施澹宁、洪缉庵：《得配本草》，上海科学技术出版社，1958。

14. 尚建华、苏敏、苏玫等：《砂仁中各部位的药效学研究》，《中草药》2006年增刊。

15. 吴晓松、李晓光、肖飞等：《砂仁挥发油中乙酸龙脑酯镇痛抗炎作用的研究》，《中药材》2004年等6期。

16. 闫瑶、金美兰、周磊等：《砂仁对抗生素所致肠道菌群失调小鼠调节作用的探讨》，《中国微生态学杂志》2013年第9期。

17. 唐建阳、刘凤娇、苏明星等：《砂仁提取物的抗菌及抗氧化效应研究》，《厦门大学学报》（自然科学版）2012年第4期。

18. Lee S. H., Kim J. Y., Kim H., et al., "Amomumvillosum Induces Longitudinal Bone Growth in Adolescent Female Rats," *Journal of Traditional Chinesemedicine*, 2012, 32 (3): 453 – 458.

19. 陈玉潇、宋璐璐：《药膳 汤膳 粥膳》，新疆人民出版社，2013。

西洋参行业发展报告

王　丹　李　珊　贾　哲　张文婷　李向日*

摘　要： 西洋参具有补气养阴、清热生津的功效，具有人参的补性而无人参的燥性，既是名贵中药，也是滋补圣品，应用范围广泛，目前在健康领域的使用要远大于治疗领域，是我国健康产业中的重要组成部分。我国自引种西洋参以来，已成为继加拿大、美国之后的第三大西洋参原料生产国，年产量约为3000吨。2022年国家市场监督管理总局发布关于公开征求西洋参保健食品原料目录的意见，进一步大力推动了西洋参在健康领域的使用。本文对西洋参的化学成分、日常保健食用及行业发展现状等进行了综述，并提出了后续发展思路，如加大西洋参种质资源等的研发，加快行业、地方以及国家西洋参标准体系的建立，保证西洋参产品市场的质量，提升我国西洋参品牌形象。最后通过对国内西洋参行业中成功的企业案例的介绍，以期让读者更好地了解国内西洋参行业现状。

关键词： 西洋参　西洋参产业　西洋参品牌　健康产业

---

* 王丹，博士，北京城市学院，主要从事中药炮制和药效物质基础研究；李珊，工程师，北京同仁堂国际药业有限公司，主要从事中药新产品研发；贾哲，博士，中国中医科学院中药所中药炮制研究中心，主要从事中药炮制研究；张文婷，博士，北京市药品检验研究院，主要从事中药品质评价；李向日，教授，博士生导师，北京中医药大学中药炮制研究中心主任，中药品质评价北京重点实验室副主任，主要从事中药炮制、质量评价和新产品开发研究。

一 西洋参与健康

西洋参为五加科植物西洋参（*Panax quinquefolium* L.）的干燥根。秋季采挖，洗净、晒干或低温干燥。其味甘微苦，性凉，归心、肺、肾经，具有补气养阴、清热生津之功效。西洋参在我国已有200多年的应用历史，清代《本草从新》载："补肺降火，生津液，除烦倦。虚而有火者相宜。"《医学衷中参西录》载："西洋参，性凉而补，凡欲用人参而不受人参之温补者，皆可以此代之。"临床上多用西洋参治疗肺火旺、咳嗽痰多、失血劳伤等虚症。

现代医学表明，西洋参具有提高体力和脑力劳动的能力，降低疲劳度和调节中枢神经系统等药理作用；有降火作用，对消化、呼吸、排泄系统的功效显著，能促进细胞新陈代谢，有平衡血压、降胆固醇、平衡血糖、助消化及消除疲倦的功效；对高血压、心肌营养性不良、冠心病、心绞痛等心脏病均有较好的疗效，尤其适合于改善心脏病引起的烦躁、闷热、口渴，可减轻癌症患者放射治疗和化学治疗引起的不良反应，如咽干、恶心、消瘦、白细胞减少、胃口不佳、唾液腺萎缩，并能改变机体应激状态，减轻胸腺、淋巴腺组织萎缩等作用，常作为治疗各种癌症的辅助药剂。西洋参还具有多方面的药理活性，包括抗疲劳、强壮体魄、提高机体免疫功能、抗缺氧、抗高温、抗寒、抗心肌缺血、抗休克、降低血脂、镇静、止血等作用，很适合用于大病初愈的人调理身体，其效果是渐进而缓和的。

西洋参味甘、微苦，性凉，是一味具有补益作用，但又有清凉生津作用的良好补药，相比性热的人参，西洋参具有性凉而补、补而不燥的特性。以西洋参为原料的药品、保健品应用广泛，市场需求量大，涉及丸剂、散剂、膏剂、丹剂、汤剂、片剂等各种剂型，如参片、含片、参粉、西洋参酒、西洋参蜂王浆、西洋参胶囊、西洋参茶等。西洋参虽然有很好的补益作用，但并非人人都可以吃，如果是阳虚体寒的情况，或者是身体不存在阴虚需要补益的情况，则需要谨慎选择。

二 西洋参最新研究进展

（一）西洋参化学成分研究进展

西洋参中化学成分的种类与含量受到种植产区的土壤环境、温度、气候、海拔条件等多种因素的影响而有所不同。现代研究表明，西洋参中含有多种人体所必需的营养成分与生物活性物质，目前对西洋参中化学成分的研究主要集中在皂苷类及多糖类成分上，大量药理学研究表明西洋参中皂苷类及多糖类成分具有多种药理活性，是西洋参中的主要活性成分。

西洋参中所含的三萜皂苷类成分根据其母体结构的不同主要可分为达玛烷型四环三萜类皂苷、齐墩果烷型（OA）五环三萜类皂苷和奥克梯隆型（OT）皂苷。其中大部分属于达玛烷型皂苷，又可根据苷元结构的不同分为原人参二醇（PPD）型，如人参皂苷 Rb_1、Rd、Rh_2、Rg_3 等；原人参三醇（PPT）型，如人参皂苷 Re、Rh_1、Rg_1、Rg_2 等；C-17 侧链异构型，如人参皂苷 I，西洋参皂苷 L_1、L_2 等。总皂苷含量依次为须根 > 芦头 > 侧根 > 参皮 > 参芯 > 主根。截至目前，从西洋参中分离到的皂苷类化合物为 134 个，包括 PPD 型 41 个、PPT 型 18 个、OA 型 6 个、OT 型 15 个、C-17 侧链异构型 48 个以及其他类型皂苷 6 个。在中国、欧洲及美国药典中也都将皂苷类成分作为含量检测的质量控制指标，说明皂苷成分对西洋参质量控制具有重要意义。

多糖类成分是西洋参的又一主要活性成分，近年来对西洋参中糖类成分的研究逐渐深入。西洋参中多糖含量在 5%～10%，分为中性多糖和酸性多糖。西洋参中的中性多糖主要有葡聚半乳糖和阿拉伯半乳聚糖 2 种类型，主要的单糖组成为葡萄糖、半乳糖、阿拉伯糖、甘露糖等，分子量从 3100u～54000u 不等。酸性多糖又称为果胶，在西洋参中主要由阿拉伯糖、半乳糖、半乳糖醛酸和葡萄糖组成。迄今为止，从西洋参中分离出相对均一的多糖为 42 种。依据不同的分离纯化方法，可以得到不同组分的西洋参多糖，这些多糖具有提高机体免疫力、抗肿瘤、抗辐射、降血糖等作用。

　　此外，西洋参中的挥发油、氨基酸、有机酸、蛋白质、维生素及微量元素等成分也得到广泛研究。西洋参中挥发油类成分含量为 0.04%~0.09%，其主要化学成分为倍半萜烯，其中 β-金合欢烯含量最高，占西洋参总挥发性成分的 29.79%~44.50%，此外还有酚醇、醛酮以及芳香烃类成分。药理学研究表明西洋参挥发油具有抗肿瘤、抗炎和抗真菌等作用。西洋参含有氨基酸种类多达 17 种，且西洋参各部分中总氨基酸含量由高到低依次为花蕾、叶、须根、主根、种子和茎。此外，还从西洋参中分离得到香草醛、角鲨烯、有机酸，以及对人体有益的微量元素、维生素及酶类物质。

　　为了充分利用西洋参资源，挖掘西洋参使用价值，近年来对西洋参茎叶、花蕾、果实等所含化学成分的研究也较多。研究表明，西洋参茎叶、花蕾及果实在人参皂苷及多糖等活性成分的含量上区别明显：西洋参茎叶中的皂苷和多糖等成分是根中含量的 2 倍，西洋参花蕾中活性成分皂苷等与根、茎叶、果实相比，居于首位，西洋参果实有效成分是根含量的 4~5 倍。与根中皂苷 Rb_1 为主相比，西洋参叶片中 F_{11} 含量远高于其他部位，花蕾与果实中均以皂苷 Rb_3 含量最高，而 Rb_3 被公认为具有保护神经系统、心血管系统以及抗病毒等药理活性。此外，西洋参茎叶、花蕾及果实中的挥发油、黄酮、无机元素及氨基酸类成分在种类与含量上也与西洋参存在差异。

（二）西洋参药理作用研究进展

　　近年来，随着现代药理学的发展，对西洋参的药理学研究逐渐深入。现代药理学研究表明，西洋参在中枢和外周神经系统、心血管系统、代谢系统、免疫功能、抗肿瘤、抗氧化、抗疲劳、抗病毒等方面均具有显著的药理作用。

　　西洋参可调节中枢和外周神经系统功能，提升记忆力，改善学习能力，有潜力用于辅助治疗认知衰退的老年患者。总皂苷具有抑制和镇静中枢的作用。人参皂苷 Rb_1、人参皂苷 Rg_1 均能够作用于中枢神经系统，以达到缓解疲劳、改善记忆力、延缓衰老的作用，其中人参皂苷 Rb_1 通过增强乙酰胆碱的合成及释放，而起到增强记忆力的作用。也有研究表明人参皂苷 Rb_1 对海马神经元凋亡具有保护作用，一定剂量范围内的人参皂苷 Rg_1 能够增强神经元细胞的活性，人参皂苷 Re 可抗神经毒性，提高记忆力，可用作老年患者和阿尔兹海默病患者的记忆增强剂。拟人参皂苷 F_{11} 可以抑制自由基的形成并刺激内源性抗氧化剂的释放，从而保护神经系统。同时，西洋参根中分离得到的 4-羟基-3-甲氧基苯甲醛为镇静抗惊厥药物。

此外，西洋参在临床治疗与预防心血管系统的许多疾病方面具有重要意义。大量研究表明，西洋参中的皂苷类成分可通过多种途径的联合作用发挥抗心律失常、减轻心肌缺血再灌注损伤、保护血管内皮细胞、降低血脂等作用，临床可用于治疗或预防心律失常、心肌缺血引起的心肌梗死、心力衰竭，以及冠心病、高血脂等心血管疾病。西洋参中的人参皂苷 Rb_1 可改善不同发病机制的心律失常，人参皂苷 Rb_1、Re、Rg_3、Rb_2 和 Rg_2 均具有明显的心肌缺血再灌注损伤保护作用。也有研究发现西洋参叶中的总黄酮可扩张外周血管，有降血压的功效。

西洋参在代谢系统疾病的治疗中也得到了广泛的研究及应用。西洋参皂苷类成分可以促进脂肪细胞利用葡萄糖，抑制 TNF-α 的促脂解作用，从而调节糖脂代谢，其作用机制可能与其能够促进脂肪细胞胰岛素信号转导、改善胰岛素抵抗等有关。西洋参叶总皂苷对高血糖引起的高脂血症具有显著调节作用，可降低血清总胆固醇及甘油三酯的水平，同时也能够使高密度脂蛋白的水平升高。西洋参总皂苷可通过下调心肌线粒体 MPTP 活性，改善心肌能量代谢。此外，西洋参多糖肽具有降低血糖、调节脂代谢和抗脂质过氧化作用。

在免疫系统方面，西洋参作为补气类中药，可增强机体免疫功能，提高机体抗病能力。西洋参中的皂苷类及多糖类成分均有明显的免疫增强作用。有研究表明西洋参皂苷提取物能增加中性粒细胞、巨噬细胞的数目，上调炎症因子 IFN-γ 含量，起到免疫调节作用。人参皂苷 Rg_3 对机体免疫失衡有调节作用。较之于皂苷类成分，西洋参中的多糖具有更强的免疫增强作用。研究发现西洋参根的粗多糖可通过显著地拮抗环磷酰胺所致的白细胞数及免疫器官重量减少的作用，增强机体的非特异性免疫和细胞免疫作用，且随剂量增加而增强。此外，西洋参中的高分子量多糖可激活 MAPK（ERK－1/2）、PI3K、p38 和 NF－κB 通路，上调促炎细胞因子 IFN－γ、IL－23A、IL－6，并下调 TGF－β、IL－13、CD_{14} 的表达，从而起到免疫调节作用。

此外，西洋参的抗肿瘤作用也备受关注，其主要表现在抑制肿瘤细胞增殖、引发肿瘤细胞周期阻滞、调控细胞信号通路、诱导凋亡基因表达等来诱导肿瘤细胞凋亡等。西洋参皂苷类化合物中具有抗肿瘤作用的人参皂苷有 PPD、PPT、F_1、F_2、Rg_2、Rg_3、Rk_1、Rk_2、Rk_3、Rh_1、Rh_2、Rh_3、Rh_4，还有一些皂苷经肠道菌群代谢转化为有活性的皂苷发挥抗肿瘤作用，如 Rg_1 可代谢转化为 Rh_1、F_1，西洋参中含量最丰富的人参皂苷 Rb_1 代谢转化为 Rh_2。目前已经有单体人参皂苷 Rg_3 作为临床抗肿瘤药物的佐剂使用。此外，西洋参多糖 I、II、III能阻断 S 期肿瘤细胞的 DNA 合成，破坏其细胞膜结构而发挥抗肿瘤活性；也有研究发现西洋参根多糖可诱导脾淋巴细胞合成 IL－3 样活性物质，进而抑制肿瘤增长。人参炔醇和人参环氧炔醇也可通过阻断细胞周期的转变，抑制肿瘤细胞的增殖，并诱导细胞凋亡而发挥抗肿瘤活性。

西洋参还具有很好的抗氧化、抗疲劳的功效。西洋参中含有多种抗氧化物质，如人参皂苷、聚乙炔类化合物等，这些成分是西洋参起到抗氧化作用的物质基础。同时西洋参中小分子肽可抑制氧化应激，改善骨骼肌线粒体功能，具有抗疲劳作用。西洋参多糖肽可以降低血清中丙二醛（MDA）含量，提高超氧化物歧化酶（SOD）和谷胱甘肽过氧化物酶（GSH－Px）活性，从而起到抗氧化的作用。

除此以外，西洋参还对肝损伤有保护作用；人参皂苷 Re 对于化学疗法诱发的恶心和呕吐有潜在的治疗作用；西洋参还可以通过延缓衰老细胞的群体死亡，从而延长细胞的寿命，具有一定的抗衰老作用；西洋参的多糖具有抗病毒作用。

除了西洋参主根外，西洋参的地上部分也同样具有显著的药理作用。由于不同部位所含活性成分种类与含量的不同，也表现出了不同的药理活性。如西洋参茎叶具有调节中枢神经系统、抗疲劳、抗缺氧、抗肿瘤、免疫调节、保护肝肾、降血糖和造血调控等作用，西洋参花蕾的药理活性主要表现在神经系统、抗衰老、抗疲劳、降血糖及免疫调节等方面，西洋参果在心血管系统、内分泌系统、抗肿瘤、降血糖、抗衰老、免疫调节、保护肝肾和提高记忆力方面具有药效作用。

三　西洋参行业发展现状

目前，全球西洋参总年产量约为 13000 吨，主要产自美国、加拿大和中国。西洋参行业的上游产业包括原材料种植业或采集业，中游产业为 GMP 生产加工行业，下游产业为医药、TOC 渠道 GSP 销售服务行业，主要包括中成药制造业、医院（门诊）、药店等。西洋参作为药食同源特色植物越来越多地出现在人们的日常消费中，具有极高的药用和经济价值。在我国，西洋参已有 200 年的应用历史，服用方法分为煮、炖、蒸食、切片含化、研成细粉冲服等。这些行业市场容量巨大且发展迅速，对西洋参产业的快速发展起到了强有力的拉动作用。

四　西洋参种植产业现状

我国西洋参主要有三大产区：东北、山东和陕西，其中东北是我国西洋参主产区，以吉林省为主。吉林和山东是全国最大的西洋参种植区域，占全国的 88% 以上。吉林省西洋参产地分布在靖宇、集安、通化、长白、抚松、辉南、梅河口、永吉、桦甸、蛟河、磐石、敦化、安图等地，可谓分布广，资源丰富，其中靖宇县被国家命名为"西洋参之乡"和"种源基地"。

（一）西洋参的产地产区

西洋参原产于加拿大的魁北克与美国的威斯康星州，加拿大产的叫西洋参，美国产的叫花旗参，我国西洋参为移植品种，只有栽培西洋参，没有野生西洋参和林生西洋参。19 世纪 70 年代起，我国开始引进并栽培西洋参，目前已形成东北三省、山东威海、陕西汉中等主要种植区，其中以吉林靖宇、山东文登和陕西留坝的西洋参产品较好。

1. 吉林靖宇

靖宇县位于吉林省东南部、长白山西麓、松花江上游。靖宇县资源优势明显，境内森林覆盖率高达84%，是西洋参的主产区之一。靖宇县属东亚季风气候区，具有冷凉湿润、雨量充沛、光照适中、四季分明等气候特点，年平均气温4.3℃，年有效积温2200℃~2500℃，无霜期110~130天，全年日照时数为2400小时，年降雨量700~800毫米。优越的自然地理条件、适宜的土壤和降水，为西洋参产业的发展提供了理想的自然环境。2014~2018年靖宇县人参、西洋参留存面积均保持在200万平方米，到2019年人参、西洋参留存面积扩展到280万平方米（见图1）。

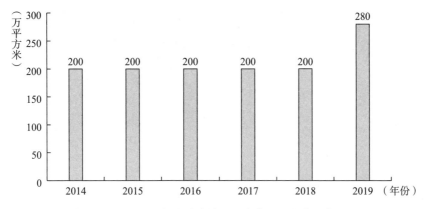

图1 2014~2019年吉林省靖宇县人参、西洋参留存面积

资料来源：吉林省靖宇县政府公报。

近5年来，为了控制参农无序扩大种植面积，主产地政府严格执行环境保护、退耕还林等政策，使得土地滥用现象得到控制，长白山、大兴安岭等地区人参、西洋参种植规模在缩小。

2. 山东文登

文登西洋参是山东省威海市文登区特产，也是全国地理标志农产品。

威海市文登区于20世纪80年代开始从国外引种栽培西洋参，经过几十年发展，文登区已成为中国最大的西洋参主产区，目前种植面积达5.5万亩，年产鲜参7500吨，占全国总量的60%以上（见图2、图3）。文登区凭借其得天独厚的气候优势和优良的土壤条件，使得当地栽培出的西洋参质量极佳：色泽纹理好、气清香纯正、参味浓郁、甜度高，文登西洋参总有效成分皂苷含量达到8%以上，高于国内外同类产品。

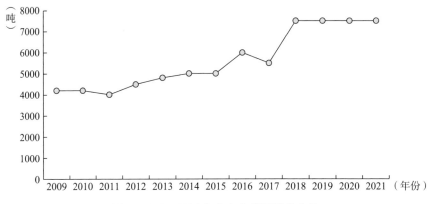

图 2　2009～2021 年山东文登西洋参产量

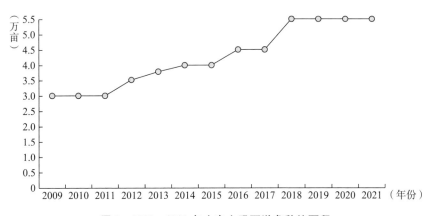

图 3　2009～2021 年山东文登西洋参种植面积

资料来源：山东省威海市文登区政府公报。

2011 年文登西洋参获得国家农产品地理标志登记保护，2013 年入选"2012 年最具影响力中国农产品区域公用品牌"，2015 年文登西洋参成功注册中国地理标志证明商标，2017 年荣登"最受消费者喜爱的中国农产品区域公用品牌"榜单，2019 年文登西洋参以 116.43 亿元的品牌价值入选山东省优质产品基地品牌价值 10 强榜单，2020 年文登西洋参荣获第 105 届巴拿

马国际博览会金奖，2021 年文登西洋参荣获"山东地标名片"称号。2018 年文登获得"中国西洋参之都"称号，

国家市场监管总局于 2021 年 11 月 24 日批复同意《山东省对西洋参开展按照传统既是食品又是中药材的物质管理试点方案》，威海市市场监督管理部门于 2021 年 12 月 1 日发布了试点实施方案，西洋参由药入食的转变将促使参产业链向食品工业调整，为西洋参产业发展带来新机遇。

3. 陕西留坝

陕西留坝县地处秦岭南麓腹地，自 1979 年引种中药材西洋参以来，该县已成为西北最大的西洋参种植基地。目前全县西洋参留存面积近 3000 亩，年采挖面积约 500 亩，年产鲜参 250 吨，年产值 2000 万元。1500 余户农户都有种植西洋参的经历。

为加快发展西洋参这一富民强县的特色产业，留坝县出台了《关于加快西洋参产业发展的决定》等优惠政策，编制了地方标准《西洋参标准综合体》，2002 年该县被列为陕西省中药材规范化种植示范基地县，2015 年 6 月成功取得了"留坝西洋参"地理标志集体商标。2022 年以来，留坝县又积极落实中药材产业"链长制"，促进以西洋参为代表的中药材产业加速发展壮大。留坝县近几年持续推进产学研合作，着力解决以连作障碍为核心的西洋参种植难题，开拓这一地标产品发展的新空间。

（二）西洋参的进出口情况

据中研产业研究院统计资料，中国每年进口西洋参的总量超过 300 吨，金额在 2000 万美元以上。中国西洋参（12112010）进口数量要高于出口数量，进口的西洋参主要集中在国内中高端市场。根据中国海关数据统计，2019 年中国西洋参（12112010）进出口数量达到近 8 年以来的最高值，进出口数量高达 2648.66 吨，其中，出口数量为 1137.13 吨，进口数量为 1511.53 吨；2020 年中国西洋参（12112010）进出口数量为 1354.15 吨，其中，出口数量为 551.31 吨，进口数量为 802.84 吨；2021 年 1～8 月中国西洋参（12112010）进出口数量为 1522.99 吨，其中，出口数量为 152.63 吨，

进口数量为 1370.36 吨（见图 4）。

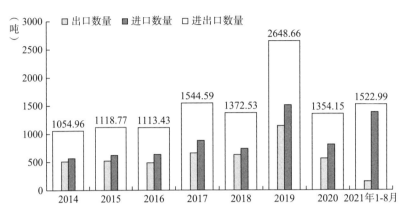

图 4　2014 年至 2021 年 1～8 月中国西洋参（12112010）进出口数量

资料来源：中国海关、智研咨询整理。

智研咨询发布的《2021～2027 年中国西洋参产业发展动态及市场规模预测报告》显示，从中国西洋参（12112010）进出口金额来看，2019 年中国西洋参（12112010）进出口金额为 9227.26 万美元，同比增长 64.2%，其中，出口金额为 3541.78 万美元，同比增长 58.4%；进口金额为 5685.48 万美元，同比增长 68.0%。2021 年 1～8 月中国西洋参（12112010）进出口金额 4518.80 万美元，其中，出口金额为 614.11 万美元，进口金额为 3904.69 万美元（见图 5）。

从中国西洋参（12112010）进出口价格来看，从 2020 年以来中国西洋参（12112010）出口均价为 32653.91 美元/吨，较 2019 年增长 1507.24 美元/吨；2021 年 1～8 月中国西洋参（12112010）出口均价为 40235.06 美元/吨，进口均价为 28493.89 美元/吨（见图 6）。

虽然中国西洋参行业生产规模较大，但是国内高品质西洋参供给不足，每年需要从加拿大、美国进口大量高品质西洋参，2020 年中国从加拿大进口西洋参（12112010）646.66 吨，占进口西洋参总量的 81%，进口金额 1945.58 万美元，占进口西洋参总金额的 64%；2019 年以来，中国虽然对美国的西洋参增收 15% 的关税，但对进口量的负面影响并不大。2020 年中国从美国进口西洋参（12112010）156.17 吨，占进口西洋参总量的 19%，进

图5 2014年至2021年1~8月中国西洋参（12112010）进出口金额

资料来源：中国海关、智研咨询整理。

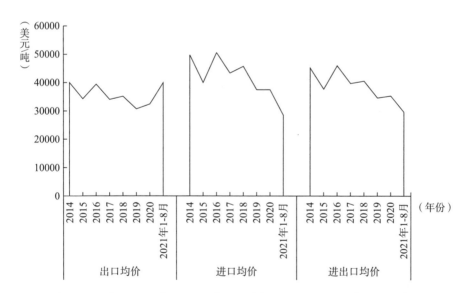

图6 2014年至2021年1~8月中国西洋参（12112010）进出口价格情况

资料来源：中国海关、智研咨询整理。

口金额1079.91万美元，占进口西洋参总金额的36%。从该数据可以看出美国西洋参进口单价要高于加拿大西洋参。

从中国各省（区、市）西洋参（12112010）的进口情况来看，2020年广东进口西洋参（12112010）294.39吨，进口金额为821.43万美元；山东进口西洋参（12112010）175.17 吨，进口金额为 389.05 万美元；浙江进口西洋参（12112010）90.64 吨，进口金额为 423.93 万美元；三地依次居于全国前 3 位。江苏、福建、广西、北京、上海、四川、重庆的西洋参（12112010）进口量分别居于全国第 4 ~ 10 位，进口数量分别为 76.55 吨、62.76 吨、42.08 吨、35.92 吨、13.93 吨、5.92 吨、5.21 吨，进口金额分别为 369.21 万美元、327.80 万美元、154.50 万美元、387.64 万美元、68.98 万美元、47.70 万美元、29.33 万美元（见图 7、图 8）。

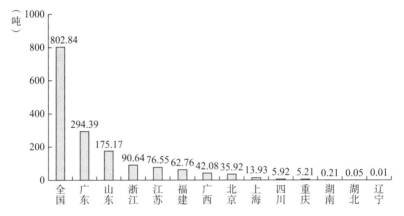

图 7　2020 年全国及部分省（区、市）西洋参（12112010）进口数量

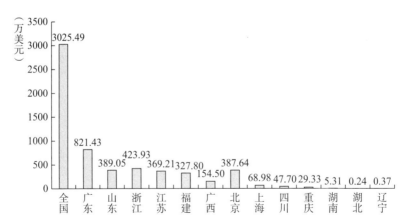

图 8　2020 年全国及部分省（区、市）西洋参（12112010）进口金额

资料来源：中国海关、智研咨询整理。

从各省（区、市）西洋参（12112010）出口情况来看，2020年广东出口西洋参460.32吨，出口金额为1297.04万美元；江苏出口西洋参37.90吨，出口金额为314.68万美元；吉林出口西洋参33.65吨，出口金额为72.69万美元；福建出口西洋参18.14吨，出口金额为113.74万美元；辽宁出口西洋参0.71吨，出口金额为0.79万美元；天津出口西洋参0.50吨，出口金额为0.83万美元；河北出口西洋参0.10吨，出口金额为0.48万美元（见图9、图10）。

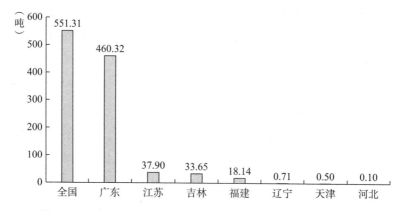

图9　2020年全国及部分省（市）西洋参（12112010）出口数量

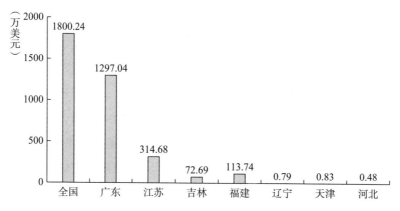

图10　2020年全国及部分省（市）西洋参（12112010）出口金额

资料来源：中国海关、智研咨询整理。

（三）我国西洋参与进口西洋参品质存在一定差异

目前，普遍认为在相同规格的西洋参商品中，美国威斯康星州与加拿大安大略省所产优于国产。最近几年来，几乎所有的报告都显示，尽管在某些单项指标方面国产西洋参优于原产地，但是国产西洋参综合品质与原产区的西洋参产品还是存在一定差距（见表1）。就外观形态来看，北美西洋参均为纺锤形，而国产西洋参的外观形态更接近于人参，分为短支西洋参和长支西洋参两种，其中短支西洋参价格较高。而决定西洋参是短支还是长支的主要因素是其栽培种植方法和技术的不同。西洋参的栽培种植主要有移栽栽培和直播栽培两种，中国西洋参栽培采用直播和移栽两种方式进行。移栽栽培，即育苗2年移栽2年，栽后根形与人参根相似，属长枝型；直播栽培，即将种子直播田间，4年采收加工，栽培措施好的短支参比例约占60%。美国、加拿大栽培西洋参采用直播法，直播后4年收获，不进行移栽。连作障碍是制约我国西洋参产业发展的主要因素。连作障碍是指连续在同一土壤上栽培同种或近缘植物表现出来的生长异常现象，多数受害植物表现为根系活力低下、分支减少、褐变，严重时会出现死苗现象，作物减产甚至绝收，产出物品质下降甚至产生有毒物质。北美地区因为地广人稀、有大量森林区，且法律不禁止砍树开垦，相对更容易做到20年轮作1次，几乎不受连作障碍的影响。美国的威斯康星州45%为森林区，土地肥沃、富含矿物质，且为排水透气性好的沙质土壤，因此是西洋参的上乘产地。在中国，西洋参种植产业经过几十年的发展，土地资源有限，种参户面临无地可种的局面。对老参地进行深翻换土或加覆林下腐殖土等措施，不仅收效甚微，且会带来林地生态破坏、水土流失加剧等问题。因此，中国西洋参的栽培大多采用2+2的移栽栽培，这是为解决国内种植基地在西洋参种植过程中的连作障碍问题而发展的栽培策略。

（四）西洋参产品的加工利用

2018年4月27日国家卫建委发布了《关于征求将党参等9种物质作为

表1 不同产地西洋参对比

	美国西洋参	加拿大西洋参	国产西洋参				
			黑龙江	吉林	陕西	山东	北京
产地	北纬45°左右，美国威斯康星州	北纬42°左右，加拿大安大略省	北纬44°~46°，黑龙江鸡西、哈尔滨、绥化等地	北纬41°~44°，吉林省白山市、吉林市、延边市、通化市等	北纬33°左右，陕西省汉中市	北纬36°~37°，山东省威海市	北纬40°左右，北京市怀柔区
土壤和种植	天然植被为胡桃、栎树等落叶树林地，处女地种植	天然植被为针叶阔叶混交林地，处女地种植	黑土地，山坡地休耕后种植				
外观	参体偏小，纺锤状，质密，有横长皮孔，竖纹多	参体偏大，纺锤状，质松，竖纹较多	参体呈长柱型，芦头大，表面平滑竖纹多				
味道	味微苦，回甘苦带甜（润喉）	味微苦，回甘味较弱	甘味苦，甘味少或无，久嚼有棉絮感				
人参皂苷含量 — Re+Rg₁+Rb₁含量之和	加拿大＞吉林＞黑龙江＞美国＞北京＞山东＞陕西；美国、加拿大产西洋参三种皂苷含量之和显著高于其他产区，吉林产西洋参三种皂苷含量显著高于陕西产						
人参皂苷含量 — 9种人参皂苷含量	美国与陕西产西洋参质量相近，黑龙江、吉林与山东产西洋参质量接近，加拿大与北京产西洋参质量接近						
Ca、Mg等7种微量元素含量主成分分析	加拿大、黑龙江、吉林和山东产西洋参药材微量元素含量比较接近，陕西与北京产西洋参的微量元素含量比较接近。美国与其他产地微量元素含量不相同						

注：9种人参皂苷分别为 Rg_1、Re、Rg_2、Rb_1、Rc、Rb_2、Rb_3、Rd、Rg_3，7种微量元素分别为 Cu、Fe、Mn、Zn、Al、Ca、Mg。

按照传统既是食品又是中药材物质管理意见的函》（国卫办食品函〔2018〕278号），提到结合我国传统饮食习惯，综合考虑地方需求，拟将西洋参等9种物质按照食药物质管理，自此西洋参有了成为食品的可能。山东、吉林、辽宁等地也纷纷出台配套政策，以西洋参为原料的各种食品不断涌现市场。

随着西洋参价值不断被关注，其应用领域也在不断增加。到目前为止，西洋参不仅应用于保健食品中，也广泛应用于中成药、新药及临床处方配伍中。从西洋参的具体产品类型来看，主要有片段/圆粒、胶囊以及粉剂等，其中片段/圆粒占比较大，约为74.75%。

五　西洋参行业未来发展趋势

随着中国经济长期稳定增长，居民生活水平不断提高、生活节奏加快、生活压力加大，居民的健康意识越来越高，对保健品的消费能力也在持续增长，西洋参在中国的需求规模逐渐增长。而且随着科技的进步，对西洋参的利用也从单一的根转为对其叶、果等地上部分都进行充分的利用，其均含有一定的人参皂苷，可以开发成高级补品、饮料、化妆品等。

中国城市化水平不断提高、中老年人口数量的增长，推动西洋参的需求规模持续扩大，国内西洋参行业面临较好的发展形势；进口的西洋参主要集中在国内中高端市场；2019年以来，中国虽然对美国的花旗参增收15%的关税，但对进口量的负面影响并不大；国产西洋参需要在种植管理、品种改良、深加工等技术方面持续创新，以便更好地开发潜在市场。

西洋参保健品企业应着力开发具有特色的产品，西洋参适用人群广泛，在产品开发上需细化产品的人群定位，通过针对不同年龄、不同适应症、不同需求，选择适宜的剂型和服用方法，开发相应的食品、保健食品等，通过做精、做专达到做大、扩大生产规模经济效应，降低企业的生产成本。

六　西洋参行业案例

（一）文登西洋参全产业链发展的国有控股企业——道地参业

威海市文登区道地参业发展有限公司成立于 2016 年 9 月，注册资本 5000 万元人民币，是文登西洋参全产业链发展的国有控股企业，主要从事西洋参交易市场的管理及经营、西洋参的加工及销售等。

公司拥有 1000 亩西洋参标准化基地，通过制定标准化生产技术规程，培育优质高产品种；建立了种植可追溯体系（种植、加工、销售等全链条的追溯体系），实现西洋参精准追溯；建成了 2600 平方米的精深加工车间，购进精深设备 1200 万元，可以进行西洋参精深加工产品的生产，各类产品的年生产能力达 500 吨以上；建设了文登西洋参软支参加工技术公共服务中心，提升软支参加工技术工艺水平；成立了中国第一家以西洋参为主题的电子商务交易平台，拓展商品营销通路，提升线下市场交易质量，提升西洋参市场竞争能力；筹建了文登西洋参研究院，围绕西洋参开展基础研究、公益服务、科研开发，参与国家西洋参相关标准的制定和推广等。此外，还建设了文登西洋参文化馆。

公司着力打造以"文登西洋参"为区域品牌，推动一二三产业深度融合，不断拉长、完善产业链条，培育壮大西洋参加工、物流、文化、观光旅游、保健养生、现代服务业等相关产业，为文登西洋参产业升级和药食同源大健康产业发展提供平台建设和产业支撑。

（二）拥有百年老字号金字招牌——同仁堂健康

同仁堂始创于 1669 年，自 1723 年为清宫供御药，历经 8 代皇帝长达 188 年。北京同仁堂健康药业股份有限公司（以下简称"同仁堂健康"）于 2003 年 4 月注册成立，是同仁堂集团七大二级集团之一，作为同仁堂在大健康领域的战略分支，同仁堂健康聚中华养生文化与现代创新科技于一身，集健康产品与健康服务于一体，以滋补养生、天然草本、营养保健、茶产品、健康饮品、能量医学及健康服务为主，形成了产、供、销一体化生态圈，为用户提供覆盖养生、保健、诊断、治疗的大健康全生命周期的管理闭环，始终走在大健康产业发展的前列。

在健康服务领域，同仁堂健康拥有"象食养医"及"养颜动能"八大业务场景，覆盖各类商业业态。在渠道建设领域，同仁堂健康搭建了线上与线下协同发展的终端销售网络，1600 余家终端零售门店和 400 余万会员资源遍布全国各地。线上旗舰店持续占据京东平台滋补类目年度销售额第一、天猫平台滋补类目头部 VIP 商家地位，并紧跟零售新潮流创新营销方式。同仁堂健康旗下"知嘛健康"新零售业务经过多年发展，已成为国潮养生领域的代表品牌，为同仁堂健康持续引领大健康行业发展注入新的活力。在创新研发领域，同仁堂健康设立健康研究院，具备医疗领域顶尖研发能力和核心技术，拥有国家级工程研究中心及国家 CNAS 实验室等科研平台，承担并完成科技部"863"计划、北京市科技创新、北京市十病十药等科研课题近 20 项，研究成果申请专利 50 余项。

西洋参是同仁堂健康高品质健康佳品之一，销售过亿元。2018 年 3 月，同仁堂健康在美国威斯康星州莫西尼市成立了控股子公司北京同仁堂健康（美国）有限公司（以下简称"美国公司"）。美国公司的成立，标志着同仁堂健康在西洋参版块实现了源头种植、生产、加工、销售的一体化模式。美国公司建立了先进的平台型西洋参种植和加工产业化基地，全面掌握美国西洋参种植技术并实现自产自销，西洋参在土壤肥沃的"处女地"种植且严控农药使用，从源头上保证品质及产量供应，通过打造科技、示范、服务的智慧型农业标杆，不断满足消费者对于同仁堂健康高品质西洋参的市场需求。

同仁堂健康西洋参年进口量平均在 50 吨，每年 9、10 月份为西洋参的采收季，采收完成后的西洋参在美国公司经过 6 周的初加工，经过冷藏、清洗、烘干、筛选和包装后，出口到中国，经过海关检验检疫和口岸药检所检验合格后，再由同仁堂健康国内工厂依据成熟的内控质量标准进行净选、修剪、规格分等、切片、过筛、烘干等工序加工成滋补类中药材及中药饮片成品（加工工序根据不同规格增减）。目前同仁堂健康共有参片、泡面、贰面、泡参、原尾泡面、原尾泡、参粉等 7 大规格 66 个品规的西洋参成品提供给广大客户，年销售金额达 12000 万元。

同仁堂健康及其子公司积极推动开发以西洋参为原料的保健食品，目前共有"总统牌西洋参胶囊［卫食健字（2001）第 0354 号］""总统牌灵芝西洋参口服液（国食健字 G20090270）""总统牌伍味方胶囊（国食健字 G20140081）"等 17 款保健食品已经获得保健食品批准文号。

参考文献

1. 汤慧丽、王宪昌等：《西洋参皂苷类成分及其生物活性、质量控制的研究进展》，《中国中药杂志》2022 年第 1 期。
2. 渠琛玲：《西洋参化学组分的研究》，博士学位论文，吉林大学，2009。
3. 白敏、毛茜：《人参属药用植物地上部位皂苷类成分的化学和分析研究进展》，《中国中药杂志》2014 年第 3 期。
4. 吴首蓉、郭晓宇等：《西洋参化学成分、生物活性、品质评价及产品开发研究进展》，《药学学报》2022 年网络首发。
5. 王丽君、李平亚：《西洋参果化学成分的研究》，《中草药》2000 年第 10 期。
6. 汪亚菁、苏宁：《西洋参茎叶化学成分研究进展》，《中国现代中药》2016 年第 9 期。
7. 于晓娜、崔波：《西洋参多糖的研究进展》，《食品科学》2014 年第 9 期。
8. 李珊珊、孙印石：《西洋参多糖结构与药理活性研究进展》，《特产研究》2017 年第 3 期。
9. 郑友兰、张崇禧：《国产西洋参与进口西洋参一般组成的比较研究》，《中成药》1988 年第 12 期。
10. 司雨、刘云鹤：《国内外产西洋参挥发性成分的 HS－SPME/GC－MS 比较》，《中国实验方剂学杂志》2019 年第 18 期。
11. 吴稚冰、马胜林：《β－榄香烯抗肿瘤作用的研究进展》，《中华中医药学刊》2011 年第 10 期。
12. 谢小洋、冯永忠：《5 种园林树木挥发性成分分析》，《西北农林科技大学学报》（自然科学版）2016 年第 7 期。
13. 包文芳、李红兵：《西洋参化学成分的研究进展》，《沈阳药科大学学报》1998 年第 2 期。

14. 李伟、王莹：《人参、西洋参非药用部位开发与利用研究进展》，《吉林农业大学学报》2021 年第 4 期。

15. 丁之恩、严平：《西洋参果实成分分析及利用价值的研究》，《中南林学院学报》1999 年第 4 期。

16. 徐丽华、王新茗：《西洋参茎叶的化学成分和药理作用研究进展》，《食品与药品》2021 年第 3 期。

17. 郝岩、王英平：《西洋参地上部分化学成分研究进展》，《特产研究》2022 年第 2 期。

18. 刘俊文、徐美利：《西洋参不同部位皂苷成分研究》，《天津中医药》2019 年第 7 期。

19. 李嘉欣、李梦瑶：《HPLC 法同时测定不同生长年限、部位西洋参中 2 类成分》，《中成药》2020 年第 10 期。

20. 魏春雁、徐崇范：《国产西洋参叶黄酮成分研究（英文）》，《吉林农业大学学报》1999 年第 3 期。

21. 刘昌达：《西洋参花蕾化学成分的研究》，博士学位论文，沈阳药科大学，2008。

22. 孟祥颖、任跃英：《西洋参花蕾、花柄中无机成分与根的比较研究》，《吉林农业大学学报》1999 年增刊。

23. 张甲生、王起山：《西洋参果汁和花旗酒中氨基酸的测定》，《白求恩医科大学学报》1990 年第 4 期。

24. 孙平、马兴元：《西洋参茎叶的化学成分研究（三）——Daucosterol Ginsenoside-Rh$_1$ 及 -Rh$_2$ 的分离与鉴定》，《人参研究》1992 年第 4 期。

25. 尚金燕、李桂荣：《西洋参的药理作用研究进展》，《人参研究》2016 年第 6 期。

26. 马宝兰、秦绪花：《西洋参临床药理研究进展（2004~2010）》，《江西中医学院学报》2011 年第 5 期。

27. 刘笑男、历凯：《西洋参药理学研究进展》，《辽宁中医药大学学报》2019 年第 11 期。

28. 杨雄、楚世峰：《人参皂苷 Rg$_1$ 和 Rb$_1$ 在神经退行性疾病治疗中的作用》，《神经药理学报》2018 年第 6 期。

29. 张晓冬、李万亥：《人参皂甙 Rg$_1$，Re 对 β-淀粉样蛋白诱导原代培养海马及皮质神经元损伤的保护作用》，《第二军医大学学报》2000 年第 10 期。

30. 郑友兰、鲍建才：《西洋参根中 4-羟基-3-甲氧基-苯甲醛的分离鉴定》，《中国药学杂志》2006 年第 7 期。

31. 陈梅卿、李卫华：《人参皂苷 Rb$_1$ 对心血管系统的药理作用研究进展》，《医学综述》2015 年第 3 期。

32. 张颖、陈可冀：《西洋参茎叶总皂苷对脂肪细胞糖脂代谢及胰岛素抵抗信号转导的影响》，《中国中西医结合杂志》2010 年第 7 期。

33. 殷惠军、张颖：《西洋参叶总皂苷对四氧嘧啶性高血糖大鼠血脂代谢的影响》，《中西医结合心脑血管病杂志》2004 年第 11 期。

34. 陈颖、高建平：《西洋参总皂苷对心力衰竭模型大鼠心肌能量代谢的影响》，《河南中医》2015 年第 4 期。

35. 陈锐、陈德经：《西洋参多糖肽对糖尿病小鼠降血糖血脂及抗氧化作用研究》，《西北农业学报》2013 年第 11 期。

36. 吕婧、高燕：《基于斑马鱼模式生物的西洋参皂苷类成分增强免疫作用研究》，《中草药》2020 年第 14 期。

37. 刘迎、陈妍心：《20（S/R）- 人参皂苷 Rg₃ 的制备及调节 Th1/Th2 免疫失衡活性》，《高等学校化学学报》2018 年第 11 期。

38. 韩飞、彭珍：《功效性分类中药对提高机体免疫功能的研究进展》，《中草药》2016 年第 14 期。

39. 罗林明、石雅宁：《人参抗肿瘤作用的有效成分及其机制研究进展》，《中草药》2017 年第 3 期。

40. 郭伟强、鞠鑫等：《人参炔三醇通过下调 ERK1/2 和 mTORC1 通路调控肺癌 NCI - H1299 细胞的增殖、凋亡》，《肿瘤药学》2020 年第 5 期。

41. 郑毅男、李慧萍：《西洋参皂苷对高脂肪食小鼠脂肪和胰脂肪酶活性的影响》，《吉林农业大学学报》2005 年第 5 期。

42. 冯坤苗、孟洪涛：《西洋参茎叶中多糖提取优化及其抗病毒活性研究》，《辽宁中医药大学学报》2017 年第 4 期。

43. 辛艳茹、马萍：《西洋参叶的研究进展》，《时珍国医国药》2001 年第 8 期。

44. 郑爽：《山东省威海文登地区西洋参种植产业概况及发展对策》，《安徽农业科学》2016 年第 17 期。

45. 张锋：《山东威海西洋参产业发展对策探讨》，《山东农业科学》2020 年第 12 期。

46. 李乐、余慧、付书正、李平亚、刘金平：《西洋参果化学成分及其生物活性研究进展》，《中南药学》2021 年第 19 期。

47. 郑焕春、郭劲鹏、付静、冯磊：《穆棱西洋参全产业链发展策略分析》，《北方园艺》2022 年第 10 期。

48. 贾婵：《不同产地西洋参的品质评价》，硕士学位论文，北京协和医学院，2017。

49. 温健、孙文松、张亚玉：《辽宁西洋参产业发展现状及对策》，《园艺与种苗》2021 年第 4 期。

50. 刘加：《基于价值链分析的竞争战略——以 X 洋参公司为例》，《当代会计》2020 年第 20 期。

51. 田小曼：《留坝西洋参栽培制约性问题研究与产业发展模式探索》，《陕西农业科学》2022 年第 4 期。

52. 胡静：《威海西洋参生态农业现状及可持续发展对策探讨》，《农业科技通讯》2022 年第 5 期。

53. 高立强：《不同产地西洋参主要活性成分检测与品质评价》，《西北农业学报》2021 年第 9 期。

药食同源枸杞及其产业发展趋势

闫亚美　曹有龙　米　佳　禄　璐　何　军*

摘　要： 茄科（Solanaceae）枸杞属（*Lycium*）枸杞（Wolfberry/*Lycium*/
Goji），作为一种经济植物、药食两用资源，含枸杞多糖、黄
酮、类胡萝卜素、甜菜碱、莨菪碱等功效成分，具有抗氧化、抗
衰老、抗炎、提高免疫力、调节肠道菌群等多种功效，在国内外
很多国家和地区有较广泛的研发关注。本文对枸杞起源、功效
物质基础、不同国家和地区的枸杞研发现状进行综述，同时对
产业瓶颈问题进行思考，并对其发展进行展望，为促进枸杞生
产研发交流合作与产业发展提供信息参考。

关键词： 枸杞　大健康产业　食疗

茄科（Solanaceae）枸杞属（*Lycium*）枸杞（Wolfberry/*Lycium*/Goji），
是起源较古老的植物种类之一，其适应性强，对土壤及环境要求不高，无论
山地、丘陵、沙荒地，还是红壤地甚至盐碱地均可生长，广泛分布于美洲、
欧洲、亚洲、大洋洲和非洲南部的亚热带地区。而作为一种经济植物，枸杞
在中国的栽培历史悠久，具有 2300 多年的栽种历史。其果实作为中草药材及
重要的药食同源滋补品，成为国内外大健康产业发展中的焦点和热点之一。

---

* 闫亚美，工学博士，副研究员，硕士生导师，中国枸杞研究院枸杞功效物质基础研究中心主
任，宁夏农林科学院枸杞科学研究所产品加工研究室主任；曹有龙，博士，二级研究员，宁
夏回族自治区党委委员，国家枸杞工程技术研究中心主任，宁夏农林科学院枸杞科学研究所
党支部书记、所长；米佳，宁夏农林科学院枸杞科学研究所助理研究员，主要从事枸杞活性
成分及深加工方面的研究；禄璐，宁夏农林科学院枸杞科学研究所助理研究员，主要从事枸
杞加工及贮藏过程中活性成分变化研究及精深加工产品研发工作；何军，副研究员，宁夏农
林科学院枸杞科学研究所耕作栽培与种苗快繁研究室副主任，长期从事枸杞耕作栽培研究。

一　枸杞的物种及其物质基础研究进展

（一）枸杞的物种起源

枸杞（Wolfberry/Lycium/Goji），属于茄科（Solanaceae）枸杞属（Lycium），是起源较早的植物种类之一，广泛分布于美洲、欧洲、亚洲、大洋洲和非洲南部的亚热带地区。曹有龙等[1]通过 whole-genome triplication 分析，结果表明，枸杞基因组发生过两次基因组重复事件，在 1.3 亿年前与双子叶植物共享一次 γWGT 事件，在 6900 万年前与茄科植物共享一次 WGT 事件。枸杞属植物在全球呈离散性分布，或称作"间断分布"。约有 80 种，其中欧亚大陆约有 10 种，中亚种类较多，非洲南部 20 余种，北美洲南部 20 余种，南美洲南部分布多达 30 余种，热带地区未发现分布。关于枸杞的起源，学术界较为一致的看法是，南美洲（阿根廷、巴西等）是枸杞属物种的起源中心。也有学者认为，美国亚利桑那州和阿根廷形成了两个分布中心，并以南美洲的种类最为丰富。温美佳[2]通过全球物种分布数据库（http://www.gbif.org/）得到枸杞（Lycium）、宁夏枸杞（Lycium barbarum L.）、黑果枸杞（Lycium ruthenicum）的分布数据。

（二）枸杞在中国的栽培种植分布

枸杞作为一种经济植物、中草药材，因具有很强的耐盐性和生物排水（biologicaldrainage）能力，被认为是良好的防风固沙和中国西北土地盐碱化的先锋植物。自 20 世纪 60 年代后期，通过广泛引种栽培，在中国逐步形成了宁夏、甘肃、青海、新疆、内蒙古、河北、陕西、湖北、西藏等枸杞种植区，同时也辐射到东北三省、华中、华南等地区。随着气候条件的变化和栽

---

[1] Cao Youlong, Li Yanlong, Fan Yunfang, et al., "Wolfberry Genomes And the Evolution of Lycium (Solanaceae)," *Communications Biology*, 2021, 4 (1).

[2] 温美佳:《基于气候特征的不同产地枸杞品质及生态适宜性区划研究》,硕士学位论文,山西大学, 2013。

培技术的改进，枸杞的道地产区范围有所扩大，由原来传统的中国宁夏中宁产区扩展到以宁夏为道地产区的核心区，以内蒙古和陕（陕西）甘（甘肃）青（青海）新（新疆）为两翼的大枸杞产区，宁夏自 2010 年开始至今，逐步形成并完善了全产业链发展模式。2015～2017 年，在中国有枸杞产量统计的、连续种植的省区至少有 14 个，主要包括宁夏、青海、甘肃、新疆、内蒙古、河北等省区。

（三）枸杞的主要营养功效物质基础

目前，枸杞主要种植国中国主要栽培的枸杞种为宁夏枸杞，其干燥成熟果实是《中国药典》中规定的唯一入药的材料。中药材发挥作用的物质基础是其化学成分。迄今为止，枸杞的化学成分已经得到较深入的研究，研究表明，枸杞的化学成分复杂，有上百种之多，而这些成分又可以分成不同的类型，从物质基本类型，可分为有机物和无机物；按元素组成、结构母核，可分为糖类、蛋白质、类胡萝卜素、多酚、生物碱、苯丙素、香豆素等；按酸碱性，可分为酸性、碱性、中性；按溶解性，可分为非极性（亲脂性）、中极性、极性（亲水性）。我们通常按照化学成分的结构特点进行分类，主要包括糖类、多酚类、生物碱类、类胡萝卜素等。其中，营养成分主要包括一定量的水分（15.12μg/100μg）、糖（10.31～77.59μg/100μg）、蛋白质（4.12～9.57μg/100μg）、总纤维（9.88μg/100μg）和总有机酸（2.06μg/100μg）。不同地区种植的不同种类的枸杞也表现出营养成分的差异。例如，枸杞（红果枸杞）比黑果枸杞显示出更高的碳水化合物和高能量值。枸杞富含钾（K）、钠（Na）、磷（P）、钙（Ca）、镁（Mg）、铁（Fe）、锌（Zn）、铜（Cu）和锰（Mn）等矿物质，这些元素与枸杞产区的地理和气候特征密切相关。此外，枸杞富含多种功效成分，这些功效成分是枸杞发挥增强机体免疫力、降血糖、降血脂、抗肿瘤、抗脂肪肝和预防心脑血管疾病等作用的物质基础，其主要有以下几类。

1. 枸杞多糖

目前报道的有 40 多个分子量为 10～2300 kDa 的枸杞多糖已被分离出来。

化学修饰也被用作调节多糖结构和性质的基本策略,包括硫酸化、磷酸化、羧基甲基化和其他修饰。此外,产地对枸杞多糖的含量具有重要影响,较多研究表明,青海的枸杞多糖显著低于新疆和宁夏产区的枸杞多糖。

2. 多酚类化合物

芦丁和槲皮素的黄酮醇是红果枸杞中含量最高的多酚类化合物,为 $1099.4 \sim 1283.5$ μg/g 和 $941.3 \sim 1023.3$ μg/g 干重的干燥枸杞浆果样品。鲜果枸杞中芦丁的含量为 $435 \sim 1065$ μg/g,随着检测技术手段的不断发展,枸杞中酚类化合物也在不断地被挖掘中。

花青素是黑果枸杞中的特征呈色物质,具有较好的抗氧化等活性,且含量较高并有别于常见果蔬。酚酸由羟基苯甲酸和羟基肉桂酸组成。在枸杞属植物中发现了羟基苯甲酸类的没食子酸、香草醛酸、2,4-二羟基苯甲酸、藜芦酸、苯甲酸、水杨酸、丁香酸和原儿茶酸。此外,羟基肉桂酸类中的绿原酸、咖啡酸、对香豆酸和阿魏酸也在枸杞物种中被报道。

3. 其他功效成分

除多糖和酚类物质被认为是枸杞果实中重要的植物化学物质外,其他种类的小分子在枸杞属的生物活性中也发挥着特殊作用,它们被分为各种类型,包括萜类、生物碱、甾醇、蒽醌、甾体、甘油半乳糖苷、苯丙烷及其衍生物。具有多烯链的类胡萝卜素含有多达15个共轭双键,被认为是枸杞果实中的第二大类物质。植物源生物碱在植物中的含量相对较低,然而,它们在枸杞属中的比例较高。钱丹等在枸杞属中发现了近72个生物碱,从中华枸杞根中分离出14种去甲托烷类生物碱,从枸杞叶中发现7种咪唑生物碱。此外,在枸杞的根和果实中发现了4种哌啶生物碱。甘油半乳糖苷、部分苯丙酸、肽等枸杞中的成分也发挥抗氧化、抗炎、抗肿瘤、抗肥胖、抗糖尿病和心血管保护作用等多种生物活性。

(四)枸杞功效成分提取分离技术与方法的现状和发展趋势

在实现枸杞产业化、现代化、国际化宏伟目标的驱动下,作为枸杞现代化研究的核心、枸杞产品生产和应用的关键,枸杞化学成分提取分离得到了人们的高度重视。大量新方法、新技术、新工艺的普遍应用，大大提高了枸杞化学成分提取分离的技术能力和水平，每年都可发现新化合物。有些有效成分已作为枸杞或枸杞产品质量标准的指标成分。目前枸杞化学成分提取分离主要还是以经典的溶剂法结合现代色谱方法进行，诸多新技术如中压快速色谱、高速逆流色谱、高效液相色谱等已经普及；一些新材料和新试剂如正向与反向色谱用的载体、分离大分子的各种凝胶、各种离子交换树脂、大孔吸附树脂等广泛应用，不仅可以较方便地分离各类化学成分，甚至可分离超微量的化合物。就枸杞化学成分的研究而言，未来将在生物活性的引导下，重点开发微量、在线的分离鉴定技术，实现枸杞有效成分高效、快速鉴定；而对于工业生产而言，枸杞功效的提取分离，是国家今后重点发展的高新技术领域之一。其发展趋势主要有两方面，一是提取分离新技术的研究和应用，提倡将传统的中药特色和优势与现代科学技术结合起来，重点向高效、绿色方向发展，如超临界流体提取技术、新型色谱分离技术等。二是多种现代技术的集成综合工艺的应用，如膜分离与树脂吸附技术的联用、超临界流体提取与色谱技术的联用、吸附澄清—高速离心—膜分离工艺等。同时加强新技术新工艺的研究，寻求最佳的操作条件，有针对性地进行生产设备工艺的设计，克服产品质量不稳定、有效成分含量可控性差、疗效不够稳定等一系列问题；按照国际认可的标准和规范对中药进行研发、生产和管理，研制出高疗效、高质量、低毒性，能够被国际市场所接受的现代中药制剂，使之符合国际主流市场的产品标准，尽快进入国际医药主流市场，使枸杞逐渐走向产业化、现代化和国际化。

目前，枸杞化学成分的提取分离方法根本依据是枸杞中各种化学成分理化性质的差异。因此，在选择提取分离方法时，必须了解枸杞各类化学成分的理化性质。

二　国内外枸杞产业发展现状

（一）枸杞在国内的产业发展现状

目前，中国是世界枸杞主要的生产国和出口第一大国，在国际枸杞产业和贸易中占有举足轻重的地位。枸杞主产区主要集中在宁夏、青海、新疆等中国西北地区，截至 2020 年，全世界枸杞收获面积和鲜果产量分别达到了135 万亩和近 100 万吨，其中总产量的 98% 以上来自上述中国西北地区，尤其是宁夏回族自治区枸杞种植面积达 35 万亩，鲜果年产量为 26 万吨，加工转化率为 25%，综合产值为 210 亿元，成为世界枸杞产业基础最好、生产要素最全、科技支撑力最强、品牌优势最突出的核心产区。

2008 年，由中国农业部和财政部联合启动了"现代枸杞产业技术体系""枸杞创新联盟"等建设工作，形成了从种质资源、育种、栽培到生产加工，从生产加工到消费，从研发到市场各个环节紧密衔接、环环相扣、服务于产业发展的"国家级产业技术体系"，进一步促进了相关领域科研工作者的合作与交流。

中国有关枸杞研发利用文献的机构来源依次是宁夏农林科学院及其各研究所、宁夏大学、宁夏医科大学（原宁夏医学院）、甘肃农业大学、青海大学、西北农林科技大学、内蒙古大学、兰州大学、华中农业大学、上海海洋大学、北京林业大学、中国科学院西北高原植物研究所、新疆农业大学、北京中医药大学、宁夏医科大学总医院、天津科技大学、石河子大学、南京农业大学、甘肃省治沙研究所、河北农业大学、青海师范大学、甘肃中医药大学、兰州理工大学等。宁夏回族自治区各科研院所对枸杞开发利用研究最多，其次是甘肃、青海、内蒙古、新疆、河北等枸杞的产区。

近年来，中国特别是宁夏从事枸杞科研和生产推广的工作者在种质资源收集与评价、新品种选育、病虫害防控、栽培技术、种植及经营管理模式、贮藏加工、市场营销等方面不断创新和改革，取得了一系列具有时代性的新成果，并在生产实践中得以广泛应用，枸杞的科研与生产技术水平提升成绩卓著。

第一，创建了世界资源最丰富的枸杞种质库，收集保存 2000 余份枸杞种质材料，完成了枸杞全基因组测序和 12 条染色体的物理图谱组装；创制出大量具有大果、丰产、高功效成分含量等优异性状的红果枸杞优系、黄果枸杞新优系、黑果枸杞新优系，创建了"育—繁—推"一体化现代种业体系。

第二，集成创新了新型栽培模式，减少化肥使用量 20%，节水 30% 以上，构建了宁夏枸杞轻简化栽培技术体系，累计示范推广 50 万亩；研发推广了水肥调控、非耕地栽培等技术；研发示范推广了适宜规模化和机械化作业的种植模式，制定枸杞系列生产技术规程。

第三，构建起绿色高效生产技术体系。研发了枸杞病虫害"五步法"绿色防控技术，使病虫害防治效果达 80.3%、化学农药减量 30%，实现采果期不使用化学药剂；初步构建了有机枸杞生产技术体系；突破了农业生物灾害预警关键技术，构建了宁夏区域枸杞病虫害监测预报大数据平台，实现枸杞病虫害防控测报体系宁夏主产区全覆盖。

第四，枸杞高值化加工能力不断提升。在枸杞抗氧化、抗衰老、保肝明目、枸杞成分分析方法、枸杞质量标准、枸杞复方制剂研究等方面取得重要进展，研发了一批保健品与功能食品。形成了以百瑞源、沃福百瑞等为代表的枸杞深加工企业 270 多家，太阳能、天然气、电能等清洁能源制干设施已覆盖枸杞各产区，枸杞鲜果加工转化率达到 25%，锁鲜枸杞、冻干枸杞、枸杞酵素、枸杞叶菜等生产线正式投产，枸杞原浆生产线达到 10 条、分装线达到 32 条，枸杞原浆产能达到 1 万吨以上。枸杞面膜、面霜等化妆品，枸杞粉、枸杞蜂蜜、枸杞籽油等功能性食品，枸杞燕麦片、枸杞咖啡、枸杞巧克力等休闲食品已进入市场，枸杞多糖肽、护肝片已进入医院营养配餐渠道。以枸杞嫩叶嫩茎为原材料的冰鲜菜、糕点、饼干、挂面、包子馅、饺子馅等 10 余种产品已进入寻常百姓家。枸杞原汁、酒类、化妆品、特膳特医食品等深加工产品达 10 大类 60 余种。

第五，推动枸杞产业智能生产。宁夏突破了枸杞半机械采收技术，研制改制了枸杞开沟、施肥、植保、除草、枝条粉碎还田等专用设备 16 种，机械作业效率提高 30%。"十三五"期间，紧紧围绕"一核两带十产区"的产业布局，加快推进基地建设标准化、种植良种化、机械应用现代化，基地标准化率达到 70%，良种覆盖率达到 95%，机械作业率达到 80%。全区 22 个县 193 个乡（镇）中有 18 个县 92 个乡（镇）种植枸杞，种植规模超过 3 万亩的乡（镇）达到 3 个，1 万 ~3 万亩的乡（镇）达到 6 个。种植规模超过 1 万亩的企业基地有 1 家，5000 ~1 万亩的企业基地 6 家，1000 ~5000 亩的企业基地 27 家。大力推广枸杞"五步法"病虫害绿色防控、水肥一体化、

农机农艺融合、清洁能源设施制干等新技术，统防统治率达70%，清洁能源
设施制干率达63%。

（二）枸杞在国外的产业发展现状

1. 枸杞在除中国外的亚洲其他国家和地区的发展现状

除中国外，在亚洲，韩国是继中国之后对枸杞进行栽培利用较早较多的亚
洲国家。韩国枸杞研究与利用涉及了药理评价①、化学②、农业③等多个领域。
除了功效及化学成分研究外，基于产量、抗病性、自交亲和性等指标，有育
种④、组织培养⑤、病虫害防治（炭疽病）⑥、智慧化栽培技术⑦、机械装备研
制（采摘机)⑧、果实烘干设备⑨、质量安全⑩与开发报道及少量的市场营销⑪

---

① Bae, S. M. , Kim, J. -E. , Bae, E. Y. , et al. , "Anti-inflammatory Effects of Fruit and Leaf Ex-
tracts of Lycium Barbarum in Lipopolysac Charide-stimulated RAW 264. 7 Cells and Animal Model,"
Journal of Nutrition and Health, 2019, 52, 129 – 138.

② Chung, I. -M. , Ali, M. , Kim, E. -H. , et al. , "New Tetraterpene Glycosides from the Fruits of
Lycium Chinense," *Journal of Asian Natural Products Research*, 2013, 15, 136 – 144.

③ Kim, C. , 이인용; 이정란, et al. , "Occurrence of Weed Flora in Lycium Chinense Upland Field
of Minor Crop in Korea," *Weed & Turfgrass Science*, 2016, 5, 60 – 64.

④ Ju, n. -I. , Yun, T. -S. , Kim, S. -D. , et al. , "A Tetraploid, Self-compatible Goji Berry (Ly-
cium chinense Miller) Cultivar, 'Whasu', Adaptable to Rain Shelter Greenhouse," *Korean Jour-
nal of Breeding Science*, 2020, 52, 165 – 171.

⑤ Lee, B. , Kwon, S. -Y. , Lee, H. , et al. , "High Frequency Shoot Formation and Plant Regen-
eration from Cotyledonary Hypocotyl Explants of Boxthorn (Lycium Chinense Mill.) Seedlings,"
Journal of Plant Biotechnology, 2004, 31, 203 – 207.

⑥ Oo, M. M. , Tweneboah, S. , Oh, S. -K. , "First Report of Anthracnose Caused by Colletotri-
chum Fioriniae on Chinese Matrimony Vine in Korea," *Mycobiology*, 2016, 44, 325 – 329.

⑦ Kimyoungsun, Choi, Y. E. , Yoon, E. -S. et al. , "Induction of Hariy Root and Bioreactor Culture
of Lycium Chinense," *Journal of Plant Biotechnology*, 2004, 31, 295 – 300.

⑧ So, J. D. , "Vibratory Harvesting Machine for Boxthorn (Lycium Chinense Mill) Berries," *Trans-
actions of the Asae*, 2003, 46, 211 – 221.

⑨ Lee, S. -K. , Kim, W. , Han, J. et al. , "Determination of Boxthorn Drying Conditions and Using
Agricultural Dryer," *Journal of Biosystems Engineering*, 2011, 36, 273 – 278.

⑩ Oh, C. – H. , "Multi Residual Pesticide Monitoring in Commercial Herbal Crude Drug Materials in
South Korea," *Bulletin of Environmental Contamination and Toxicology*, 2007, 78, 314 – 318.

⑪ Kwon, K. , Chung, L. -C. , "A Study on the Relationship between Relational Benefits, Cheong,
Loyalty and Intent to Relationship Continuity : The Supplier's Perspective," *Korean Journal of Agri-
cultural Management and Policy*, 2008, 35, 581 – 602.

文献报道。韩国有专门的枸杞研究机构，位于忠清南道的枸杞研究所（Goji Berry Research Institute），相继开展了枸杞的引种保存、品种选育以及配套栽培研究。培育出自交亲和性强、产量高，适合在防雨温室栽培的杂交品种"Whasu"[①]、叶用品种"Myeongan"[②]。

截至 2019 年，韩国枸杞栽种面积为 95 公顷，764 个农场。与韩国其他作物相比，枸杞是适合小面积种植的高收入作物。因韩国多雨，为防止枸杞裂果和黑果病，枸杞多栽种于温室之内。韩国枸杞种植模式采用 120cm × 50cm 的定植模式，在树形培养方面，采用单主干，株高 90cm，枸杞结果枝条着生于顶部。对于叶用品种"Myeongan"栽培技术优化为新梢生长到约 60cm 时收叶，叶子一年可以收获 4 次，且种植密度为 60cm × 30cm 时，干叶产量最高。1991 年至 1993 年间，Cheongyang Chungnam 省和 Jindo Jeonnam 省种植面积约占韩国总枸杞种植面积的 79%。且不同地形和坡度的枸杞种植面积依次为洪积阶地 > 山脚坡 > 谷地 > 丘陵，7% ~15% >15% ~30% >7% 坡度。[③]

受汉医学的影响，在功效作用研究方面，韩国有大量的枸杞（果实）与其他药材复配，发挥解酒[④]、视力保健、调节糖脂代谢[⑤]、保肝护肝[⑥]，改善骨质增生[⑦]、

① Ju, n. -I., Yun, T. -S., Kim, S. -D., et al., "A Tetraploid, Self-compatible Goji Berry (Lycium Chinense Miller) Cultivar, 'Whasu', Adaptable to Rain Shelter Greenhouse," *Korean Journal of Breeding Science*, 2020, 52, 165 – 171.

② Ham I. K., Park S. K., Lee B. C., et al., "Plant Regeneration through Leaf Explant Culture of Boxthorn (Lycium Chinense Mill.)," 한국자원식물학회지, 2007, 20 (3)：251 – 254.

③ Ham I. K., Park S. K., Lee B. C., et al., "Plant Regeneration through Leaf Explant Culture of Boxthorn (Lycium Chinense Mill.)," 한국자원식물학회지, 2007, 20 (3)：251 – 254.

④ Chang, B. Y., Bae, J. H., Kim, D. E., et al., "Evaluation of Clinical Usefulness of Herbal Mixture HO-Series for Improving Hangover," *Korean Journal of Pharmacognosy*, 2020, 51, 278 – 290.

⑤ Choi, E. -H., Chun, Y. -S., Kim, J., et al., "Modulating Lipid and Glucose Metabolism by Glycosylated Kaempferol Rich Roasted Leaves of Lycium Chinense Via Upregulating Adiponectin and AMPK Activation in Obese Mice-induced Type 2 Diabetes," *Journal of Functional Foods*, 2020, 72.

⑥ Kim, D. H., Kim, S. M., Lee, B., et al., "Effect of Betaine on Hepatic Insulin Resistance through FOXO1 – induced NLRP3 Inflammasome," *Journal of Nutritional Biochemistry*, 2017, 45, 104 – 114.

⑦ Lee, H., Kim, M. H., Choi, L. Y., et al., "Ameliorative Effects of Osteo-F, a Newly Developed Herbal Formula, on Osteoporosis Via Activation of Bone Formation," *Journal of Ethnopharmacology*, 2021, 268.

男性生殖功能①、记忆如认知功能②，美容护肤③等包括临床试验的研究报道。

　　除了水提取物的功效研究外，韩国对枸杞果实、茎叶、根皮等枸杞组织提取物及其化学成分进行了大量的分析评价，研究表明，枸杞果实及其组织中含有的功效成分有甜菜碱、类胡萝卜素、酰胺等。④

　　日本在枸杞深加工特别是功效成分挖掘方面的研究也颇有开创性。其中，主要涉及了药理评价、化学、生物化学、食品科学、机械采收等多个领域。多数的研发基于枸杞果实、叶、根的提取物及其活性成分的分离、纯化鉴定及其功效评价研究，主要包括生物碱⑤、黄酮类化合物⑥、肽⑦、acyclic diterpene glycosides⑧ 等，具有较高的原创性。少量是关于枸杞分子生物学⑨、病虫害⑩

---

① Jo, J., Lee, S. H., Yoon, S. R., et al., "The Effectiveness of Korean Herbal Medicine in Infertile Men with Poor Semen Quality: A Prospective Observational Pilot Study," *Andrologia*, 2019, 51.

② Choi, J. G., Khan, Z., Hong, S. M., et al., "The Mixture of Gotu Kola, Cnidium Fruit, and Goji Berry Enhances Memory Functions by Inducing Nerve-Growth-Factor-Mediated Actions Both In Vitro and In Vivo," *Nutrients*, 2020, 12.

③ Cho, G., Park, H. -M., Jung, W. -M., et al., "Identification of Candidate Medicinal Herbs for Skincare Via Data Mining of the Classic Donguibogam Text on Korean Medicine," *Integrative Medicine Research*, 2020, 9.

④ Cho, G., Park, H. -M., Jung, W. -M., et al., "Identification of Candidate Medicinal Herbs for Skincare Via Data Mining of the Classic Donguibogam Text on Korean Medicine," *Integrative Medicine Research*, 2020, 9.

⑤ G. Jiang, M. Takase, Y Aihara, et al., "Inhibitory Activities of Kukoamines A and B from Lycii Cortex on Amyloid Aggregation Related to Alzheimer's Disease and Type 2 Diabetes," *Journal of Natural Medicines*, 2020, 74 (1), 247 – 251.

⑥ M. Terauchi, H. Kanamori, M. Nobuso, et al., "Detection and Determination of Antioxidative Components in Lycium Chinense," *Natural Medicines*, 1997, 51 (5), 387 – 391.

⑦ H. Morita, N. Yoshida, K. Takeya, et al., "Configurational and Conformational Analyses of a Cyclic Octapeptide, Lyciumin A, from Lycium Chinense Mill," *Tetrahedron*, 1996, 52 (8), 2795 – 2802.

⑧ M. Terauchi, H. Kanamori, M. Nobuso, et al., "New acyclic Diterpene Glycosides, Lyciumoside IV – IX from Lycium Chinense Mill," *Natural Medicines*, 1998, 52 (2), 167 – 171.

⑨ Youlong Cao, Yanlong Li, Yunfang Fan, et al., "Wolfberry Genomes and the Evolution of Lycium (Solanaceae)," *Communications Biology*, 2021, 4 (1).

⑩ M. Hori, H. Nakamura, Y. Fujii, et al., "Chemicals Affecting the Feeding Preference of the Solanaceae-feeding Lady Beetle Henosepilachna Vigintioctomaculata (Coleoptera: Coccinellidae)," *Journal of Applied Entomology*, 2010, 135 (1 – 2), 121 – 131.

等方面的报道。

2. 枸杞在欧洲和美洲的研发现状

欧洲和美洲也有较多的枸杞栽培利用。其中，欧洲枸杞的栽培利用主要分布在地中海沿岸，作为中药材种植在意大利、罗马尼亚、土耳其[1]等国家和地区。且欧洲对枸杞的研究分布领域较广泛。特别是意大利，在基础研究方面，除了大量如 N － 阿魏酰酪胺二聚体[2]、类胡萝卜素[3]等化学成分与功效作用挖掘、野生及人工栽培品种品质差异性分析[4]研究外，较早地开展了枸杞蛋白组学研究[5]和根腐病[6]研究。在应用研究方面，制干方式[7]及鲜果贮藏

[1] Ayvaz-Cavdaroglu, N., "A Multiple Criteria Decision Analysis for Agricultural Planning of New Crop Alternatives in Turkey," *Journal of Intelligent & Fuzzy Systems*, 2021, 40, 10737 - 10749.

[2] Forino, M., Tartaglione, L., Dell'Aversano, C., et al., "NMR-based Identification of the Phenolic Profile of Fruits of Lycium Barbarum (Goji Berries). Isolation and Structural Determination of a Novel N-feruloyl Tyramine Dimer as the Most Abundant Antioxidant Polyphenol of Goji Berries," *Food Chemistry*, 2016, 194, 1254 - 1259.

[3] Montesano, D., Juan-Garcia, A., Manes, J., et al., "Chemoprotective Effect of Carotenoids from Lycium Barbarum L. on SH － SY5Y Neuroblastoma Cells Treated with Beauvericin," *Food and Chemical Toxicology*, 2020, 141.

[4] Spano, M., Maccelli, A., Di Matteo, G., et al., "Metabolomic Profiling of Fresh Goji (Lycium Barbarum L.) Berries from Two Cultivars Grown in Central Italy: A Multi-Methodological Approach," *Molecules*, 2021, 26; Mocan, A., Zengin, G., Simirgiotis, M., et al., "Functional Constituents of Wild and Cultivated Goji (L-barbarum L.) Leaves: Phytochemical Characterization, Biological Profile, and Computational Studies," *Journal of Enzyme Inhibition and Medicinal Chemistry*, 2017, 32, 153 - 168; Mocan, A., Moldovan, C., Zengin, G., et al., "UHPLC-QTOF-MS Analysis of Bioactive Constituents from Two Romanian Goji (Lycium Barbarum L.) Berries Cultivars and Their Antioxidant, Enzyme Inhibitory, and Real-time Cytotoxicological Evaluation," *Food and Chemical Toxicology*, 2018, 115, 414 - 424.

[5] D'Amato, A., Esteve, C., Fasoli, E., et al., "Proteomic Analysis of Lycium Barbarum (Goji) Fruit via Combinatorial Peptide Ligand Libraries," *Electrophoresis* 2013, 34, 1729 - 1736.

[6] Cariddi, C., Mincuzzi, A., Schena, L., et al., "First Report of Collar and Root rot Caused by Phytophthora Nicotianae on Lycium Barbarum," *Journal of Plant Pathology*, 2018, 100, 361 - 361.

[7] Fratianni, A., Niro, S., Alam, M. D. R., et al., "Effect of Aphysical Pre-treatment and Drying on Carotenoids of Goji Berries (Lycium Barbarian L.)," *Lwt-Food Science and Technology*, 2018, 92, 318 - 323; Donno, D., Mellano, M. G., Raimondo, E., et al., "Influence of Applied Drying Methods on Phytochemical Composition in Fresh and Dried Goji Fruits by HPLC Fingerprint," *European Food Research and Technology*, 2016, 242, 1961 - 1974.

保鲜工艺与品质评价①有大量探讨。此外，枸杞作为功能性生物饲料的应用研究②也较多。

美国、意大利、土耳其等国家对枸杞的种植与应用研究呈递增趋势。在美洲，枸杞的大规模种植主要在北美的 Ontario 和 California。③ 且通过无性繁殖方式，在苗圃行业有中国的宁杞 1 号及本土品种 Sweet Lifeberry® 和 Big Lifeberry® 的生产销售。通过互联网搜索可以发现，小规模种植者和家庭庄园式的枸杞种植遍布美国，但缺乏与产量等有关的调研数据。美洲西部的怀俄明州进行的枸杞生产试验表明，枸杞在美国农业部 3b 区具有耐寒性，萌芽发生在 3 月至 5 月，7 月至 11 月开花和结果，能够经受住每日温度的大幅波动，并且与葡萄等浆果作物相比，其生产季节更长。④ 此外，除功效作用的报道外，在枸杞制干、作为食品添加剂或辅料的应用研究等方面较多，另有少量的关于枸杞分子生物学的报道。

三　枸杞产业发展存在的问题及发展方向

尽管中国枸杞产业日趋蓬勃发展，但目前枸杞加工产业仍存在以下制约产业发展的瓶颈问题。

第一，枸杞质量评价标准体系仍需进一步健全，市场商品分级和价格并

---

① Palumbo, M., Capotorto, I., Cefola, M., et al., "Modified Atmosphere Packaging to Improvethe Shelf-life of Goji Berries During Cold Storage," *Advances in Horticultural Science*, 2020, 34, 21 – 26.

② Menchetti, L., Vecchione, L., Filipescu, I., et al., "Effects of Goji Berries Supplementation on the Productive Performance of Rabbit," *Livestock Science*, 2019, 220, 123 – 128; Castrica, M., Menchetti, L., Balzaretti, C. M., et al., "Impact of Dietary Supplementation with Goji Berries (Lycium Barbarum) on Microbiological Quality, Physico-Chemical, and Sensory Characteristics of Rabbit Meat," *Foods*, 2020, 9; Andoni, E., Curone, G., Agradi, S., et al., "Effect of Goji Berry (Lycium Barbarum) Supplementation on Reproductive Performance of Rabbit Does," *Animals*, 2021, 11.

③ Demchak K., Heidenreich C. (2014) Goji berry culture. Penn State Extension. http://extension. psu. edu/plants/tree-fruit/news/2014/goji-berry-culture.

④ Joshee Nirmal, Dhekney Sadanand, Parajuli Prahlad., *Medicinal Plants: from Farm to Pharmacy*, *Springer Nature Switzerland AG*, Switzerland, 2019; pp. 134 – 135.

未考虑到枸杞的功效成分类胡萝卜素、多酚等成分的含量及道地性等因素。道地性对于枸杞主要功效成分的形成和积累、活性影响等方面还未形成系统深入的研究体系，尚无不同生态条件下枸杞功效成分结构、活性、稳定性等多方面性质的比较研究，无法充分体现枸杞道地性的特色和优势，进而导致在市场流通过程中做不到枸杞中药材的优质优价。

第二，枸杞功能物质基础研究尚需进一步加强，功能成分的结构表征、构效关系、生物功效与药理作用机制不明确，如大分子物质糖肽活性片段、活性中心与其活性之间的关系，多糖、多酚及枸杞玉米黄素类物质在机体内的吸收分布、代谢途径等尚无较为详尽的研究数据。

第三，功能成分分离、提取技术有待进一步提高。目前，枸杞多糖等功效成分的提取工艺研究多限于验证粗放的得率、生产周期的优化，鲜见相应的药理活性保留或增强等关键问题的研究，在一定程度上削弱了提取工艺的合理性，致使规模化且标准化制备工艺欠缺，产品质量难以控制，成为限制枸杞高附加值深加工产品的研发、阻碍枸杞功效成分产业化的一个重要因素。

因此，针对上述问题及研发方向，广泛开展国内外交流与合作，聚集国内外中医药、保健食品加工的优势资源，围绕制约枸杞产业发展的核心关键技术，重点开展枸杞标志性成分分析研究，技术攻关和产品研发，为建立药食同源枸杞育种技术标准和商品评价标准，提高枸杞附加值及枸杞深加工和药食同源产业链升级优化提供理论和技术支撑。

四　特色企业介绍

（一）百瑞源枸杞股份有限公司

百瑞源枸杞股份有限公司（以下简称"百瑞源"）总部位于宁夏银川，是一家专业从事枸杞科技研发、基地种植、生产加工、市场营销、文化旅游"五位一体"的全产业链国家高新技术企业。百瑞源被自治区人民政府授予"自治区质量奖"，被农业农村部授予"农业产业化国家重点龙头企业""国家枸杞加工技术研发专业中心",被科技部授予"国家高新技术企业"。百瑞源是宁夏枸杞功能性食品工程技术研究中心、枸杞功能物质提取和深加工工程研究中心,是金砖国家领导人厦门会晤食材供应企业、全国连锁百强企业、全国绿色农业十佳示范企业。百瑞源与中国科学院、浙江大学、中国农业大学、江南大学、暨南大学、宁夏农科院、宁夏大学等科研院所建立紧密合作关系,先后承担科技部科技支撑计划项目、国家火炬计划项目和自治区科技攻关项目等,并独家拥有枸杞新品种"宁农杞2号"、全营养"锁鲜枸杞"和几十项技术发明专利,被自治区人民政府授予"宁夏枸杞品种选育及功效研究院士工作站"。先后建成国家4A级旅游景区——宁夏枸杞博物馆,百瑞源(中国)枸杞研发中心,1.2万亩有机枸杞示范种植基地,4大现代化加工园区;拥有年产3500吨发酵型鲜枸杞原浆及枸杞深加工车间。市场营销形成了百瑞源枸杞品牌专卖店、电子商务、国际贸易三大市场体系,产品畅销全球。公司确立"百瑞源枸杞,好枸杞可以贵一点"的品牌战略定位,构建一二三产业融合发展的"百瑞源模式",坚守"一群人、一辈子、只为一粒好枸杞"的信念,立志做一个受人尊重的百年品牌企业。

(二)宁夏沃福百瑞枸杞产业股份有限公司

宁夏沃福百瑞枸杞产业股份有限公司(以下简称"沃福百瑞公司")成立于2005年,注册资金为8333.50万元,是集枸杞深加工产品研发,有机枸杞种植、加工、销售,红枸杞文化建设于一体的全产业链高科技民营企业。

2020~2022年沃福百瑞公司投资2.68亿元建设位于银川市西夏区开元东路188号的新工厂,规划总建筑面积6万平方米,利用创新技术建设了7条现代化枸杞精深加工产品生产线,包括易拉罐装枸杞鲜果汁饮料生产线、玻璃瓶装/软袋装枸杞鲜果汁饮料生产线、枸杞保健果汁饮料生产线、枸杞籽油软胶囊生产线、枸杞多糖制备及糖肽颗粒生产线、枸杞喷雾粉及鲜汁粉包装线等,建成全自动千吨级立体仓储一座,能满足数亿元的新增产能需求,解决了制约企业发展的仓储和产能不足的问题。

（三）宁夏天仁枸杞生物科技股份有限公司

宁夏天仁枸杞生物科技股份有限公司成立于 2013 年 12 月，是一家以枸杞深加工、研发、生产、销售为主营业务的"自治区科技型中小企业""中卫市农业产业化重点龙头企业"。2016 年投资 1.5 亿元，转化中国科学院上海有机化学研究所枸杞糖肽专利技术，并建成世界首条枸杞糖肽生产线，形成了以枸杞糖肽为主导产品，衍生生产枸杞籽油化妆品、枸杞酵素、小分子口服液系列产品。年消耗枸杞干果原料 500 吨，年产 90% 纯度以上枸杞糖肽 5 吨，其他纯度枸杞糖肽 50 吨以上，枸杞糖肽片 8000 万片。2019 年获批成立宁夏中宁枸杞（天仁）院士工作站，也是目前宁夏唯一枸杞院士工作站承载单位，一直致力于枸杞提取物在各领域的研发、应用和转化。长期为国家疾控中心、爱尔眼科集团、北京腾讯、广州脑科医院、暨南大学、宁夏医科大学、德国夏洛蒂医科大学、四川人民医院、中山眼科医院等院所提供研究新冠病毒、眼部疾病、神经损伤、抑郁症、口腔疾病、认知障碍等方面的实验原料及相应产品。截至目前开展的枸杞糖肽相关研究 30 多项，申报专利 22 项。公司研发生产的枸杞糖肽压片糖果、固体饮料、特殊膳食食品等系列产品销往国内各省区和香港。

（四）宁夏中杞枸杞贸易集团有限公司

宁夏中杞枸杞贸易集团有限公司是一家集枸杞生产、加工、贸易于一体的企业。公司下设宁夏中杞生态农业科技有限公司、宁夏中杞生物科技有限公司、宁夏中杞供应链管理有限公司、中卫市天景山农业科技有限公司和宁夏中宁国际枸杞交易中心。主要开展枸杞种植、销售、苗木繁育、精深加工、生产技术服务等业务。在中宁县天景山建设枸杞标准化种植示范基地 15000 亩；建成枸杞良种采穗圃 500 亩、枸杞良种繁育园 1000 亩；种植有机枸杞 6000 亩，先后引进"宁杞 1 号""宁杞 4 号""宁杞 5 号""宁杞 7 号""宁杞 9 号""黑枸杞""黄枸杞"等枸杞新品种，生产出高品质的"福寿果""天景山"等品牌枸杞干果、鲜果，获得了欧盟、美国、日本有机枸杞认证，国内绿色食品、HACCP、GAP 认证，"福寿果"被评为"宁夏枸杞知名品牌"；研发的健康食品枸杞糖肽片、枸杞黄酮片、杞媛蜂花粉枸杞片和枸杞红素凝胶糖果已经推向市场；建成现代化长季节枸杞栽培基地 40 余亩，填补了我国枸杞冬春季种植空白，引领拓展了枸杞种植新发展。公司依托中宁枸杞原产地得天独厚的自然优势，不断开拓创新，致力于宁夏枸杞产业的发展，先后被中卫市、自治区、农业农村部评为农业产业化重点龙头企业，被自治区林业厅评为林业产业化重点龙头企业。

（五）宁夏全通枸杞供应链管理股份有限公司

宁夏全通枸杞供应链管理股份有限公司成立于 2003 年，位于中国枸杞之乡中宁县新水工业园，是国家级农业产业化重点龙头企业。公司目前具有 1 万吨枸杞养生酒、5000 吨道地药材、3000 吨枸杞汁，日产 8 万包粉剂、200 万片剂靶向性大健康功能产品生产能力。公司目前拥有知识产权 57 项，其中枸杞深加工及特膳食品相关发明专利 8 项，实用新型专利 7 项，注册商标 42 件。公司深耕枸杞产业，正逐步向生物医药、大健康领域的高新技术企业转型。

我国食疗产品相关标准法规现状

李颜秘 任 潇 万 燕 朱大洲*

摘 要： 近年来，我国人民生活水平不断提高，营养供给能力显著增强，国民营养健康状况明显改善。与此同时，人们对食品营养品质的需求逐步提升，而食品的质量高低则与相关标准法规的成熟完善程度息息相关。国务院办公厅在《国民营养计划（2017~2030年）》中指出要完善营养法规标准体系、健全营养工作制度。本文就我国三新食品、药食同源食品、保健食品、特色农产品、药膳产品等食疗产品相关标准法规现状进行梳理、分析、展望，以期为食疗产业从业者、监管者提供参考。

关键词： 食疗产品 药食同源 标准法规

近年来，食疗产品在国内得到了广泛关注，药食同源食品等食疗产业发展迅速。通常意义上的食疗产品主要是指药食两用产品以及在中医学理论指导下，以不同中药材和食材为原料、合理搭配所得的一种既具有药物和食物的双重属性，又具备养生保健功能的特殊膳食，但是目前我国还没有形成关于食疗产品的明确、统一的定义。根据《中华人民共和国食品安全法》的规定，我国食品分为普通食品、保健食品和特殊膳食，从这个分类来看，我国绝大部分食疗产品既不属于普通食品，也不等同于保健食品。现阶段国内的

---

* 李颜秘，农业农村部食物与营养发展研究所、成都大学食品与生物工程学院；任潇，农业农村部食物与营养发展研究所；万燕，成都大学食品与生物工程学院；朱大洲，农业农村部食物与营养发展研究所。

食疗产业处于初步发展的阶段，关于食疗产品的标准法规也比较少。本文初步梳理了包括三新食品、药食同源食品、保健食品、特色农产品、药膳产品等与食疗相关的上下游产品的标准法规，为将来制定完善的食疗产品标准法规提供参考。

一　三新食品相关标准法规现状

三新食品是指新食品原料、食品添加剂新品种和食品相关产品新品种。

针对新食品原料，《中华人民共和国食品安全法》第 37 条规定："利用新的食品原料生产食品，或者生产食品添加剂新品种、食品相关产品新品种，应当向国务院卫生行政部门提交相关产品的安全性评估材料。国务院卫生行政部门应当自收到申请之日起六十日内组织审查；对符合食品安全要求的，准予许可并公布；对不符合食品安全要求的，不予许可并书面说明理由。"《新食品原料卫生行政许可申报与受理规定》第 3 条规定："新食品原料应当具有食品原料的特性，符合应当有的营养要求，且无毒、无害，对人体健康不造成任何急性、亚急性、慢性或者其他潜在性危害。"《新食品原料安全性审查管理办法》第 15 条规定："对于食品或者已公告的新食品原料具有实质等同性的，应作出终止审查的决定，并书面告知申请人。"

关于食品添加剂新品种，《中华人民共和国食品安全法》第 93 条规定："进口利用新的食品原料生产的食品或者进口食品添加剂新品种、食品相关产品新品种，依照本法第三十七条的规定办理。"《食品添加剂新品种管理办法》第 2 条明确规定："食品添加剂新品种是指未列入食品安全国家标准的食品添加剂品种；未列入卫生部公告允许使用的食品添加剂品种；扩大使用范围或者用量的食品添加剂品种。"第 3 条规定："食品添加剂应当在技术上确有必要且经过风险评估证明安全可靠。"第 4 条规定："使用食品添加剂应当符合下列要求：不应当掩盖食品腐败变质；不应当掩盖食品本身或者加工过程中的质量缺陷；不以掺杂、掺假、伪造为目的而使用食品添加剂；不应当降低食品本身的营养价值；在达到预期的效果下尽可能降低在食品中的用量；食品工业用加工助剂应当在制成最后成品之前去除，有规定允许残留量的除外。"《食品添加剂新品种申报与受理规定》第 10 条规定："食品添加剂新品种的通用名称应当为规范的中文名称或简称以及英文名称。功能分类应当为现行食品添加剂国家标准规定的类别。用量应以 g/kg（g/l）为单位，使用范围可以参考现行食品添加剂国家标准中的食品范围。"

按照《食品相关产品新品种行政许可管理规定》，食品相关产品新品种是指食品生产经营的容器包材、设备工具、洗涤剂、消毒剂等使用的新材料、新原料或新添加剂等，不属于食疗产品，因此本文不对其进行详细阐述。

在食品的实际生产中，若遇到某种国内未批准的新物质时，需要对该物质进行注册申报，以评估其安全性，因此三新食品的申报情况一直广受关注。[①] 三新食品的注册、申报及审批均由国家卫生健康委员会负责，目前对于"可食物质"的注册申报主要包括新食品原料和食品添加剂新品种两种。

（一）申报流程

新食品原料和食品添加剂新品种的申报都遵循前审后批的审查类型，审批数量不做限制。具体申报流程如下。首先，申请单位或个人按照各自《管理办法》和《申报与受理规定》的要求，在网上向国家卫生健康委员会提出申请，并递交申报卷宗（国家卫生健康委员会出具《行政许可申请材料接收凭证》），国家卫生健康委员会政务大厅在 5 个工作日内做出是否受理的决定（产品符合要求确认受理，出具《行政许可申请受理通知书》）。其次，申请材料不齐全或者不符合法定形式的，出具《申请材料补正通知书》；依法不属于申报和受理范围的，出具《行政许可申请不予受理决定书》，对于受理的产品，政务大厅移交全部资料给国家食品安全风险评估中心，风险评估中心在 60 日内组织专家技术评审并给出审评意见（技术审评中需要补充有关资料的，出具《行政许可技术评审延期通知书》）；建议不批准的，出具《行政许可技术审查意见报告书》，未提出复核或复核不通过的即不予许

---

① 杨晓晶：《2022 年第 2 号"三新食品"公告发布》，《中国食品报》2022 年 5 月 23 日。

可，出具《不予行政许可决定书》；其他结论出具《行政许可审查结论通知书》。最后，终止审查（新食品原料专有），出具《行政许可终止审查通知书》，技术审评后对于建议批准的产品，风险评估中心在 30 日内在其网站上发布征求意见稿，国家卫生健康委员会发布正式的批准公告。

新食品原料和食品添加剂新品种获批后，将在国家卫生健康委员会食品安全标准与监测评估司网站上以"批准公告"的形式发布，公告的法律效应等同于食品安全国家标准。企业可依据公告的相关内容进行产品的生产、销售或合规使用。自 2019 年起，新食品原料、食品添加剂新品种、食品相关产品新品种合并以"三新食品"公告形式发布，在此之前，分别是以独立的公告发布。①

（二）管理现状

自 2009 年《食品安全法》颁布实施至 2022 年 5 月 23 日，国家卫生健康委员会一共批准公告了关山樱花、莱茵衣藻等 106 种新食品原料，麦芽糖淀粉酶、喹啉黄铝色淀等 243 种食品添加剂新品种，磷酸锆（2∶1）、三烯丙基异氰脲酸酯等 270 种食品相关产品新品种。

目前很多地方特色的食物资源均已实现人工驯化、人工养殖，但由于没有被纳入三新食品目录，不能大规模生产，因此对于三新食品的相关申报需求也较为迫切。而当前我国三新食品的申报审批耗时较长，不仅需要通过线上申请，还要线下递交纸质资料。同时，我国三新食品申报除少数试验可以根据国外批准的情况进行减免外，其余的必须通过毒理学试验，因此从受理到最终正式通过往往需要至少 2 ~ 3 年的时间，其中受理到征求意见的周期也需要至少 1 年左右。②

目前我国现行三新食品申报的法规体系在科学评估和分级管理方面还有所欠缺，三新食品研发、安全性评估的相关细则还不够详尽；申报流程烦

---

① 方荣、覃先武、陈晖、邓娟娟、王茜、王俣：《美国 GRAS（"公认安全"）自愿性通告法规浅析及对我国"三新食品"申报的启示》，《中国食品添加剂》2021 年第 10 期。

② 方荣、覃先武、陈晖、邓娟娟、王茜、王俣：《美国 GRAS（"公认安全"）自愿性通告法规浅析及对我国"三新食品"申报的启示》，《中国食品添加剂》2021 年第 10 期。

琐，需要资料很多，审批周期较长；三新食品的定义和范围尚未完全满足食品行业的快速变化和创新需求。因此，围绕树立大食物观，充分挖掘各类食物资源，建立健全更加科学完善的评估体系和评价标准以及合理简化申报流程对三新食品的发展来说是至关重要的。

二　药食同源食品相关标准法规现状

2017 年中央 1 号文件提出"加强新食品原料、药食同源食品开发和应用"。同年国务院办公厅印发的《国民营养计划（2017～2030 年）》中，明确提出"大力发展传统食养服务""进一步完善我国既是食品又是中药材的物品名单""推进传统食养产品的研发以及产业升级换代"等一系列发展药食同源产品的重要举措。① 截至目前，国家卫生健康委发布的《按照传统既是食品又是中药材的物质目录管理规定》的食药物质有 110 种，包括枸杞、当归、菊花、桔梗等各类物质，其中党参、肉苁蓉、铁皮石斛、西洋参、黄芪、灵芝、山茱萸、天麻、杜仲叶等 9 种物质处于试点阶段。

药食同源产品是食药物质及其加工产品，其本质按照传统定义既是食品又是中药材。因此，药食同源产品的标准制定一方面可参考与农业和食品相关的标准法规，如《中华人民共和国食品安全法》《中华人民共和国农产品质量安全法》《中华人民共和国食品安全法实施条例（2016 修订）》等基础法律法规；另一方面也可参考与药品相关的标准，如《中华人民共和国药典（2020 年版）》《中华人民共和国药品管理法（2019 年修订）》《中华人民共和国中医药法》《药品注册管理办法（2020 年版）》等。中华中医药学会 2016 年发布了《中医健康管理服务规范》和《药食同源药膳标准通则》两项团体标准，为相关从业人员提供技术操作规范，保障中医药的安全和品质，为药食同源产品的立法奠定了基础。《优质药食同源产品标准》（T/HN-YJNYXH 006 - 2020）、《抗氧化评价方法 第 1 部分：天然产物体外抗氧化活性评价》（T/CHAA 014 - 2022）、《抗氧化评价方法 第 2 部分：药食同源物

---

① 贾慧杰：《我国药食同源的发展与应用概况分析》，《现代食品》2022 年第 4 期。

质抗氧化活性评价》（T/CHAA 015 – 2022）和《适老药食同源药膳配方食品通用要求》（T/CGSS 009 – 2019）是现行有效的药食同源团体标准，《适老药食同源药膳配方食品通用要求》（T/CGSS 009 – 2019）规定了适老药食同源药膳配方食品的分类、技术要求、安全性要求、食品添加剂和营养强化剂及标签，适用于老年人群的药食同源药膳配方食品。[①]

（一）典型药食同源食品相关标准法规

针对单个食药物质来说，根据地域的不同其标准也有所差异，各地制定了相应的地方标准。

1. 当归

《204 药典一部 – 2020 药材和饮片 六画 当归》针对当归的性状、鉴别方法、成分、含量测定、制品成分和说明做了规定。《当归育苗技术规范》（DB 63/T 1737 – 2019）是青海省发布的地方标准，该标准规定了当归育苗中的环境条件、育苗技术、病虫害防治、起苗与贮藏等技术要求。《当归栽培技术规程》（DB 62/T 4415 – 2021）是由甘肃省发布的地方标准，该文件规定了当归栽培的术语定义、产地环境、栽培管理、主要病虫鼠害防治、采收整理的要求。

2. 枸杞

《枸杞》（GB/T 18672 – 2014）规定了枸杞的质量要求、试验方法、检验规则、标志、包装、运输和贮存，适用于经干燥加工制成的各品种的枸杞成熟果实。《无公害食品 枸杞生产技术规程》（NY/T 5249 – 2004）规定了无公害食品枸杞的产地环境条件、品种选择与育苗、建园、土肥水管理、整形修剪、病虫害防治、鲜果采收和制干的生产技术，适用于全国西北、华北各省（区）无公害食品枸杞的生产。《地理标志产品 宁夏枸杞》（GB/T 19742 – 2008）规定了宁夏枸杞的术语和定义、地理标准产品保护范围、要求、试验方法、检验规则及标签、标志、包装、运输、贮存，适用于国家质量监督检验检疫行政主管部门根据《地理标志产品保护规定》批准保护的宁夏枸杞。

---

① 杨光、苏芳芳、陈敏：《药食同源起源与展望》，《中国现代中药》2021 年第 11 期。

3. 红枣

《地理标志产品 延川红枣》（GB/T 23401 - 2009）规定了延川红枣的术语和定义、地理标志产品保护范围、要求、试验方法、检验规则及包装、标志、运输、贮存要求，适用于延川红枣的生产、收购、销售及其食品加工原料要求的干制红枣。《优质红枣栽培技术规程》（T/SHZSAQS 00010 - 2021）规定了新疆红枣优质生产的树体调控、花果调控和水肥调控等技术。

（二）药食同源食品的发展需求

对于划入《按照传统既是食品又是中药材的物质目录管理规定》当中的产品来说，其标准法规相对完善，可能与本身数量较少以及申报药食同源物质审批较为严格有关。然而，目前有很多药食同源相关产品还没有标准，如常见的三七、天冬、黑豆、冬瓜皮、龟甲、鳖甲等产品早已经成为餐桌上的寻常菜肴，但是却并没有被列入食药物质目录名单。尽管我国药食同源产品起源较早、种类较多，但是能形成规模的产业较少，存在法律法规有待完善、产品认知困难、品牌建设滞后等问题，与人民群众运用药食同源产品保健养生的需求不相适应，这些问题均极大地阻碍了产业的发展，限制了药食同源产品的传承、创新和发展。目前还有很多寻常中药材迫切需要制定相应的标准进行规范，因此重视、研究和解决这些问题是关键。①

三 保健食品相关标准法规现状

保健食品在中国的起源可以追溯到中华民族悠久的食疗养生传统及"药食同源"理论，我国的保健食品在 20 世纪 80 年代后期迅速发展，日益形成了一个新兴产业。② 《中华人民共和国食品安全法》规定保健食品是指声称具有特定保健功能或者以补充维生素、矿物质为目的的食品，即适宜于特定

---

① 胡思、王超、孙贵香、刘仙菊、李晨婷、何清湖：《大健康产业背景下药食同源资源开发的现状与对策研究》，《湖南中医药大学学报》2021 年第 5 期；唐雪阳、谢果珍、周融融、张水寒：《药食同源的发展与应用概况》，《中国现代中药》2020 年第 9 期。

② 周彩云：《保健食品法律法规变化及企业应对策略》，《东西南北》2019 年第 12 期。

人群食用，具有调节机体功能，不以治疗疾病为目的，并且对人体不产生任何急性、亚急性或者慢性危害的食品。① 目前，我国从保健食品生产、注册、宣传、经营、管理等多个方面出台了相关的法律、规章以及规范性文件，相关体系不断完善，进一步规范了保健食品市场发展。《中华人民共和国食品安全法》是规范保健食品的基本法律，该法涉及保健食品的规定共有 8 条，即第 74 条、第 75 条、第 76 条、第 77 条、第 78 条、第 79 条、第 82 条及第 83 条，涉及的内容包括保健食品原料、功能宣称、审批等。

在保健食品生产注册方面，我国出台了《保健食品生产许可审查细则》、《保健食品注册与备案管理办法》（国家食品药品监督管理总局令第 22 号）、《保健食品注册资料要求》、《保健食品注册申请服务指南（2016 年版）》、《辅酶 Q10 等五种保健食品原料备案产品剂型及技术要求（2021 年版）》、《保健食品备案可用辅料及其使用规定（2021 年版）》和《保健食品备案产品剂型及技术要求（2021 年版）》等，严格限制保健食品的申报与注册。②

在保健食品备案的产品名称命名及标注方面，根据相关法律法规、规章规范和标准，国家市场监督管理总局制定了《保健食品命名指南（2019 年版）》、《保健食品标注警示用语指南》和《加强保健食品标志管理的公告（2022 年版）》，引导消费者理性消费，避免误导消费。

在保健食品宣传方面，保健食品企业需要按照《保健食品标识规定》依法在产品外包装显眼处进行标识，并在宣传的过程中根据《保健食品广告审查暂行规定》《食品广告管理办法》如实进行宣传。③ 为了进一步加强对保健食品生产经营企业宣传营销等行为的管理，国家市场监督管理总局等 13 部门联合印发的《综合整治骚扰电话专项行动方案》（工信部联信管〔2018〕138 号）中规定保健食品经营者以电话形式进行保健食品营销和宣

---

① 付厚民：《我国保健食品法律法规体系与标准体系分析》，《法制博览》2018 年第 21 期。
② 张雪艳、王素珍：《我国保健食品监管制度发展沿革及思考》，《中国食品药品监管》2018 年第 4 期。
③ 张守文：《我国关于保健食品的管理法规主要内容解读》，《中国食品添加剂》2017 年第 6 期。

传时，不得作虚假或者误导性宣传，不得明示或暗示保健食品具有疾病预防或治疗功能，不得在保健食品标签及说明书中夸大功能范围，进行虚假宣传。

在保健食品监管与审评方面，由国家市场监管总局组织实施其注册、备案和监督管理。在保健食品审评过程中，需要根据《保健食品通用技术要求》《保健食品注册审评审批工作细则（2016 年版）》《保健食品注册技术审评细则》《保健食品稳定性试验指导原则》等进行系统的评估，保证保健食品行政许可公开、公平、公正。①

在保健食品功能检验评价方法方面，国家市场监督管理总局制定了《保健食品功能检验与评价方法（2022 年版）》《保健食品功能检验与评价技术指导原则（2022 年版)》和《保健食品人群试食试验伦理审查工作指导原则（2022 年版)》。此外，针对保健食品注册中涉及的毒理、理化检测，国家市场监督管理总局结合相关的食品安全国家标准，发布了《保健食品及其原料安全性毒理学检验与评价技术指导原则（2020 年版)》《保健食品原料用菌种安全性检验与评价技术指导原则（2020 年版)》《保健食品理化及卫生指标检验与评价技术指导原则（2020 年版)》。②

"健康中国 2030"已经成为我国的国家战略，保健食品作为大健康产业的一个重要组成部分，是 21 世纪食品行业中最具前景也最具挑战性的充满发展机遇的行业，我国应该建立更加统一的质量评定标准、更加严格的管理规范，不断完善相应的法律法规体系和技术标准体系，推动保健食品行业进一步发展。③

---

① "The General Incorporated Association of International Foods & Amp；Nutrition AIFN；Symposium on Japanese Laws and Regulations of Health Food," *Agriculture Week*，2014；Salovaara，"4th European Symposium on Oats—Oats and Healthy Foods," *Cereal Foods World*，2006，51（3）：150 – 151.

② "The General Incorporated Association of International Foods & Amp；Nutrition AIFN；Symposium on Japanese Laws and Regulations of Health Food," *Agriculture Week*，2014；李江华、李丹：《我国保健食品法律法规体系与标准体系现状》，《食品科学》2011 年第 21 期。

③ 付厚民：《我国保健食品法律法规体系与标准体系分析》，《法制博览》2018 年第 21 期。

四　地域特色农产品标准法规现状

实施乡村振兴战略，是党的十九大做出的重大决策部署，产业兴旺是乡村振兴的重点，乡村产业内涵丰富、类型多样，其中乡村特色产业是乡村产业的重要组成部分，[①] 特殊地域、特色农产品则是乡村特色产业的典型代表之一。特色农产品是指在传统农业发展过程中，由于天然的地理气候条件、生产技术和工艺提升、营销手段以及市场变化等形成的具有资源条件独特性、区域特征显著性、产品品质特殊性和消费市场特定性的农产品。[②]

地域特色农产品所遵循的标准法规，一方面是作为农业种植养殖相关的标准，另一方面是产品本身的品质或营养价值相关标准。《中华人民共和国农产品质量安全法（2022 年版）》对农产品质量安全标准、农产品产地、农产品生产、农产品包装和标识以及监督检查等做了规定，为保障农产品质量安全、维护公众健康、促进农业和农村经济发展提供了依据。[③] 原国家食品药品监督管理总局制定了《食用农产品市场销售质量安全监督管理办法》，该法规范了食用农产品市场销售行为，加强了食用农产品市场销售质量安全监督管理，保证了食用农产品质量安全。《中华人民共和国产品质量法（2018 年修改）》第 12 条规定："产品质量应当检验合格，不得以不合格产品冒充合格产品。"《农产品质量安全监测管理办法（2022 年修正）》第 13 条规定："农产品质量安全风险监测应当按照公布的标准方法检测；没有标准方法的可以采用非标准方法，但应当遵循先进技术手段与成熟技术相结合的原则，并经方法学研究确认和专家组认定。"依据《农产品地理标志管理办法》和《农产品地理标志登记程序》，原农业部制定了《农产品地理标志产品品质鉴定规范》来规范农产品地理标志产品的品质鉴定工作，保证农产

[①] 杨曼琳：《乡村振兴背景下四川特色农产品品牌管理研究》，《太原城市职业技术学院学报》2020 年第 4 期。

[②] 董有国：《乡村振兴战略背景下地方特色农产品包装设计刍论》，《科教文汇》（上旬刊）2020 年第 7 期。

[③] 付厚民：《我国保健食品法律法规体系与标准体系分析》，《法制博览》2018 年第 21 期。

品地理标志产品品质鉴定的科学性、公正性和一致性。① 下面以蓝莓和苦荞为典型案例进行梳理分析。

（一）蓝莓

蓝莓属于杜鹃花科越橘属植物，为多年生常绿低灌木。中国的黑龙江、内蒙古、吉林长白山等地区均是蓝莓的原生地。蓝莓果实呈蓝色，含有丰富的营养成分，花青素含量尤其丰富，具有清除人体自由基、防止脑神经元老化、抗氧化以及延缓人体衰老等功能，是联合国粮农组织推荐的五大健康水果之一。目前，我国仅有一部和蓝莓直接相关的国家标准《蓝莓》（GB/T 27658 - 2011）。该标准完整、详细地规定了关于鲜食蓝莓的质量要求、质量容许度要求、安全指标要求、试验方法、检验规则、包装、标识规定、运输和贮存等内容。

随着中国人民生活水平的不断提高，对食品的需求也愈来愈多样化，蓝莓产业成为 21 世纪的一个新兴产业，越来越多的地区开始自己引进并种植蓝莓，其中四川具有适宜蓝莓栽培的丰富的酸性土壤和变化多样的气候，②四川省蓝莓产业从无到有、从小到大，得到了飞速发展。为了保证四川省蓝莓产业的集约化发展和规模效益，四川省农业农村厅于 2021 年 12 月 1 日发布了《蓝莓标准化种植技术规程》（DB51/T 2710 - 2020），该标准是四川省地方标准，规定了蓝莓的术语和定义、建园、土肥水管理、修剪、花果管理、病虫害生态综合防控、采收，适用于四川高丛蓝莓和兔眼蓝莓的生产。③

---

① 张雪艳、王素珍：《我国保健食品监管制度发展沿革及思考》，《中国食品药品监管》2018 年第 4 期；张守文：《我国关于保健食品的管理法规主要内容解读》，《中国食品添加剂》2017 年第 6 期；"The General Incorporated Association of International Foods & Amp; Nutrition AIFN; Symposium on Japanese Laws and Regulations of Health Food," *Agriculture Week*, 2014；李江华、李丹：《我国保健食品法律法规体系与标准体系现状》，《食品科学》2011 年第 21 期；付厚民：《我国保健食品法律法规体系与标准体系分析》，《法制博览》2018 年第 21 期。
② 阳翠、董顺文、陈昌琳、钟程操、张小军、王明娟、曹吉祥：《四川省蓝莓产业发展现状分析与对策建议》，《中国果树》2022 年第 1 期。
③ 陈招芳、李恒刚、许轲、黄金秋、汪志辉、吴林、王迅：《四川主栽蓝莓品种果实生长发育过程中的品质变化规律》，《食品与发酵工业》2020 年第 12 期；冯靖媛：《四川蓝莓产业发展主要问题研究》，硕士学位论文，西南科技大学，2018。

（二）苦荞

苦荞是一种重要的小宗杂粮作物和药食同源植物，含有蛋白质、维生素、矿物质、膳食纤维等营养成分，同时富含芦丁、槲皮素等黄酮类物质，营养素含量丰富，比例均衡。现代研究证实，黄酮类化合物具有很高的食用价值和药用价值，具有防治心脑血管疾病、抗菌消炎等作用，长期食用能增强人体免疫力，具有很好的保健作用。[①]

目前，我国没有与苦荞直接相关的国家标准，《苦荞麦生产技术规程》（DB51/T 812 -2008）是2008年6月6日发布的适用于四川省苦荞麦生产区的地方标准，该标准规定了苦荞麦生产的有关定义、生产技术、肥料使用、病虫防治以及收获贮藏等要求。《苦荞原种生产技术规程》（DB14/T 517 -2009）是2009年4月1日发布的适用于山西省境内的苦荞原种生产的地方标准，本标准规定了苦荞原种的术语和定义、原种生产、田间管理、病虫害防治、种子包装与贮藏及种子质量检验技术要求。为了深入实施优势资源开发与保护并重战略，提高凉山州苦荞产品品质、知名度和美誉度以及促进苦荞产业持续、健康、快速发展，凉山州人民政府办公室于2013年6月9日发布了《关于加强苦荞产品质量安全管理的意见》（凉府办发〔2013〕26号）的地方标准，该标准旨在强化苦荞产业生产、加工、执法环节管理。

（三）存在的问题

目前，针对特色农产品，我国发布相关国家标准较少，这主要归因于农产品本身的地域性和独特性，即使是同一产品在不同地域表现出来的属性也大不相同。对于单一农产品，只能依靠当地政府根据当地实际情况，经过考

① Elena, Antonini, Federica, et al. , "Nutritional Characterization of Naked and Dehulled oa Cultivar Samples at Harvest and after Storage," *Journal of Cereal Science*, 2016, 72: 46 - 53; Wang R. , Li M. , Chen S. , et al. , "Effects of Flour Dynamicviscosity on the Quality Properties of Buckwheat Noodles," *Carbohydrate Polymers*, 2019, 207: 815 - 823; Salovaara, "4th European Symposium on Oats—Oats and Healthy Foods," *Cereal Foods World*, 2006, 51 (3): 150 - 151; 钟灵允、赵钢、赵江林:《荞麦黄酮及其生物合成调控研究进展》,《广西植物》2021年第6期。

察调研再组织拟草相应的地方标准。

五 药膳相关标准法规现状

习近平总书记指出，没有全民的健康，就没有全面小康。近年来，我国人民生活水平不断提高，营养供给能力显著增强，国民营养健康状况明显改善，但当前仍面临营养不足与过剩并存、营养健康生活方式尚未普及、营养相关疾病多发等问题。① 药膳是将不同药材与食材相配而做成的美食，其"寓医于食"，取药物之性，用食物之味，药借食力，食助药功，相得益彰，相辅相成，因而药膳具有较高的营养价值，还可防病治病、强身健体、延年益寿。甘肃省健康委员会在《关于加强医疗机构食疗药膳工作的通知》中指出，"加强食疗药膳工作是落实国民营养计划的客观要求""推进食疗药膳工作是发挥我省中医药资源优势的现实要求""推进食疗药膳工作是加强临床营养工作的科学要求"；广东省人民政府办公厅在《关于印发广东省国民营养计划（2017～2030年）实施方案的通知》中也提出"要依托岭南中医药特色发展传统食养服务，建立传统食养与中医药健康、营养学、体育健身等融合的健康服务新业态"，要"发展地方特色传统药膳，指导餐饮企业开发应用具有地方特色的传统药膳"。由此可见，食疗药膳在疾病防治和健康促进中发挥着积极作用，同时还能促进中医药产业发展。

目前关于我国药膳的标准法规较少，仅有《鲁菜 药膳焗南瓜》（DB37/T 2903.80-2017）一部地方标准，该标准规定了药膳南瓜的术语和定义、原料及要求、烹饪器具、制作工艺、装盘、质量要求、最佳食用时间。该标准由山东省质量技术监督局于2017年4月7日发布，适用于鲁菜传统加工工艺烹制菜肴药膳南瓜。此外，还有《适老药食同源药膳配方食品通用要求》（T/CGSS 009-2019）、《药膳用菌菇煲汤料》（T/AHFIA 057-2021）、《药膳用粉剂调味料》（T/AHFIA 058-2021）三部团体标准。2016年，中华中医药学会发布的《药食同源药膳标准通则》团体标准，虽然用以指导药食

---

① 刘亭宇、施洪飞：《药膳首先是美食》，《美食研究》2018年第4期。

同源药膳的临床应用，但对于大多数药膳仍不适用。

虽然药膳历经数千年的积累，有着悠久的历史渊源和博大精深的内涵，但是药膳行业过去一直没有完善的法规标准，加上现代西方医学、营养学、食品科学等学科迅速发展建立起相应的医疗卫生管理体制和食品药品管理法律法规，对传统的中医药膳食品学造成了较大的冲击。[①] 根据现有的食品药品法律法规，药膳既不是普通食品，也不属于保健食品，更不是药品，模糊不清的界定和法律标准的不完善使得药膳行业的发展受到了很大的束缚和制约。

因此，我们应当尽快通过立法来规范管理药膳行业，促进药膳行业逐步形成囊括药膳食品概念界定、药膳食品立法、药膳食品认证标准、药膳食品安全性评价及质量控制等方面的标准体系。[②] 针对目前药膳行业尚无明确的质量标准，相关的研究几近空白的现状，我们要尽快制定出与药膳食品相适应的标准体系，以此推动药膳食品产业的健康快速发展。

六　关于中医食疗养生标准法规的展望

我国现行有关食品和药品的法规标准及食品安全卫生管理体制受到西方食品、药品监管体系的影响，并不适合中医食疗养生产品，这是制约中医食疗养生行业发展的重要原因。现有的相关标准体系和认证管理制度侧重于一般功能性食品的法律界定、监管标识、组成成分分析等方面，并未涉及中医药食疗养生产品法规标准的领域。且在食品、药品、保健食品等现行监管体系下，我们存在监管责任分散化，影响监管的有效性和真实性，不利于中医食疗养生行业的规范化发展的问题。目前我国的焦点应放在中医食疗养生产品概念界定、中医食疗养生产品立法、中医食疗养生产品认证标准、中医食疗养生产品安全性评价及质量控制等方面。

---

① 华碧春：《论中医药膳食品的安全与合理应用》，《光明中医》2009 年第 2 期。
② 夏新斌、杨勇、吴玉冰、谢梦洲、黄惠勇、李玲：《中医药膳食品认证管理现状探讨》，《食品与机械》2018 年第 8 期。

综上所述，今后应进一步加强我国中医食疗养生产品的研究和开发，制定相应的标准体系，保障和引领我国中医食疗养生产业发展。一是建立国家中医食疗产品相关标准体系，完成药食同源食品、保健食品标准的制定和修订，满足中国居民通过日常膳食就能达到预防疾病、营养健康的需求。二是将即食中医食疗食品和非即食中医食疗产品标准分开制定，即食中医食疗食品应标注每日摄入量范围值，并明确上限和下限含量值，同时强调过量食用养生食品也是不健康的；非即食中医食疗产品搭配及含量标准，应当符合《中华人民共和国食品安全法》的规定要求。三是在国家相关法规标准基础上，鼓励社会团体、企业制定团体标准和企业标准，完善我国中医食疗养生产品的标准体系。四是制定中医食疗养生产品成分检测分析方法标准，建立完备的组成成分及含量检测体系。五是加强中医食疗养生产品的生产过程控制及市场监管，建立第三方认证体系。

专题报告
Special Reports

霍山石斛产业发展报告

陈兆东[*]

摘　要：　霍山石斛俗称米斛、霍斛、霍石斛，为兰科石斛属多年生草
本植物，主产于大别山区的安徽省霍山县。霍山石斛具备
2000多年的历史文化传承，近年来，霍山石斛在种源保护、
产业开发，科学研究等方面取得了诸多成绩，市场开发利用
潜力较大。本报告阐述了霍山石斛与健康、研究进展、产业
发展历程、产业发展现状、产业案例，并对产业未来进行了
展望，为霍山石斛食疗（深加工）产业提供建议，以期霍山
石斛产业的美好前景。

关键词：　霍山石斛　石斛产业　食疗

一　霍山石斛与健康

中国最早的药学专著《神农本草经》记载："石斛，味甘、平。主伤

---

* 陈兆东，中国中药协会石斛专业委员会副主任委员、霍山石斛协会副会长、安徽大别山霍斛
科技有限公司总经理。

中、除痹、下气，补五脏虚劳羸瘦，强阴。久服厚肠胃，轻身延年。"成书约3世纪的《名医别录》记载其功效："石斛，无毒。主益精，补内绝不足，平胃气，长肌肉，逐皮肤邪热痱气，脚膝疼冷痹弱。久服定志，除惊。生六安山谷，水傍石上。"清赵学敏所著《本草纲目拾遗》有曰："霍石斛出江南霍山。形较钗斛细小色黄，而形曲不直。有成球者，彼土人以代茶茗，云极解暑醒脾、止渴利水、益人气力。或取熬膏饷客……霍石斛嚼之微有浆，粘齿，味甘微咸，形缩者真。"其弟赵学楷《百草镜》记载，"石斛近时有一种形短只寸许……名霍山石斛，最佳。咀之无涎者系生木上，不可用，其功长于清胃热，惟胃肾有虚热者宜之，虚而无火者忌用"，明确指出作为食品的服用方法和用途，霍山石斛鲜品、干品均可食用。结合古籍记载和现代理论支持，霍山石斛可榨汁、煲汤膳用、浸酒、辗粉、熬膏及水煎代茶饮等直接食用，亦可运用现代加工技术制成颗粒、含片，进而加工成饼干、月饼、粽子、面条等日常食品食用，解决了普罗大众对于健康养生的需求。同时，现代科学研究证实霍山石斛有抗氧化、降血糖、抗炎、调节免疫、抗肿瘤、抗白内障作用，对神经系统、皮肤等疾病也有明显的治疗作用。总之，霍山石斛对人体健康大有裨益。

二 霍山石斛的研究进展

（一）有效成分研究

几十年来，学者们对石斛的有效成分进行了大量的研究，目前的研究表明霍山石斛中有效成分主要有多糖、生物碱、蛋白氨基酸及其他等。

1. 多糖

多糖是霍山石斛中一类主要的化学成分。查学强最早开展霍山石斛活性多糖的分离纯化和结构鉴定研究，已从霍山石斛水溶性多糖中分离出具有免疫活性的均一性多糖HPS－1B23，该多糖为α－吡喃构型，平均分子量为 $2.2 \times 10^4 Da$，由葡萄糖、甘露糖和半乳糖按31∶10∶8的分子摩尔比组成。① 邓辉等以越冬茎条为供试材料,采用苯酚—硫酸法分析霍山石斛多糖含量,利用 HPSEC 法分析其多糖分子量分布,通过柱前衍生化 HPLC 法分析多糖单糖组成,研究表明霍山石斛多糖含量为其干重的(18.65 ± 1.50)%;其多糖分子量呈连续分布状态,其中分子量介于 50 ~ 200kDa 的高活性多糖的占比为(16.38 ± 1.40)%;多糖水解产物中检出葡萄糖、甘露糖、半乳糖、木糖、葡萄糖醛酸、半乳糖醛酸、阿拉伯糖共 7 种单糖,且以甘露糖和葡萄糖为主要单糖组分。②

2. 生物碱

生物碱类是最早从霍山石斛中分离出的化合物,包括石斛碱、石斛次碱、石斛铜碱、石斛胺等。多数学者对石斛属生物碱及其药理作用的研究侧重于金钗石斛,对霍山石斛的化学成分研究较少,仅有少数学者对其生物碱展开讨论,例如丁亚平等用溴甲酚氯酸性染料比色法测定石斛中总生物碱含量,结果显示,霍山石斛中茎部总生物碱的含量约为 0.0291%,从含量分布来看,石斛总生物碱含量均为叶大于茎和根,成熟期的茎与根中的生物碱含量相近,故临床应用和药理实验应综合考虑到根、茎、叶的开发与利用。③ 陈乃东等采用建立的生物碱沉淀敲除技术分析试管苗移栽驯化植株与野生植株生物碱组份变化,结果显示霍山石斛组培植株和野生植株总生物碱含量按干品计分别为(0.29 ± 0.11)‰和(0.43 ± 0.15)‰。④

3. 蛋白及氨基酸

国内外学者对石斛有效成分的系统研究很多,但专家学者的研究多侧重于总生物碱和多糖,而对于石斛糖蛋白的活性研究却很少。2017 年邓辉等通过低盐溶液浸提和硫酸铵分级沉淀得到不同的霍山石斛蛋白组分,经 SDS-

---

① 查学强:《濒危名贵药用霍山石斛类原球茎液体培养生产活性多糖的研究》,博士学位论文,合肥工业大学,2006。
② 邓辉、韩邦兴、陈乃东、谷仿丽、戴军、陈乃富:《安徽霍山产 3 种石斛多糖组成的比较研究》,《中药材》2017 年第 6 期。
③ 丁亚平、杨道麒、吴庆生、于力文、徐云:《安徽霍山三种石斛总生物碱的测定及其分布规律研究》,《安徽农业大学学报》1994 年第 4 期。
④ 陈乃东、高峰、林欣、金晖:《不同种源霍山石斛生物碱比较研究》,《中药材》2014 年第 6 期。

PAGE 电泳染色确定糖蛋白组分，再经 DEAE 离子柱和 Sephadex 凝胶柱进一步分离纯化糖蛋白组分，结果获得 3 种相对分子质量为 22.5、19.8、15.6kDa 的糖蛋白组分 RG1、RG2、RG3。[①] 该团队在 2019 年通过单因素和正交试验确定了盐溶液浸提霍山石斛糖蛋白的最佳条件为 NaCl 溶液浓度 0.3mol/L、液料比 16∶1、提取时间 12 小时。在此条件下，粗糖蛋白得率为（12.56±0.35）%。[②]

霍山石斛中含有精氨酸、赖氨酸、色氨酸、苯丙氨酸等多种氨基酸，人体内的赖氨酸、苏氨酸、亮氨酸、异亮氨酸、缬氨酸、色氨酸和苯丙氨酸等 7 种必需氨基酸在霍山石斛中均有发现。[③] 氨基酸是霍山石斛中主要的营养成分之一，游离的氨基酸发挥着重要的功效，石斛类以霍山石斛的氨基酸成分最佳。陈乃东等采用柱前衍生化—高效毛细管电泳法（HPCE）对霍山石斛中 12 种游离氨基酸进行定性定量分析，测得霍山石斛根、茎、叶中总游离氨基酸含量分别为 1.8958mg/g、2.0736mg/g 和 2.5954mg/g。[④]

4. 其他

霍山石斛中还含有三萜皂苷、黄酮类、多酚类等化合物。陈乃东等采用 Box-Benkhen 设计优化获得霍山石斛中总三萜皂苷的提取条件，在此条件下测得霍山石斛根、茎、叶中三萜皂苷含量比分别为 3.46%、0.85%、2.47%。[⑤] 吴进东等优化霍山石斛花总黄酮微波辅助提取工艺，测得霍山石斛花总黄酮提取量为 12.23mg/g。[⑥] 邓辉等以不同年限霍山石斛根、茎、叶为原料，利

① 邓辉、陈乃东、戴军、陈乃富：《霍山石斛糖蛋白的分离纯化和毒活性研究》，《中国中药杂志》2017 年第 1 期。
② 邓辉、崔绍进、朱富成、韩邦兴、陈乃东、陈乃富：《霍山石斛糖蛋白的提取方法优选及抗氧化活性分析》，《生物学杂志》2019 年第 2 期。
③ 郝经文、王荣花、徐文冬、石敏珠、陈乃富、陈乃东：《柱前衍生化 HPLC 同时测定霍山石斛中 13 种游离氨基酸含量》，《天然产物研究与开发》2018 年第 11 期。
④ 陈乃东、朱赛、王荣花、徐文冬、石敏珠：《柱前衍生化－HPCE 法测霍山石斛中游离氨基酸》，《生物学杂志》2020 年第 3 期。
⑤ 陈乃东、王成、陈乃富、陈存武、韩邦兴、戴军、程浩：《响应面法优化霍山石斛三萜皂苷提取工艺研究》，《皖西学院学报》2019 年第 2 期。
⑥ 吴进东、董欣华、朱旺生、张国星：《霍山石斛花总黄酮微波辅助提取工艺的优化》，《中成药》2021 年第 7 期。

用连续回流提取法提取霍山石斛中多酚成分，以标准没食子酸为参考，得出一年生霍山石斛根、茎、叶的多酚含量比分别为 0.307%、0.341% 和 0.379%，两年生霍山石斛根、茎、叶的多酚含量比分别为 0.362%、0.391% 和 0.547%，三年生霍山石斛根、茎的多酚含量比分别为 0.295% 和 0.447%。[1]

（二）药理研究

最新研究表明，霍山石斛具有抗氧化、降血糖、调节机体免疫、抗炎、神经保护、抗肿瘤、肝脏保护、抗白内障及生发等广泛的药理作用。

1. 抗氧化、降血糖

霍山石斛多糖具有体外抗自由基和抗脂质过氧化的作用。氧化压力是慢性病的主要诱因，其中包括糖尿病，氧化压力形成氧自由基破坏胰岛 β 细胞，导致胰岛素分泌减少，血糖升高。研究证明，从霍山石斛提取的多糖能降低糖尿病模型小鼠氧化应激水平及改善胰岛素及血糖水平。[2] 另有研究表明，一种从霍山石斛提取的多糖 DHP1A，具有潜在的抗氧化活性，DHP1A 对 $FeCl_2$ 诱导的脂质过氧化有显著的抑制作用，DHP1A 经预处理后降低了丙二醛的产生，用四氯化碳处理小鼠后，其肝脏中谷胱甘肽过氧化物酶（GPx）和过氧化氢酶（CAT）等酶的活性恢复，谷胱甘肽（GSH）水平保持稳定。[3] 霍山石斛口服液的临床观察研究表明，霍山石斛口服液具有显著的降血糖作用，且安全性较高。[4]

另外，霍山石斛中多酚组分也具有明显的抗氧化活性。大孔树脂吸附提取霍山石斛多酚获得了 4 个组分 DHP - 1、DHP - 2、DHP - 3、DHP - 4，结

① 邓辉、刘莉彬、陈文正、郭歌、黄金龙、祝启张、刘庆慧、乔德亮：《不同年限不同部位霍山石斛多酚含量差异》，《枣庄学院学报》2022 年第 2 期。

② Pan L. H., Li X. F., Wang M. N., Zha X. Q., Yang X. F., Liu Z. J., Luo Y. B., Luo J. P., "Comparison of Hypoglycemic and Antioxidative Effects of Polysaccharides from Four Different Dendrobium Species," *Int J Biol Macromol*, 2014 Mar., 64: 420 - 7.

③ Tian C. C., Zha X. Q., Pan L. H., Luo J. P., "Structural Characterization and Antioxidant Activity of a Low-molecular Polysaccharide from Dendrobium Huoshanense," *Fitoterapia*, 2013 Dec., 91: 247 - 255.

④ 王升贵、马荣锋、张东东、田小军：《霍山石斛口服液降血糖作用临床观察》，《亚太传统医药》2020 年第 3 期。

果表明，总抗氧化能力依次为 DHP－3 > DHP－4 > DHP－1 > DHP－2 > 粗多酚。[1] 溶剂萃取法提取石斛多酚组分的研究证实，霍山石斛多酚提取液对 ABTS 自由基和 DPPH 自由基有革除作用。[2]

2. 调节机体免疫

霍山石斛作为药食两用原料，一直被认为具有增强免疫功能的作用。研究证实，口服给予 50～200mg/kg 霍山石斛多糖（DHP）对小肠免疫系统和全身免疫系统均有调节作用，可促进骨髓细胞增殖、脾细胞增殖和肝细胞增殖，提升干扰素（IFN）和白细胞介素 4（IL－4）的分泌。[3] 另外一项研究表明，霍山石斛可能通过刺激巨噬细胞释放肿瘤坏死因子 α（TNF－α）、白细胞介素 1β（IL－1β）触发下游信号通路，从而激活免疫调节作用。[4]

3. 抗炎

研究采用三种经典的炎症模型研究霍山石斛抗炎作用效果，复制二甲苯致小鼠耳肿胀模型、10% 新鲜鸡蛋清致大鼠足肿胀模型、棉球肉芽肿慢性炎症模型、急性炎症模型与慢性炎症模型相结合，检测霍山石斛的抗炎消肿效果。结果表明，霍山石斛能够有效抑制急、慢性炎症反应，机制主要体现在降低相关炎症细胞因子的水平。[5]

研究从霍山石斛茎中分离得到 3 个联苄类化合物和 6 个其他化合物。抗炎活性测试结果显示联苄类化合物 1～3 对 LPS 诱导巨噬细胞 RAW264.7 的一氧化氮（NO）产生以及肿瘤坏死因子 α（TNF－α）和白细胞介素 1β（IL－1β）的 mRNA 表达具有显著抑制作用，说明联苄类化合物 1～3 具有显著的

---

① 陈明威、魏明、陶良凡、钱森和：《大孔树脂分离纯化霍山石斛多酚及其抗氧化活性研究》，《食品与机械》2020 年第 11 期。

② 邓辉、刘莉彬、刘庆慧、黄征、祝启张、宁克壮、韩邦兴：《霍山石斛多酚组分提取工艺优化与抗氧化活性研究》，《皖西学院学报》2022 年第 2 期。

③ Zha X. Q. , Zhao H. W. , Bansal V. , Pan L. H. , Wang Z. M. , Luo J. P. , "Immunoregulatory Activities of Dendrobium Huoshanense Polysaccharides in Mouse Intestine, Spleen and Liver," *Int J Biol Macromol*, 2014 Mar. , 64: 377－382.

④ 王超群、李德文、袁晨琳、罗建平：《霍山石斛多糖不同组分理化性质及免疫活性的比较研究》，《安徽农业科学》2018 年第 13 期。

⑤ 汪蒙蒙、季兆洁、甘江华、俞年军、陈卫东、彭代银、韩岚：《霍山石斛的抗炎作用》，《中国实验方剂学杂志》2019 年第 20 期。

抗炎活性。抗炎作用机制研究显示化合物 1 可能是通过抑制 NF - κB、丝裂原活化蛋白激酶（MAPKs）和 Akt 信号通路发挥抗炎作用。①

4. 神经保护

建立 1 - 甲基 - 4 - 苯基 - 1，2，3，6 - 四氢吡啶（MPTP）诱导的帕金森病（PD）小鼠模型后，应用悬挂实验、旷场实验及爬杆实验对小鼠运动协调功能进行检测，结果表明霍山石斛多糖（DHP）对 MPTP 诱导的帕金森病小鼠模型中具有神经保护作用，能缓解运动缺陷，降低炎症损伤。②

研究证实，早期给予霍山石斛可以延缓或预防小鼠学习记忆能力减退，其机制可能与影响海马突触结构和突触蛋白 SYT1 的表达有关。③ 另外一项研究表明，早期给予霍山石斛可以增强衰老小鼠的学习记忆能力，其机制可能与上调突触蛋白 Arc 的表达水平有关。④

5. 抗肿瘤

近年来，霍山石斛抗肿瘤的研究比较广泛。刘冰从霍山石斛茎、根、叶、花中分别提取分离出均一性多糖 cDHPS、cDHPR、cDHPL、cDHPF，利用流式细胞术和 qRT - PCR 技术对四种多糖的抗胃癌活性进行了评价。结果表明，从茎中提取的多糖 cDHPS 的抗胃癌活性最强，肿瘤抑制率达到（74.19 ± 0.83）%；该多糖能有效上调肿瘤凋亡相关基因，下调血管生成相关基因，并能提高活性 T 细胞所占比例，增强肿瘤组织 T 细胞的免疫功能。⑤ 我们通过提取不同生长年限的霍山石斛提取液，研究其对 Hela 细胞增殖的抑制作用，结果显示，不同年限的霍山石斛提取液均可抑制 Hela 细胞活力，

① Su Shuang-Qiao, Jiang Hui, Li Qiang-Ming, Zha Xue-Qiang, Luo Jian-Ping, "Study on Chemical Constituents of Dendrobium Huoshanense Stems and Their Anti-inflammatory Activity," *China Journal of Chinese Materia Medica*, 2020, 45 (14).
② 刘川、高妍、张赫：《霍山石斛多糖对 MPTP 诱导的帕金森病小鼠模型的神经保护作用》，《吉林医药学院学报》2022 年第 3 期。
③ 王龙海、吴鹏、王国权、汪长中：《早期给予霍山石斛对小鼠学习记忆的影响机制研究》，《中国预防医学杂志》2021 年第 4 期。
④ 王龙海、吴鹏、王国权、方正清：《霍山石斛通过上调突触蛋白 Arc 表达增强衰老小鼠学习记忆的研究》，《安徽中医药大学学报》2021 年第 5 期。
⑤ 刘冰：《霍山石斛（栽培）多糖化学结构系统解析及抗胃癌活性构效关系研究》，博士学位论文，合肥工业大学，2019。

且呈剂量依赖性，3 年生霍山石斛抗肿瘤效果最好。[1] 曹培常等分别建立 Lewis 肺癌（LLC1）和原发性肺癌模型，研究霍山石斛对小鼠肺癌的治疗作用及分子机制。结果表明，石斛组荷瘤小鼠肿瘤体积明显减小；原发性肺癌小鼠喂食霍山石斛后，存活率提高，肺部腺癌面积减小；机制上，霍山石斛通过调控 NF‑κB 信号通路抑制尿烷诱导的肺部炎症、原发性肺癌发展。[2]

6. 肝脏保护

研究使用小鼠不同急性肝损伤模型评价生态种植模式的仿野生种植、林下石子种植和设施种植模式的霍山石斛对肝损伤的保护作用，结果表明，三种模式种植的霍山石斛均能不同程度地减轻小鼠肝细胞坏死，生态种植模式的霍山石斛对小鼠肝损伤的保护作用优于设施种植霍山石斛。[3]

研究考察不同生长年限霍山石斛主要成分与对小鼠急性肝损伤的保护作用的差异，结果表明，不同生长年限霍山石斛主要成分含量差异显著，二年生霍山石斛多糖和石斛酚含量均为最高；总黄酮和总生物碱含量三年生霍山石斛最高，二年生次之，一年生最低；肝损伤保护作用研究发现，多糖和石斛酚很可能在小鼠急性肝损伤保护作用中起主导作用，二年生霍山石斛药效最佳。[4]

7. 抗白内障

糖尿病性白内障的发病机制比较复杂，霍山石斛多糖（DHP）具有良好的糖尿病性白内障的防治作用。研究证实，DHP 能干预蛋白糖基化和氧化途径，从而抑制大鼠体内晶状体蛋白的糖基化产物 AGEs 的形成，达到防治糖尿病性白内障的作用。[5]

---

[1] 张笑、李志强、岳芹、邹艳敏、欧阳臻、韩邦兴、魏渊：《不同生长年限霍山石斛抗炎和抗肿瘤作用比较研究》，《中国野生植物资源》2021 年第 5 期。

[2] 曹培常、郑士宏、任荟蓉、翁海燕、韩际宏、余茂耘：《霍山石斛对 Lewis 肺癌和原发性肺癌的抑制作用及机制研究》，《合肥工业大学学报》（自然科学版）2022 年第 6 期。

[3] 李志强、周红秋、欧阳臻、戴军、魏渊、韩邦兴：《不同种植模式的霍山石斛对小鼠急性肝损伤的保护作用》，《中成药》2020 年第 5 期。

[4] 李志强、周红秋、欧阳臻、戴军、岳芹、魏渊、韩邦兴：《不同生长年限霍山石斛的主要成分分析及其对急性肝损伤保护作用的比较研究》，《中国中药杂志》2021 年第 2 期。

[5] 李秀芳、邓媛元、潘利华等：《霍山石斛多糖对糖尿病性白内障大鼠眼球晶状体组织抗氧化作用的研究》，《中成药》2012 年第 3 期。

8. 生发作用

最近有关于霍山石斛在外周皮肤的应用研究。研究构建脱发小鼠模型，结果表明霍山石斛局部涂抹用药能促进毛发生长，改善皮肤毛囊形态，通过激活自噬和抑制凋亡的机制缓解脱发，该研究为霍山石斛在脱发方面的开发应用提供了理论依据。[1] 另外，该研究者构建了小鼠烫伤模型，结果显示霍山石斛有促进伤口愈合的作用，机制上，霍山石斛可以促进 α-平滑肌肌动蛋白的表达，并通过调节炎症抑制凋亡，为霍山石斛在皮肤损伤方面的应用提供了理论基础。[2]

三 霍山石斛产业发展历程

改革开放后，霍山石斛的开发利用经历了种源保护、技术突破、产业化发展三个发展阶段，产业化步伐逐步加快。

（一）种源保护阶段（1978～2000年）

1978 年，省内外相关高校和霍山县医药公司组成联合课题组，时任霍山县医药公司副经理张之福同志参与组织协调，长冲中药材公司何云峙老先生负责建设试验基地，开展霍山石斛野生改家种试验技术研究。20 世纪 80 年代初，霍山石斛家种被列入国家"七五"星火计划，霍山石斛野生改家种试验技术获得成功，种源得到保护。1984 年确定了霍山石斛拉丁文学名，1985 年 7 月 11 日，由县医药公司等单位共同完成的"霍山石斛野生变家种试验技术研究"项目获得省级科技成果鉴定并荣获安徽省科学技术进度二等奖。1992 年霍山石斛被载入《安徽植物志》，1999 年霍山石斛被载入《中国植物志》，到 2000 年初，霍山石斛原种迁地保护基地面积由几十平方米扩大到近千平方米（约 1.3 亩）。

---

[1] 张敏、黄蓉、段亚君、杨潇潇、余茂耘：《霍山石斛通过激活自噬和抑制凋亡促进脱发模型小鼠生发作用》，《合肥工业大学学报》（自然科学版）2022 年第 6 期。
[2] 张敏：《霍山石斛治疗脱发和烫伤的作用与机制研究》，硕士学位论文，合肥工业大学，2021。

（二）技术突破阶段（2001～2008年）

2001年3月，霍山石斛物种保护被列为县人代会议案予以落实，县政府将近千平方米的霍山石斛基地划归霍山县长冲药材厂管理使用。2003年，县科委牵头筹建了霍山石斛产业协会。长冲药材公司、迎驾集团先后注册"何云峙""霍斛"商标，开展知识产权保护与开发工作。长冲药材厂与安徽农业大学、安徽中医药大学等高校合作，建立了霍山石斛快繁及栽培技术体系，实现了霍山石斛种苗繁育及栽培技术突破，通过模拟野生生态环境实施人工栽植和试管苗移栽，使霍山石斛栽培面积的持续扩大成为现实。截至2005年末，霍山石斛基地面积扩大至23000平方米。2007年霍山石斛获批"中国地理标志保护产品"，明确保护范围为霍山县12个乡镇内海拔300～900米区域，保护产品为色泽暗金黄、螺旋形卷曲的霍山石斛枫斗。

（三）产业化发展阶段（2009年至今）

2009年10月，县政府专门出台《关于加快霍山石斛产业发展的意见》，大力发展霍山石斛产业，同年，霍山县被授予"中国石斛之乡"称号；2010年7月，石斛炮制技艺入选省级非遗名录，同年"霍山石斛"商标被批准为国家地理标志证明商标。2013年，县委县政府组建专门机构霍山县石斛（灵芝）产业发展办公室，并不断升级成为县政府直属事业单位霍山县中药产业发展中心，统筹协调服务全县霍山石斛产业的规划、发展工作。其间，"魂之草""中国中药""天下泽雨""九仙尊"等霍山石斛商标先后获准注册，"何云峙"商标获评"中国驰名商标"，品牌打造初显；2018年，迎驾集团作为安徽省食品行业协会副会长单位，会同多家科研院所、龙头企业参与霍山石斛食品安全地方标准编制；2019年10月，安徽省食品安全地方标准《霍山石斛茎（人工种植）》发布实施，霍山石斛食品身份问题得到解决，2020年4月，霍山石斛被载入2020版《中国药典》，正式拥有国家药品标准。霍山石斛产业发展迈上快车道，日渐成为闻名全国的县域特色支柱产业。

四 霍山石斛产业发展现状

（一）规模体量不断壮大

截至目前，霍山县拥有霍山石斛基地 12000 余亩，从事霍山石斛种苗组培、种植、加工及销售的市场主体 1900 余家，从业人员近万人，总产值 40 余亿元，培育出龙头企业 32 家、高新技术企业 4 家，通过 GMP 认证企业 2 家，获得"十大皖药"示范基地授牌企业 6 家；研发出浸膏、颗粒、胶囊、含片等系列产品数十种，拥有中成药和保健食品生产批准文号 4 个。霍山县内以央企中国中药、上市企业迎驾集团旗下的安徽大别山霍斛科技、港资企业天下泽雨、本土企业长冲中药材等公司为龙头的霍山石斛产业体系基本形成，随着霍山石斛食药身份的解决，县内外众多企业对霍山石斛的普通食品、保健食品、化妆品、药品的研发生产正如火如荼开展。

（二）基础研究不断深入

通过产学研合作，先后开展了霍山石斛种源保护、种苗组培、药理药效应用、产品研发、标准研制、安全性评价等方面的基础性研究，并取得丰硕的成果。霍山石斛产业拥有植物新品种 4 个（霍山石斛 1 号、2 号、3 号、4 号）、安徽省新产品 1 件（迎驾霍山石斛酒）、省级高新技术产品 1 件（九仙尊"石斛清养浸膏"）、省工业精品 1 件（九仙尊"石斛清养颗粒"）、安徽特色伴手礼——魂之草霍山石斛颗粒等 3 件、省级科技奖 3 项、各类授权专利 79 件，主持研制并发布实施国家行业标准 2 个、省级地方标准 14 个、省级食品行业团体标准 1 个。同时霍山石斛基因组测序、快速鉴别、核心功效研究等方面也有重大突破。

（三）品牌效应不断凸显

霍山石斛 2007 年获批为国家地理标志保护产品和证明商标，品牌荣获"中国百强农产区域公用品牌"，5 次荣登"中国品牌价值评价"榜单，2021

年度品牌价值达 63.75 亿元。霍山石斛炮制技艺被列入省级非物质文化遗产名录。兴建了大别山霍斛文化馆、太平畈霍山石斛博物馆等一批文化宣传设施，现拥有中国驰名商标 1 个、省著名商标 10 个。2020 年霍山石斛成功入列《中欧地理标志协定》第二批清单产品，2021 年成功注册全国名特优新农产品。

（四）产业影响与日俱增

霍山石斛产业发展受到各级领导及社会各界的高度重视和关心，经济、社会影响力不断提高，全国人大常委会原委员长吴邦国同志先后两次考察霍山石斛产业并专为霍山石斛题词，安徽省历任省、市（六安）领导均亲自关心霍山石斛产业发展，多次做出重要指示。霍山县先后被国家有关部门认定为"中国石斛之乡""中国特色农产品优势区""国家区域性良种繁育基地"；太平畈乡被中国中药协会评为全国首个"中国中药（石斛）文化小镇"，被列入农业农村部"全国乡村特色产业 10 亿镇"名单；霍山县先后成功举办第七届中国（霍山）石斛产业发展论坛、首届中国霍山石斛科技产业发展论坛（第八届世界养生大会主论坛）；2019 年，"霍山石斛"成功亮相北京世园会；2021 年，霍山县获批建设霍山石斛国家地理标志产品保护示范区。

（五）脱贫攻坚效果显著

截至目前，霍山全县石斛生产经营主体流转贫困户的土地、山场约13000 亩，提供就业岗位约 3000 个，每年为全县贫困户带来土地、山场租金收入 200 多万元、劳务收入近亿元，直接间接带动 2000 余户贫困户脱贫增收，为打赢脱贫攻坚战注入了强劲动力。2020 年 10 月，央视财经频道《走村直播看脱贫》大型融媒体行动走进太平畈乡王家店村，深度报道石斛产业带动脱贫特色做法，面向全国推荐，取得轰动效应；2021 年 10 月，安徽卫视《当红不让》栏目驻点大别山霍斛科技开展"助力乡村振兴，传递达人力量"宣传活动，以群众喜闻乐见的方式对霍山石斛进行推广和宣传。霍山石斛产业已成为老区人民脱贫致富和乡村产业振兴的有力抓手。

五　霍山石斛产业案例

（一）成立专门公司进军石斛产业

安徽大别山霍斛科技有限公司是安徽迎驾集团旗下的大健康产业实体公司，注册资本1.5亿元，坐落于中国石斛之乡、霍山石斛地理标志产品保护区霍山县境内——拥有太平畈和迎驾产业园两大数字化农业智慧种植示范基地。为霍山县农业产业化龙头企业，带动农民专业合作社10余家，农户用工200多户。专门从事霍山石斛、药食两用中药材及珍稀名贵药用植物细胞工程技术研究与产业化应用开发，预包装食品及保健品的生产、销售。建设有大别山霍斛文化馆，霍斛百草园，霍山石斛组培、炼苗中心，石斛精深加工车间，太平畈乡王家店村石斛野生驯化基地和魂之草霍斛体验馆，落儿岭六万情峡体验店。组建有产品技术研究中心，引进全日制挂职中药学博士团队，提升研发和技术水平。与皖西学院共建有现代中药产业学院，皖西学院生物与制药工程学院共建教学实习基地；与南京大学参股的江苏南大耐雀生物技术公司、南京植创生物技术研究院、江苏集萃新型药物制剂技术研究院共同联合开展霍山石斛面膜研发，参与组建安徽省现代中药产业共性技术研究中心。着力打造享誉全国的"魂之草"霍山石斛品牌和产品。公司着力于霍山石斛的种源保护、传承与开发，是霍山石斛非遗炮制技艺传承单位。现已获授权发明专利2项、实用新型专利11项；先后申报省重大科技专项2项，申报省科技进步奖1项。在研高校产学研项目霍山石斛组培快繁技术应用一项，自研含片配方和工艺技术研究项目等三项，主要开发有霍山石斛（米斛）枫斗、寸金、霍斛花、鲜条等初加工产品，迎驾霍斛酒，霍山石斛颗粒、晶粉，霍山石斛含片，霍山石斛面膜、牙膏等深加工产品，年产值3000余万元。其中，霍山石斛颗粒获得2021年安徽省大学生食品创新大赛一等奖，霍山石斛晶粉被认定为安徽特色伴手礼产品，迎驾霍斛酒被认定为省级新产品。公司是中国中药协会石斛专委会副主任委员单位、国家地理标志保护产品授权使用单位、霍山石斛协会副会长单位、霍山石斛诚信示范企业、国家高新技术培育企业、安徽省食品安全县霍山石斛示范企业、"SC"霍山石斛生产许可认证企业、霍山石斛有机认证企业。

（二）开创霍山石斛养生酒新篇章

安徽迎驾贡酒股份有限公司于1955年建厂，具有60余年的酿酒技术传承与创新，建立了一支青年人才储备充足、老中青结构合理、创新后劲充足的人才队伍，为公司的持续发展奠定了坚实的基础。截至目前，公司拥有中国酿酒大师2名、享受国务院特殊津贴专家1名、国家级白酒评委6名。与江南大学、北京工商大学、中国食品发酵工业研究院联合成立中国生态白酒研究院，聘请3名两院院士作为首席科学家，充实和增强了科研力量。公司审时度势，专门成立了以中国酿酒大师团队为领导的博士、硕士专业研发团队，从事迎驾石斛酒的开发。以霍山石斛为主要原料，以黄精、枸杞等为辅料，提取其中关键生物活性因子，以获得的优质浓香型白酒为基酒，优化产品配方，确定产品澄清工艺，研制具有健康养生功能的迎驾石斛酒。迎驾石斛酒项目自研发启动到成功上市仅用了两年时间，在这两年内，经过大力宣传和推广，深受广大白酒、养生酒消费者的喜爱，并于2021年12月被认定为安徽省新产品。

（三）打造高端草本饮品霍斛汁

安徽迎驾山泉股份有限公司致力于成为中国两个山泉之一的中国好水品牌。公司坐落于大别山北麓、中国好水县霍山的迎驾产业园，成立于2001年10月，注册资本4.5亿元，现有员工千余人。公司拥有"迎驾山泉"商标，是安徽省著名商标；"迎驾山泉"通过国家绿色食品认证。公司年产水100万吨、霍斛饮品5万吨，产品销售沪皖苏豫等十余个省、直辖市。每瓶迎驾霍斛都严选霍斛公司太平畈野外驯化基地5年以上的石斛精制，并以科学工艺充分提取、保护天然有效成分。定位超高端贵宾饮品领导者迎驾霍斛饮品，中国高端餐饮美酒标配。待客送礼，尽显品质。

六 霍山石斛产业未来展望

在党和国家高度重视中医药事业、大力推动中药质量提升和产业高质量发展的大背景下，霍山石斛作为国内最具影响力的道地药材之一，市场空间巨大，产业前景广阔。县委县政府和霍山石斛产业协会辨证论治，精准施策，持续优化营商环境，完善产业配套和要素保障，推进生态种植，聚力精深加工，壮大现代商业服务业，促进霍山石斛产业与健康、文化、旅游、体育、休闲等相关产业的有效融合，延伸产业链、丰富产品链、提升价值链、优化服务链、扩大影响面，推动形成全方位、多层次、宽领域、高水平的产业发展新格局，将霍山石斛产业打造为全国特色名片产业。

阿尔泰山雪都冰泉天然低氘水的健康革命

王飞腾　郭德勇　王锦春*

摘　要：　天然低氘水属于稀缺的水资源。自1931年氘元素首次被发现以来，低氘水对生命体的各种生物学效应就备受关注。生物体的生命进程对氘浓度的变化非常敏感，氘浓度降低可刺激生命体生长，氘浓度过高可引发各种损伤。研究证实，低氘水具有活化细胞、改善身体基础代谢水平、抗细胞突变和延缓衰老等功能。因此，低氘水产品受到了很多爱好养生之道者的青睐并得以热销。新疆雪都冰川水有限公司依托得天独厚的天然冰川低氘水资源，以"天然低氘更健康"为定位，聚焦家庭刚需市场，积极构建四个方面的高品质低氘饮用水：针对低氘的特性，开发高品质健康水；针对低钠的特性，开发婴幼儿水；针对低矿化度的特性，开发软水泡茶；针对低氘在医疗领域的应用，开发医疗用水。将稀缺的生态优势转化为经济优势，倾力推动大自然赐予的天然好水"阿尔泰山雪都冰泉"带出北疆，融入中国的千家万户和世界的每个角落，开启天然低氘好水"饮"领健康的新纪元。

关键词：　冰川水　天然低氘水　功能水　疾病辅助治疗　阿尔泰山

---

* 王飞腾，中国科学院西北生态环境资源研究院研究员，博士生导师，现任冰冻圈科学国家重点实验室副主任，天山冰川观测试验站站长；郭德勇，新疆雪都冰川水有限公司顾问；王锦春，北京包装饮用水行业协会副秘书长、拿声（北京）国际文化传媒有限公司COO。感谢刘爽爽博士对本报告的翻译和校正。

健康是人们永远追求的目标。

水，生命之源，饮水健康的重要性已被无数研究者所认可。科学研究结果显示，新生男婴儿体内的水分占其体重的86.8%；年轻成熟的男人体内水分约占其体重的60%，而81岁的老人体内水分则仅占其体重的49.8%。因此，随着机体水分的流失，人们也渐渐走向衰老和死亡。世界卫生组织（WHO）调查发现，人类80%的疾病与水有关，因此水有"好水"和"浊水"之分，好水使人健康，浊水使人致病。

人在治病用药的过程当中，药物会对人产生很多副作用，而水却不会；药是对人体局部的作用，而水是给人体带来整体的作用，这就是水是百药之王的道理。《本草纲目》"水部"中记载了40余种水的疗效作用：冰川水药名"夏冰"，甘冷无毒，可解一切之毒。治天行时气瘟疫，小而热颠狂啼，大人丹石发动，酒后暴热，黄疸，乃小温服之后，藏器洗目退赤，煮茶，煮粥，解热止渴。冰川水又称天然低氘水。

伴随着全球环境污染的加重，现今古籍中所有记载的水，并非都还具有提高人体疗效的作用，许多天然的水已经是退化的水、病态的水、丧失了功能的水，这样的水是不能发挥药效作用的；只有无污染、无退化、具有生命力的水才具有药效的作用。

一　天然低氘水的概述

（一）天然低氘水的相关概述

1. 低氘水定义

（1）综合定义

低氘水（deuterium depleted water，DDW）目前在科学上还没有统一的定义，只是从氘含量的角度来阐述低氘水的概念。通常认为水中氘含量比标准值低60‰的水为低氘水，这里的60‰用所测样品与标准大洋水样的比值来表示。[①]

[①]　王飞腾、刘波、郭德勇：《生命之水——低氘水研究文集》，气象出版社，2022。

（2）结构说明

氘是氢的同位素。

水分子由氢原子和氧原子组成。氢元素有 3 个同位素——氕（H）、氘（D）和氚（T）。在自然界中，H 含量最多，D 含量很少，T 含量极微。若水分子 H_2O 中的 H 分别被 D 和 T 替代，则形成重水 D_2O 和超重水 T_2O。天然水是 H_2O 和 D_2O 的混合物，氘又称重氢，它在普氢中的含量很少，且大多以重水 D_2O 即氧化氘形式存在于海水与普通水中。[①]

自然界一切水体中都含有氘，而生命机体对氘没有任何抵御能力，氘一旦进入生命体后很难被代谢出去，在体内有累加作用，会抑制生物生长，加速衰老，降低繁殖能力以及人体免疫能力。人体在大自然的进化中身体适应了约150ppm 氘浓度，高于这个指标，氘对人体的有害性就非常明显了。Kushner 等报道，当氘浓度升至 25％ 时，重水会对生命体神经系统和肝脏产生毒害作用，引起神经疾病、贫血症及其他并发症等疾病。相反，低氘水却对生命体有一定的积极作用。在诱导细胞凋亡的过程中，低氘水会激活 DNA 修复系统，显著减少单链 DNA 的断裂，提高细胞防御系统的效率。[②]

2. 低氘水分类

从获取方式上，低氘水可分为天然低氘水和人工低氘水。

天然低氘水是指在自然过程中，由于水汽中同位素的分馏作用，使得分布在高纬度和高海拔地区的降水和冰雪融水中氘含量比标准值低。人工低氘水是指通过人工技术的方式降低普通水中氘元素的含量，使其变成低氘水。

因冰川多分布于高纬度和高海拔地区，其水中氘含量相对较低（一般介于 -60‰ ~ -140‰），因此，冰川水是天然低氘水（后续文中出现冰川水同指天然低氘水）。

3. 氘含量表示方法

水中的氘含量标值有两种表达方式：δ 表示法（‰）和质量浓度（ppm）

---

① 罗安玲、郑有丽、丛峰松：《低氘水生物学效应的研究进展》，《上海交通大学学报》（医学版）2018 年第 4 期。

② Kushner D. J. , Baker A. , Dunstall T. G. , "Pharmacological Uses and Perspectives of Heavy Water and Deuterated Compounds," *Can J Physiol Pharmacol*, 1999, 77（2）: 79 - 88.

表示法。

δ 表示法是指元素的重同位素与轻同位素的比值 R 与某种特定的标准物相应比值 R_r 之相对差值。[①] 衡量水中 D 的含量通常用 δD 来表示，其公式如下：

$$\delta D = \left[\frac{(D/H)_S}{(D/H)_{SMOW}} - 1 \right] \times 1000‰ \tag{1}$$

$(D/H)_S$ 为样品中 D 对 H 的比值，$(D/H)_{SMOW}$ 为标准平均大洋水（SMOW）中 D 对 H 的比值。$\delta > 0$ 表示样品中所含的重同位素比标准物中的重同位素丰富，$\delta < 0$ 表示样品中所含的重同位素比标准物中的重同位素稀缺。

质量浓度表示法是指若质子数为 n 的元素共有两种同位素 X 和 *X，则其稀有同位素 *X 的浓度 C 与比率 R 之间存在一定关系。以氘同位素的浓度 C 为例，公式如下：

$$C = \frac{[D]}{[H] + [D]} = \frac{\dfrac{[D]}{H}}{1 + \dfrac{[D]}{H}} = \frac{R}{1 + R} \tag{2}$$

同位素浓度 C（单位：ppm）和 δ（单位：‰）可以相互转换，公式如下：

$$\delta = \frac{C}{1 - C} \times \frac{1}{R_r} - 1 \tag{3}$$

根据氘含量两种表示方法，水中氘含量低于 -60‰ 被称为低氘水，氘浓度低于 0.015%（150ppm）的水亦被称为低氘水。

（二）天然低氘水的形成

天然低氘水的形成与水自身性状、水汽源区状况以及温度等条件有关。由于轻水（H_2O）、半重水（HDO）、重水（D_2O）的物理性质差异，自然界中水循环过程对其具有一定的分离能力。天然低氘水的形成遵循瑞利分馏

---

① 顾慰祖、庞忠和、王全九等：《同位素水文学》，高等教育出版社，2011。

（Rayleigh fractionation）原理。

地球上70%的面积被海水覆盖，降水中几乎所有的水分子都起源于海洋，并且最终通过水循环再度返回海洋。海洋是地球上水汽的主要来源，当海洋水气团移动时，水汽中的重同位素先析出，并随着降水的发生而离开气团，因此气团移动越远，水汽中的氘含量越低（见图1）。除了水汽源区因素影响外，温度是影响天然低氘水分布的关键因素，温度越低，水汽输送过程中冷凝越快，同位素分馏越大，氘含量越少。因此，在自然水体中，中高纬度和高海拔地区的水体中氘含量相对较低。

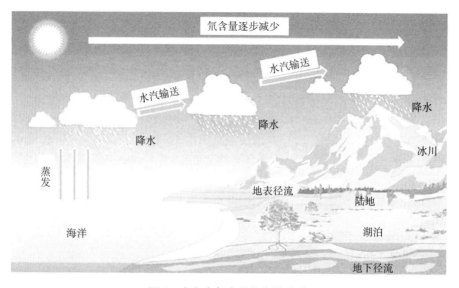

图1　水汽中氘含量的海陆传输

在我国，降水氘含量低值区与气温的低值区有较好的对应性，西部高原山地区域降水氘值偏低。特别是在冬季，西北的阿勒泰地区降雨雪中均可测得较低的同位素氘，其原因在于阿勒泰地区受西风环流影响，水汽输送距离远，水汽经过六七千公里的长距离运移和自然分馏后，水汽乃至降水中氘浓度逐渐变低，再加上纬度高、海拔高等因素，使得冬季降水中的氘能够达到很低的水平。

（三）天然低氘水的特点

冰川是水的一种存在形式，是雨、雪经过一系列变化转变而来的，是极地气候和高山气候的产物。冰川水是天然低氘水，这是因为冰川多分布于高海拔或高纬度地区，水中氘含量相对较低（一般介于 –60‰ ～ –140‰），因此这里将通过阐述冰川水来诠释天然低氘水的特点。

冰川水有以下三大特点：纯净无污染、低钠（低矿化度）和低氘。

1. 纯净无污染

从时间上看，冰川形成需要万年以上，如山地冰川冰龄在几百至几万年，而极地冰川冰龄在 80 万年，几乎没有现代工业和人为污染。同时较低温度的冰川中细菌和病毒一般较难生存。通过对阿勒泰地区克兰河的冰川水进行污染物含量分析发现，冰川水中酚类化合物、汞、氰化物、铅、砷、氟化物等污染物指标远低于限量标准，有害物质含量极低或没有，尤其是无放射性元素污染，是优质的淡水资源。

2. 低钠（低矿化度）

中国科学院西北生态环境资源研究院通过对国内约 30 家冰川水源进行检测发现，冰川水中钠的含量偏低。钠离子是维系机体生理功能和内环境稳态的必需成分之一，但随着人们生活水平的提高，其饮食习惯和结构也随之发生变化，钠盐摄入量普遍偏高。高血压、脑卒中、心血管疾病和肥胖疾病等均与钠盐摄入超量有密切关系，[1] 因此低钠摄入是健康生活的新需求。

3. 低氘

依据冰川水的形成原理，高纬度、高海拔使得冰川雪水中氘含量相对较低，冰川水是经过自然分馏作用得到的天然低氘水。低氘是所有冰川水的重要特性，同时冰川水有别于人工低氘水，是天然低氘水。

---

[1] O'donnell M. J., Schmieder R. E., Yusuf S., "Urinary Sodium Excretion and Cardiovascular E-vents-reply: Salt, Blood Pressure and Cardiovascular Disease," *Jama*, 2012, 307 (11): 1138 – 1139.

二 低氘水研究成果

（一）英文文献资料研究现状分析

1. 低氘水研究论文发文量与时间

通过关键词（"deuterium depleted water"，"deuterium-depleted water"，"deuterium-poor water"或"super light water"）检索截至 2021 年 7 月 15 日，共检索到有效文献 97 篇。低氘水的研究最早发表时间是 1992 年，2006 年发文量呈波浪式上升，最高时 2018 年发文量高达 15 篇。总体来看，近 30 年来低氘水的研究文献呈快速增长的变化趋势（见图 2）。

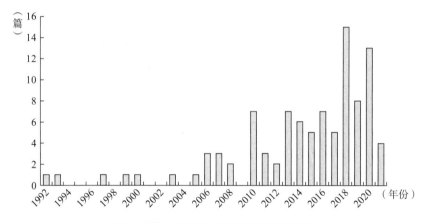

图 2 低氘水研究论文产出规模年度分布

资料来源：美国科学信息研究所 SCIE 和 SSCI。

2. 低氘水文献研究学科分布及数量

根据 ISI 数据库的学科分类，低氘水的研究分布涉及 34 个学科。根据发文数量，低氘水的研究主要集中在分子生物学、医学、药理学、环境科学等领域，其中以分子生物学和医学领域最为集中，仅这两个领域的发文总量就达到了 45 篇，占据了总发文量的 55.6%（见表 1）。

表 1 低氘水研究论文的学科分布情况

单位：篇

序号	学科分布	发文量
1	Biochemistry & Molecular Biology（生物化学与分子生物学）	14
2	Chemistry（化学）	14
3	Research & Experimental Medicine（研究与实验医学）	9
4	Oncology（肿瘤学）	8
5	Pharmacology & Pharmacy（药学）	8
6	Engineering（工程）	7
7	Environmental Sciences & Ecology（环境科学与生态学）	7
8	Biotechnology & Applied Microbiology（生物技术与应用微生物学）	6
9	Materials Science（材料科学）	4
10	Nutrition & Dietetics（营养学）	4

资料来源：美国科学信息研究所 SCIE 和 SSCI。

3. 开展低氘水研究的主要国家分布

截至 2021 年检索低氘水文献得出，来自罗马尼亚、俄罗斯、匈牙利、乌克兰、美国、伊朗、法国、中国、日本等 18 个国家的学者开展了低氘水的研究。其中，罗马尼亚和俄罗斯的发文量远远多于其他国家，占据了53.6%（见表 2）。

表 2 低氘水研究的主要国家

单位：篇

序号	国家分布	发文量
1	Romania（罗马尼亚）	29
2	Russia（俄罗斯）	28
3	Hungary（匈牙利）	12
4	Ukraine（乌克兰）	8
5	USA（美国）	6
6	Iran（伊朗）	6
7	France（法国）	5
8	China（中国）	5

序号	国家分布	发文量
9	Japan（日本）	4
10	Germany（德国）	3
11	Turkey（土耳其）	2
12	Slovakia（斯洛伐克）	2

资料来源：美国科学信息研究所 SCIE 和 SSCI。

4. 开展低氘水研究的主要机构分布

全球共有 68 家低氘水研究机构，其中高校、研究所占 42 家。低氘水研究文献数量排名前 10 的主要机构分布在俄罗斯、罗马尼亚和匈牙利，其中高校是低氘水研究的主要力量（见表 3）。

表 3　主要机构发文统计

单位：篇

序号	机构学科分布	所属国家	论文数
1	Kuban State Univ	俄罗斯	4
2	RUDN Univ	俄罗斯	4
3	Univ Oradea	罗马尼亚	4
4	Gheorghe Asachi Tech Univ Iasi	罗马尼亚	3
5	Natl Acad Sci Ukraine	乌克兰	3
6	Nucl Sci & Technol Res Inst	伊朗	3
7	Univ Pecs	匈牙利	3
8	Bauman State Tech Univ	俄罗斯	2
9	Hungarian Acad Sci	匈牙利	2
10	HYD LLC Canc Res & Drug Dev	匈牙利	2

资料来源：美国科学信息研究所 SCIE 和 SSCI。

5. 研究的关键词及热点

在国外，低氘水研究关键词出现频率较高的是 oxidative stress（氧化应激）、deuterium（氘）、deuterium depletion（氘损耗）、apoptosis（细胞凋亡）、polyphenols（多酚类物质）、in vitro（体外）、biosensors（生物传感

器）、water clusters（水分子簇）、stable isotope（稳定同位素）、bioregulators（生物调节器）、iocatalytic scheme（生物催化）、median survival time（中位生存时间）、oxidative stress（氧化应激）、anticancer（抗癌）、pituitary gland（脑下垂体）、DNA 等。这些高频词的显著特点是低氘水研究主要集中在了生物学效应及其作用机制，尤其是其在抗肿瘤方面的研究上更为突出。

（二）中文文献资料研究现状分析

1. 低氘水研究论文发文量与时间

CNKI 数据显示，以"低氘水"为检索词，共检索到有效文献 37 篇。最早一篇文献发表于 2009 年，2013 年之前呈逐渐增加趋势，其中 2010 年达到了发文量的峰值（6 篇），2014 年后发文量渐渐回落（见图 3）。

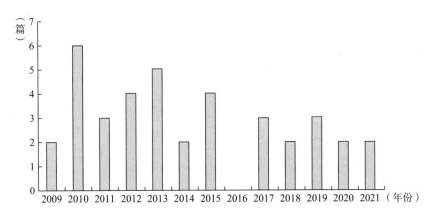

图 3 国内低氘水研究文献发表年份分布

资料来源：CNKI 数据。

2. 研究机构及发表文献数量

CNKI 数据显示，国内开展低氘水研究的机构有 22 家，其中高等院校占 50%，研究成果较丰硕的为上海交通大学。而从地域上看，目前国内低氘水研究机构地域分布极不平衡，除了新疆医科大学之外，其余的研究机构均位于南方（见图 4）。

3. 研究的关键词及热点

CNKI 数据显示，中文文献中检索到的关键词共 89 个，根据出现词频前

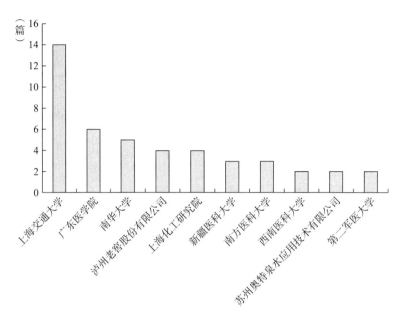

图4　中文低氘水研究TOP10机构分布

资料来源：CNKI数据。

10的关键词显示，关键词与医学或者生物学有关的占70%以上。研究热点集中在低氘水对抗抑郁、抗氧化、防衰老、抗辐射、降血糖、保护心血管系统、抗肿瘤等生物学效应方面的作用及其相关机制上（见表4）。

表4　中文低氘水研究关键词TOP20频次

单位：次

关键词	出现次数	关键词	出现次数
低氘水	36	细胞凋亡	2
肺肿瘤	6	稳定同位素	2
细胞增殖	5	富血小板血浆	2
糖尿病溃疡	4	辐射	2
白酒	4	凋亡	2
衰老	3	氘	2
Lewis模型小鼠	3	癌症患者	2
肿瘤	2	PCNA蛋白	2

关键词	出现次数	关键词	出现次数
胰岛细胞	2	A549 细胞	2
细胞周期	2	原位移植瘤	2

资料来源：CNKI 数据。

三 天然低氘水的行业分布现状分析

（一）天然冰川水的分布

1. 全球分布

冰川是最为稳定的低氘水源地。目前，全球山地冰川共有 168331 条，总面积为 726258.3 平方公里，冰川储量达 149.3×10^4 立方公里。[1] 北半球是全球山地冰川分布最多的地方[2]，冰川达 143450 条，冰川面积和储量分别为 560914.5 平方公里和 109.3×10^4 立方公里，冰川条数、面积和冰储量分别占全球山地冰川总量的 85.22%、77.23% 和 73.20%。高纬度地区（50°以上）冰川数量小于中低纬度地区，但冰川面积和冰储量要比中低纬度地区大（见表 5）。

表 5　全球山地冰川的数量分布

编号	地区名称	数量		面积		冰储量	
		条	%	km²	%	$10^4 km^3$	%
1	阿拉斯加	32112	19.08	89267	12.29	19.8288	13.28
2	加拿大西部与美国	15073	8.95	14503.5	2.00	1.0150	0.68
3	加拿大北极地区北部	3318	1.97	103990.2	14.32	30.5225	20.44
4	加拿大北极地区南部	7342	4.36	40600.7	5.59	7.0325	4.71

----

[1] Arendt A., Bolch T., Cogley J. G., et al., "Randolph Glacier Inventory [v1.0]: A Dataset of Global Glacier Outlines," *Global Land Ice Measurements from Space*, Boulder Colorado, USA. 2012.

[2] 秦大河、姚檀栋、丁永建等：《冰冻圈科学辞典》，气象出版社，2016。

编号	地区名称	数量		面积		冰储量	
		条	%	km²	%	10⁴km³	%
5	格陵兰	13880	8.25	87125.9	12.00	14.1013	9.44
6	冰岛	290	0.17	10988.6	1.51	3.5525	2.38
7	斯瓦尔巴群岛	1615	0.96	33672.9	4.64	6.9238	4.64
8	斯堪的纳维亚	1799	1.07	2833.7	0.39	0.2175	0.15
9	俄罗斯北部	331	0.20	51160.5	7.04	14.9350	10.00
10	亚洲北部	4403	2.62	3425.6	0.47	0.1813	0.12
11	欧洲中部	3920	2.33	2058.1	0.28	0.1088	0.07
12	喀斯喀特	1339	0.80	1125.6	0.15	0.0725	0.05
13	亚洲中部	30200	17.94	64497	8.88	6.0538	4.05
14	南亚西部	22822	13.56	33862	4.66	3.2988	2.21
15	南亚东部	14006	8.32	21803.2	3.00	1.4138	0.95
16	低纬地区	2601	1.55	2554.7	0.35	0.1813	0.12
17	安第斯山南部	15994	9.50	29361.2	4.04	4.8938	3.28
18	新西兰	3012	1.79	1160.5	0.16	0.0725	0.05
19	南极及南极地区	3274	1.94	132267.4	18.21	34.9088	23.38
	全球	168331	100.00	726258.3	100.00	149.3138	100.00

资料来源：Arendt A., Bolch T., Cogley J. G., et al., "Randolph Glacier Inventory [v1.0]: A Dataset of Global Glacier Outlines," *Global Land Ice Measurements from Space*, Boulder Colorado, USA. 2012。

2. 中国分布

根据《中国冰川目录》最终统计，中低纬度带（包括赤道带、热带和温带，大体位于北纬60°和南纬60°之间），66%的冰川分布在亚洲，中国独占30%。中国共发育有冰川46377条，面积59425平方公里，冰储量5590立方公里。

从中国现代冰川分布图看，中国冰川北抵中、俄、蒙古国三国交界的友谊峰，南至与印度、尼泊尔和不丹接壤的喜马拉雅山，西邻中国、塔吉克斯坦、吉尔吉斯斯坦交界的喀喇昆仑山与帕米尔高原，东达中国境内岷山南段的雪宝顶，冰川分布范围广阔。主要分布于9个山系：阿尔泰山、天山、昆仑山、念青唐古拉山、喜马拉雅山、祁连山、冈底斯山、横断山、喀喇昆仑山，以及其他少量分布。

（二）饮用水中氘的分布

1. 自来水中氘的分布

2007 年，Bowen 等对美国 38 个城市的自来水样品进行氘含量分析，发现美国城市自来水氘含量的空间分布与当地降水空间分布呈现一致性，即从低纬度、低海拔沿海地区向内陆、高纬度和山区递减。2014 年 West 等对南非自来水中氢氧稳定同位素的空间分布进行了研究，发现氘最负值位于南非西北部。

2017～2018 年我国研究人员对全国 177 处采来的 2099 个自来水样品进行检测，结合过往数据，绘制了高分辨率的全国自来水同位素分布图。结果显示，我国年平均自来水氘值的空间分布与降水氘值的分布基本一致，低氘水主要分布在青藏高原部分区域以及我国西北阿尔泰山脉地区和东北地区边缘。[①]

2. 包装水中氘的分布

包装水作为一种便捷可长途运输的消费饮用水，其氘含量也越来越被人关注。

美国 Bowen 等 2005 年对全球 234 瓶矿泉水中的氘进行了研究，Bong 等 2009 年对韩国 50 个品牌瓶装水的氘进行了研究，我国研究人员也于 2019 年对全国 167 个瓶装水样品进行了研究，均揭示瓶装水中氘含量与当地降水的空间分布呈现一致性。温度、纬度、海拔和降水量都是氘含量的影响因素，含氘低值多出现在气温偏低的区域，最富集的地区则位于西北内陆和东南沿海地区。

---

① Zhao Sihan, Hu Hongchang, Tian Fuqing, et al., "Divergence of Stable Isotopes in Tap Water Across China," *Scientific Reports*, 7: 43653. 2017; Wang Shengjie, Zhang Mingjun, Bowen G. J., et al., "Water Source Signatures in the Spatial and Seasonal Isotope Variation of Chinese Tap Waters," *Water Resources Research*, 2018, 54 (11): 9131-9143.

四　发现国内天然低氘值最低区域的过程

（一）科学考察发现优质好水

在我国的西北部有一座阿尔泰山，在众多远古冰川绝迹消融的情况下，依旧有幸得以保存，堪称奇迹。相传公元 13 世纪初，成吉思汗率军途经阿尔泰山南麓，发现一种能够治病疗伤、快速恢复体力的水，并将这种水命名为"天汗圣水"。时至今日，当地仍然流传着相关的传说。

为了彻底揭开"天汗圣水"的神秘面纱，CCTV《地理·中国》摄制组与中国科学院王飞腾研究员来到新疆阿勒泰展开考察，一路探寻，发现阿尔泰山脚下的额尔齐斯河支流克兰河拥有罕见的天然低氘水。

专家团队在实验中发现克兰河水分子中的氘含量极低，只有普通城市自来水的 1/10。天然低氘水的高活性具有吸收快、加速细胞新陈代谢等特点，这与"天汗圣水"可以治疗伤病、快速恢复体力的特征相符。

（二）科研支撑建设低氘产业

专家在深入考察克兰河源头冰川之后发现，阿尔泰山深处亚欧大陆腹地是世界上距离海洋最远的山脉之一，是我国唯一一处高纬度、低海拔冰川。同时，这里的冰川也是中国唯一一处受到大西洋水汽团及北冰洋冷湿气团影响形成的冰川。由于水汽运移距离过长，阿尔泰山腹地的降水就具有低氘的特性，这就是额尔齐斯河支流克兰河的水具备天然低氘性的原因。

从 2015 年到 2022 年，王飞腾团队从未停止对克兰河天然低氘水的探索与发现，通过上百次的实验，最终发现克兰河水是国内天然低氘水中氘含量最低的地域。为了保护与开发优质的水资源，新疆阿勒泰市人民政府与中国科学院西北生态环境资源研究院于 2021 年 12 月签订战略合作协议，同时建立了中国科学院西北研究院阿尔泰山冰川积雪与环境观测研究站（以下简称中科院西北冰川站），以独特的差异化优势，推动阿勒泰天然冰川低氘水产业持续健康发展，成立了新疆雪都冰川水有限公司，以水产业作为突破点，倾力推动水产品开发与销售，将稀缺生态优势转化为经济优势，助力乡村振兴。

五 雪都冰泉天然低氘水与食疗解析

低氘水对人体的健康性、食疗性、营养性，从 1931 年氘被发现至今，国内外各类学科研究院从未停止过对其研究，涉及学科众多，但最主要集中在分子生物学和医学领域。新疆雪都冰川水有限公司旗下的阿尔泰山雪都冰泉水源地的天然低氘优势已经被中科院西北冰川站科学证实。

（一）低氘水对医疗健康贡献成果

1. 低氘水抗肿瘤研究成果

低氘水的抗肿瘤作用是低氘水生物学效应的研究热点。水中氘浓度体积分数减少65%能够抑制肿瘤生长[1]，临床实验证实服用低氘水（10～20ppm）的肿瘤患者能使肿瘤停止生长，有效地延长患者的生存期，显著提高其生活质量[2]。研究发现，低氘水对结肠癌、乳腺癌、前列腺癌、黑素瘤、肺癌、胰腺癌、鼻咽癌、宫颈癌、急性髓细胞白血病和急性淋巴细胞白血病等多种肿瘤细胞的增殖均有抑制作用，且可能对肿瘤的多药耐药逆转有巨大作用，可作为癌症的辅助治疗剂。[3]

2. 低氘水抗氧化、延缓衰老和抗辐射研究成果

低氘水对血清、心肌、脑、肝脏等组织的抗氧化指标，如总抗氧化能力

---

① Turusov V. S., Sinyaklu E., Grigor'ev A. I., et al, "Low-deuterium Water Effect on Transplantable Tumors," Voprosy Onkologii, 2005, 51（1）: 99 – 102; Tyrysov V. S., SiniakIu E., Antoshina E. E., et al., "The Effect of Preliminary Administration of Water with Reduced Deuterium Content on the Growth of Transplantable Tumors in Mice," *Voprosy Onkologii*, 2006, 52（1）: 59 – 62.

② Krempels K., Somlyai I., Somlyai G., "Aretrospective Evaluation of the Effects of Deuterium Depleted Water Consumption on 4 Patients with Brain Metastases from Lung Cancer," *Integrative Cancer Therapies*, 2008, 7（3）: 172 –181.

③ 陈森、刘光甫、陈楚言等：《低氘水抗肿瘤作用的研究进展及其可能机制》，《中国医药导报》2015 年第 4 期。

（T－AOC）、超氧化物歧化酶（SOD）、谷胱甘肽过氧化物酶（GSH－Px）、Na⁺－K⁺－ATP酶、单胺氧化酶（MAO）、丙二醛（MDA）有显著影响，能减缓其衰老速度。[1] 低氘水可通过提高内源性延缓衰老物质的活性、抑制脂质过氧化反应、清除自由基等方式来延缓衰老进程，因此低氘水对衰老抗氧化能力有一定的正向调节作用。[2]

人体一旦在短时间内受到一定剂量的辐射，会对相关机体造成辐射损伤，从而产生贫血、免疫功能降低和内分泌失调等方面的影响。通过血液学的研究发现，低氘水可以对全身γ射线照射的小鼠起到保护作用，使其照后存活率显著增高。[3] 尤其是低氘水与酚类联合，抗辐射损伤特性效果显著。[4]

3. 低氘水与糖尿病和心血管疾病研究成果

低氘水可降低空腹血糖水平，提高空腹血浆胰岛素水平，改善胰岛细胞数量、体积、形态及染色颗粒的分布等，具有减轻和修复胰岛细胞损伤的作用。[5] 研究发现，低氘水可干预糖尿病患者体内的葡萄糖代谢，提高胰岛素敏感性，缓解胰岛素抵抗，降低空腹血糖水平。[6] 通过代谢组学分析发现，低氘水能影响机体的糖代谢，证实了低氘水的降低血糖作用。[7] 心脑血

---

[1] 罗安玲、郑有丽、丛峰松：《低氘水生物学效应的研究进展》，《上海交通大学学报》（医学版）2018年第4期。

[2] 罗安玲、郑有丽、丛峰松：《低氘水生物学效应的研究进展》，《上海交通大学学报》（医学版）2018年第4期。

[3] Gabriel G. C., Corneanu M., Crãciun C., et al., "The Radioprotective Effect of Deuterium Depleted Water and Polyphenols," *Environmental Engineering and Management Journal*, 9（11）: 1509－1514. 2010.

[4] Gabriel G. C., Corneanu M., Crãciun C., et al., "The Radioprotective Effect of Deuterium Depleted Water and Polyphenols," *Environmental Engineering and Management Journal*, 9（11）: 1509－1514. 2010.

[5] Kajiyama S., Hasegawa G., Asano M., et al., "Supplementation of Hydrogen-rich Water Improves Lipid and Glucose Metabolism in Patients with Type2 Diabetes or Impaired Glucose Tolerance," *Nutrition Research*, 28: 137－143. 2008.

[6] 罗安玲、郑有丽、丛峰松：《低氘水生物学效应的研究进展》，《上海交通大学学报》（医学版）2018年第4期。

[7] 夏红蕾：《低氘水对人非小细胞肺癌细胞A549生长抑制作用及其相关机制的初步研究》，硕士学位论文，上海交通大学，2015。

管疾病是影响人类健康的主要疾病之一，大多数此类患者同样患有动脉粥样硬化。研究发现，由于低氘水可提高机体内胰岛素水平，促进胰岛素分泌，可能对抗动脉粥样硬化产生有益作用。[①] 而且，低氘水分子能够顺利通过细胞膜上的水通道，快速通过血脑屏障[②]，因此，作为辅助治疗剂在治疗脑血管疾病方面可能有重要应用前景。另外，低氘水可提高血管反应性，促进去甲肾上腺素和血管紧张素诱发的血管收缩应答反应，对血管舒张和收缩有调节作用。[③]

4. 低氘水对神经调节作用研究成果

低氘水对神经系统的调节作用主要包括增强记忆力和抗抑郁作用。采用流行病学方法对美国各个州居民抑郁症发病率与饮用水氘含量之间的关系调查显示，饮用水氘含量为 135～155ppm，人群的发病率为 5.3%～13.7%；氘含量每增加 10ppm，发病率升高 1.8%。[④] 同时，科学家通过一系列小鼠实验发现，低氘水不仅可以增强小鼠的长期记忆能力[⑤]，而且可以减轻抑郁症状、改善睡眠质量，具有抗焦虑作用[⑥]。

5. 低氘水的其他医学研究成果

低氘水在增强机体免疫力、维持体内代谢平衡方面亦有特殊的功效。

① 徐志红、张舒羽、潘璐等：《低氘水在生物医学领域研究进展》，《化工时刊》2017年第10期。

② Krempels K., Somlyai I., Somlyai G., "Aretrospective Evaluation of the Effects of Deuterium Depleted Water Consumption on 4 Patients with Brain Metastases from Lung Cancer," *Integrative Cancer Therapies*, 7 (3): 172–181. 2008.

③ Dzhimak S. S., Basov A. A., Baryshev M. G., "Content of Deuterium in Biological Flfluids and Organs: Inflfluence of Deuterium Depleted Water on D/H Gradient and the Process of Adaptation," *Dokl Biochem Biophys*, 465 (1): 370–373. 2015.

④ Strekalova T., Evans M., Chernopiatko A., et al., "Deuterium Content of Water Increases Depression Susceptibility: the Potential Role of a Serotonin-related Mechanism," *Behavioural Brain Research*, 277: 237–244. 2014.

⑤ Mladin C., Ciobica A., Lefter R., et al., "Deuterium-depleted Water Has Stimulating Effects on Long-term Memory in Rats," *Neuroscience Letters*, 583: 154–158. 2014.

⑥ Strekalova T., Evans M., Chernopiatko A., et al., "Deuterium Content of Water Increases Depression Susceptibility: the Potential Role of a Serotonin-related Mechanism," *Behavioural Brain Research*, 277: 237–244. 2014.

低氘水的分子团比自然水小 50%，能顺利通过细胞膜水通道，其运动速度快，渗透力、扩散力、乳化力、洗净力强，可促进人体微循环加快，既可更快地把养分带到各个器官，同时又可将身体积存的脂肪、胆固醇以及细胞内的酸性毒素充分溶解排出体外，促进新陈代谢。[1] 低氘水对其他一些代谢指标也有积极作用，如肌酐、胆红素、碱性磷酸酶、氨基酸转氨酶等，其中肌酐和胆红素分别是肾脏和肝功能的重要指标。[2]

机体的免疫主要分为两个部分，分别是非特异性免疫和特异性免疫，而特异性免疫又包括体液免疫和细胞免疫。血清 IgG、IgM 是机体体液免疫的分子基础，发挥着特异性免疫的防护作用，同时可激活补体传统途径，参与机体的非特异性免疫。低氘水能显著提高血清 IgM，表明低氘水有一定增强免疫力的作用。[3] 此外，淋巴细胞是机体免疫应答功能的重要细胞成分，当 T 淋巴细胞受 ConA 刺激后发生母细胞转化，产生一系列变化如细胞变大、出现空泡、核仁明显、核染色质疏松等，由淋巴细胞转变成淋巴母细胞。低氘水对 ConA 诱导的淋巴细胞转化有一定的增强作用，对有机体的特异性免疫和非特异性免疫均具有一定的免疫调节作用。[4]

（二）雪都冰泉天然低氘水数值及解析

2019 年 10 月 23 日至 2020 年 12 月 9 日，新疆雪都冰川水有限公司委托中国科学院西北生态环境资源研究院在克兰河流域共采集了 55 个河水样品，采样间隔约为每 10 天一次（一轮），对水体中的氢、氧稳定同位素、阴阳离子浓度（F^-、Cl^-、NO_2^-、NO_3^-、SO_4^{2-}、Li^+、Na^+、NH_4^+、K^+、Mg^{2+}、

---

[1] 路娇扬、王双：《低氘水的医学研究进展》，《中国动脉硬化杂志》2013 年第 6 期。
[2] Lisicin A. B., Barishev M. G., Basov A. A., et al., "Influence of Deuterium Depleted Water on the Organism of Laboratory Animals in Various Functional Conditions of Nonspecific Protective Systems," *Complex Systems Biophysic*, 59 (4): 757 - 765. 2014.
[3] 连璐、丛峰松、蔡东联等：《低氘水对小鼠免疫调节作用的研究》，《医学研究杂志》2010 年第 8 期。
[4] 刘严、肖斌、李猷：《低氘水对免疫功能作用的研究》，载中国核学会核化学与放射化学分会《第十二届全国放射性药物与标记化合物学术交流会论文摘要汇编》，2014 年 11 月。

Ca^{2+}）和颗粒浓度进行了分析检测，积累了系统的水质检测数据，为雪都冰泉天然低氘水的开发利用提供了宝贵资料。

1. 雪都冰泉水质检测指标说明

2019 年 12 月，中国科学院西北生态环境资源研究院对雪都冰泉水源地进行 1 周监测的数据统计如表 6、表 7 所示。

雪都冰泉水源地的水质检测 2 年中约进行了 70 次，表 6 和表 7 仅是 1 次检测的氘、阳离子、阴离子、电导率、TDS、pH 值的指标。在为期 2 年的监测中，雪都冰泉完全具备冰川水的低氘、低钠和纯净无污染三大特点。

2. 雪都冰泉氘值监测数据分析

水中氘含量比标准值 −60‰低的水为低氘水，据中科院实验室提供的为期 2 年的氘值检测数据，截至 2020 年 9 月雪都冰泉氘含量检测值最低约为 −130‰，在天然低氘水中，这一指标无论是在国内还是在国外都属于罕见的低氘值（见表 8）。

3. 天然低氘水与人工低氘水的区别

低氘水分为人工低氘水和天然低氘水。冰川水就是天然低氘水，其形成原理及分布规律在前文都有解说。然而天然低氘水和人工低氘水到底有哪些区别，同时对人体机体健康性又有哪些优劣势，整个行业都没有一个标准解说。在我国，市场上低氘水的产品大多数为人工低氘水，天然低氘水的冰川水在产品宣传中并没有得到足够的重视以及被消费者知晓的优势。

（1）人工低氘水除去多余氘也除去了其他有益物质

人工低氘水是指通过人工方法降低普通水中氘的含量，使其变成氘含量比标准值低的低氘水，主要采用分离方法制备而得。目前，低氘水分离方法有化学交换法、蒸馏法、电解法、热扩散法、膜扩散吸附法、离心法、激光法等方法以及上述几种方法的组合法。但作为工业化生产方法，化学交换法和电解法使用最为普遍。

低氘水分离原理虽然简单，但由于天然水中氘同位素含量极少，再加上氢同位素分离系数小，使得水体中氘含量分离变得困难。人工去除氘实际上是把水里的一些矿物质元素同时也去掉，水中氘值是低了，但是其他矿物质

表 6　2019 年 12 月氢和离子检测送样情况一览

序号	样品编号	取样日期	采样位置	Delta D δ (‰)	F⁻	Cl⁻	NO₂⁻	NO₃⁻	SO₄²⁻	Li⁺	Na⁺	NH₄⁺	k⁺	Mg²⁺	Ca²⁺
										(μg/L)					
1	KLH-8	2019.11.14	下游岔房处	-107.957375	175.4278	580.2631	9.0174	3780.897	4689.039	3.523	3596.525	321.6984	836.6068	1529.235	9642.665
2	KLH-10	2019.11.14	ZJ01井水	-105.123261	83.4207	1637.077		2887.321	9337.621	2.4877	4478.949	360.7487	1756.5	2011.33	13945.25
3	KLH-11	2019.11.14	配电室旁河水	-103.549874	82.7788	445.3942	10.1401	1945.211	2683.558	2.1761	2898.8	190.296	691.8669	1290.181	7354.747
4	KLH-12	2019.11.19	四水厂贮水池	-110.826789	121.3607	1354.464		3953.239	4069.951	3.2124	4416.242	1154.156	1323.257	1784.225	10613.36
5	KLH-8	2019.12.13	下游岔房处	-113.81219	144.5336	1096.835		10037.92	19071.47	5.7254	6513.581	39.3007	1543.734	4045.161	32064.38
6	KLH-11	2019.12.13	配电室旁河水	-110.377971	112.9746	333.2449		3530.61	5202.717	1.4061	3768.504	20.3405	732.7487	1603.742	9315.057
7	KLH-12	2019.12.13	四水厂贮水池	-111.107511	117.9665	915.1784		3782.676	5383.456	2.781	4560.788	204.5451	1008.17	1637.185	9649.404

注：送样时间，2019 年 12 月 20 日；样品试验结果，2019 年 12 月 25 日。
资料来源：中国科学院西北生态环境资源研究院冰冻圈科学国家重点实验室。

表7 2019 年 12 月电导率、TDS、pH 值检测送样情况一览

序号	样品编号	取样日期	采样位置	电导率	TDS	pH 值	
				（25℃ μS/cm）	（mg/L）	（温度℃， pH）	
1	KLH - 8	2019.11.14	下游毡房处	79.4	39.7	19.1	7.27
2	KLH - 10	2019.11.14	ZJ01 井水	112.5	56.2	19.4	6.99
3	KLH - 11	2019.11.14	配电室旁河水	60.4	30.2	19	7.29
4	KLH - 12	2019.11.19	四水厂贮水池	96.6	48.3	18.9	7.15
5	KLH - 8	2019.12.13	下游毡房处	220	110	18.8	7.54
6	KLH - 11	2019.12.13	配电室旁河水	76.2	38.1	19.1	7.5
7	KLH - 12	2019.12.13	四水厂贮水池	83.6	41.8	19.1	7.36

资料来源：中国科学院西北生态环境资源研究院冰冻圈科学国家重点实验室。

表8 2019～2020 年水样氢同位素比测定值检测一览

单位：‰

序号	样品编号	取样时间	检测时间	检测氘值
1	KLH - 1	2019.10.11	2019.10.14～17	- 103.215
3	klh - 8	2019.12.21	2019.12.23～26	- 113.812
4	01 - KLH - 8	2020.4.27	2020.4.28～30	- 120.989
5	02 - KLH - 9	2020.4.27	2020.4.28～30	- 130.961
6	04 - KLH - 11	2020.4.27	2020.4.28～30	- 121.323
7	05 - KLH - 12	2020.4.27	2020.4.28～30	- 118.719
8	20.5.22 KLH - 8	2020.6.29	2020.7.6～10	- 116.695
9	20.5.22 KLH - 11	2020.6.29	2020.7.6～10	- 125.442
10	KLH - 10	2020.9.11	2020.9.14～18	- 113.436

资料来源：中国科学院西北生态环境资源研究院冰冻圈科学国家重点实验室。

也为 0 了。蒸馏法和电解法均是如此，不通过精馏的方式是无法得到不同浓度的低氘水的。然而，人体所有的疾病均因缺乏矿物质微量元素引起，没有矿物质微量元素，维生素与酶无法作用，生命只有幻灭。①

———————————

① 尹吉山、尹宗柱：《微量元素与生命——生命动力素技术原理及其应用》（第二版），中国质检出版社，2017。

另外，化学交换分离技术中的 $H_2S \rightarrow H_2O$ 交换法虽然分离系数高、能耗较低，但 H_2S 腐蚀性较强且有毒，有一定的安全风险。电解法生产低氘水，生产成本相对较高。

（2）天然低氘水既具备天然性又含有微量元素

雪都冰泉水源地是远古冰川，冰川本就是冻结了的水，但这种冰川熔点很高，有的是40℃才融化，其中氘含量比普通水少，而且含有多种天然的微量元素。这种冰川水有奇特的性质，能够让许多植物奇迹般地生长在海拔很高的高纬度地区，而冰川水流过的地方，植物生长得很旺盛。[1] 冰川水就是天然低氘水，其主要特点就是纯净无污染、低氘、低钠。[2]

雪都冰泉水源来自阿尔泰山山脉冰川融化后形成的克兰河。通过对地质构造考察发现阿尔泰山山体最早出现于加里东运动，而新疆阿尔泰山形成于震旦纪（6.8亿~5.45亿年前）时期。[3] 这样的水源地出现在人类文明之前，是纯净无污染并且没有退化的原生态水。

正常人每天需要摄取各种有益于身体的微量元素，如铁 8~12mg、锌 12~18mg、铜 2.2~3mg、锰 3~7mg、镁 200~700mg，还有微量元素镉、锶、硒、钼等。动物和植物均是如此，只是需求量有所不同而已。少了这样或那样的微量元素，人就会得病，甚至会死亡，动物或植物也会趋于失去它的生命力。北京公众健康饮用水研究所的李复兴团队通过对国内约20家冰川水（天然低氘水）的深度研究发现，冰川水矿物质和微量元素的种类、含量、比例同人体所需惊人地相似，呈离子状态，极易被人体吸收。同时，冰川水还具备分子团小，呈弱碱性、低氘性，增强动物或植物生命体的生理功能，被称为纯天然活性水。[4]

---

[1] 尹吉山、尹宗柱：《微量元素与生命——生命动力素技术原理及其应用》（第二版），中国质检出版社，2017。

[2] 王飞腾、李忠勤、郭德勇：《低氘水》，气象出版社，2022。

[3] 李恒海、张新泰、唐延龄等：《探索新疆阿勒泰地区地质矿产资源奥秘》，地质出版社，2016。

[4] 李复兴、赵飞虹：《李复兴教你喝好水》，北京出版集团公司、北京出版社，2019。

六 雪都冰泉食疗产业发展现状

水资源是世界越来越稀缺的资源，冰川是现代地球上最纯净的水资源，也是自然界中重要的淡水资源，因此天然低氘水是全人类的宝贵资源。

（一）水源地的开发与保护齐头并进

中国是世界上为数不多的拥有冰川资源的国家，而新疆冰川占全国的43%，新疆为我国冰川数量最多、面积最大、冰储量最丰富的省份。雪都冰泉的源头克兰河是中国唯一一处受到大西洋水汽团及北冰洋冷湿汽团影响形成的冰川，同时也是中国唯一一条自东向西流入北冰洋的额尔齐斯河的发源地，降雨中氘含量本来就低，雪山冰川融水又不与地表长期接触，因此，形成了罕见的低氘、低钠、低矿化的水源，其水体和国内大部分水源不同，属于天然冰川低氘水，具有广阔的市场前景。该水源为无任何工业污染的水源地保护区，已被国家命名为"克兰河峡谷森林康养基地"。

基于以上优势，阿勒泰启动了低氘水产业园项目建设，成立了新疆冰川水有限公司。一期低氘水项目总投资8.8亿元，接下来，低氘水产业园区中天然冰川水生产线、冰川水科研和监测站、冰川水文化展示馆，以及其他配套设施等都将陆续建成。在大健康与我们息息相关的时代，对优质的水资源进行保护与开发，同时也抓住消费者对健康的需求，以水源优势为出发点，将雪都冰泉天然低氘水的文化、品牌、产品、营销、服务等全方位联动发展，力争为中国低氘水产业贡献一份力量。

（二）水产品的创新与健康齐头并进

雪都冰泉品牌的创立，秉承自身具备的独家优势和大健康产业的行业发展规律，以"天然低氘更健康"为定位，聚焦家庭刚需市场。伴随着全国人民对健康饮水的需求越来越精细化，大隐隐于市的厚积薄发，雪都冰泉秉承"坚持专业、保持创新、助力健康"核心价值观，遵循与自然和谐共生，以

"为了生命更健康"为企业使命，努力构建"打造水产品，做活水经济"的企业愿景。一切为了健康不断地探索构建独特的行业差异化发展路径。

雪都冰泉以"天然低氘水"的差异化开发五个方面"低氘＋"产品，覆盖不同年龄段、不同场景人群需求，以此满足消费者日益分化的健康饮水需求，产品跨界融合，培养消费习惯，培养忠实的消费群体。

一是针对低氘的特性，开发高端健康水。克兰河水的氘值为－110‰～－150‰，为国内天然低氘水中最低。长期饮用低氘水可以改善睡眠质量、改善亚健康、增强新陈代谢等。

二是针对促进新陈代谢的特性，开发医疗用水（食疗或者养疗用水）。低氘水具有活化免疫细胞、改善机体基础代谢水平、抗细胞突变和延缓衰老等功能，在欧洲、美国和日本低氘医疗用水已经开辟了高端功能性饮用水的新市场。

三是针对低钠的特性，开发婴幼儿水。由于婴幼儿各方面发育还不完善，肝肾功能尚未成熟，摄入过高的钠会给生理代谢带来负担，根据欧盟标准水中钠含量小于20mg/L才能称作"低钠"，克兰河水的钠值在1～5mg/L，完全具备开发一流婴幼儿水的优势。

四是针对富锶水质的特性，开发中老年用水。中老年是补锶效果最佳的时期，对骨质疏松等疾病有特殊疗效。同时，适当的锶可保健心肌，增强消化系统功能，软化血管。

五是针对低矿化度的特性，开发软水泡茶。水的硬度与茶汤质量密切相关，用软水泡茶，茶汤的色、香、味都会比较好。通常我们所说的"硬水"与"软水"，一般硬度在200mg/L（以碳酸钙计）以上的就被称为硬水，0～75mg/L的属于极软水。克兰河水的硬度是30～45mg/L，属于极软水，是泡茶水的极佳选择。

七　雪都冰泉食疗方向的未来发展及思考

（一）新人群，追求参与感和归属感

现如今市场上，一个好的品牌只有内涵已经不能引起消费者的注意，精致的消费群体，他们大多是对生活品质有一定的要求，追求参与感、互动感、归属感的精神需求，并且对产品的性价比和功效有自己的一套定义，要引起他们的注意，不同的营销手段、产品优点、差异性以及好玩又有趣的新产品都是必不可少的。雪都冰泉以"天然、健康"为定位，聚焦家庭市场的切入点，满足高品质生活方式的特定场景人群消费，锁定"家庭制、资源定制和会员制"三制渠道人群，完成高品质消费裂变，用可持续的服务管理模式，最终完成销售转化。

（二）新场景，新消费时代的生活解决方案

新消费时代背景下，产品不仅需要满足时间场景、空间场景，还要满足社交场景和从众场景，全面地参与我们的生活。雪都冰泉新一代特定人群有自己追求的生活方式，而提供生活方式解决方案就是我们新场景必须要做的事情。

未来，雪都冰泉产品的主要营销方法就是聚焦"新场景"，即在特定的圈子进行不断宣传、推广、销售，并在圈子里产生循环复购，让圈子里的人对产品形成依赖性，最终转换成销售价值。雪都冰泉独特的水质特点、健康特性强，具备在大健康高端市场中突围的优势。其低氘、低钠、低矿化，更适合开发"场景化"产品（如食疗水、婴幼儿水、泡茶水等）。

消费者的爱好、个性、身份、角色、认知等都是决定新场景的关键因素，雪都冰泉通过对市场的精耕及人群分析，对喝水时间、喝水环境、水产品是否丰富、消费者是否需要参与活动等层层递进，为特定消费者提供全新的购物体验，让消费者不是消费者，而是参与者并最终成为追随者。

（三）新物种，智能化结合是健康产业的基石

家庭饮水新物种，多种智能饮水产品的联合开发，100种方法告别千滚水和余氯水。在新消费时代，智能化的应用已经深入很多企业的产品，雪都冰泉作为新一代企业新秀，用技术的创新来满足更多消费者的饮水需求是发展中不断追求的宗旨。

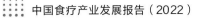

雪都冰泉研发的智能饮水机，具有5挡温度调控（100度、85度、70度、45度、25度），3~6秒即可出水。为了满足更多消费者需求，将保持持续的产品研发和智能创新。公司已经开始研发带音乐的智能水杯、定时提醒喝水的水壶，让消费者的生活更贴心。未来雪都冰泉将与国内科技公司合作开发智能软件和智能机器人，让喝水这件事情从此变得更简单。

（四）新零售，依托大数据始于内容忠于平台

在商业世界中，掌握更多的行业大数据，是竞争中的制胜法宝。

公司从成立之初就制定了"传统招商＋合伙人、线上传统电商和新媒体平台及直播、线下实体会员制转换"的渠道招商模型，做新一代目标消费人群的定位，通过线上购买数据分析消费者的喜好、特性、购买需求、购买时间和空间点，是真正意义上的基于消费习惯，通过大数据"重新定义未来饮水生活模式"。雪都冰泉的新零售只做三点：内容电商、社交电商和平台电商，既满足了引流，又满足了转化及销售体验。

雪都冰泉在未来的发展规划中还将拥有实体店——低氘水健康体验中心。中心实施开放式加盟，所有人都有机会加入这个新一代健康饮水的领军品牌之下，成为雪都冰泉的合伙人，将"阿尔泰山雪都冰泉"以"一线城市"为核心，推向全国，最终走向世界。

（五）新体验，足不出户新鲜好水到家服务

雪都冰泉从发现水源到工厂建设完成用时5年之久，从每一滴水灌装完成到送达消费者的手中，就是与时间赛跑，确保好水的新鲜。

雪都冰泉建立了人性化客服服务，24小时不掉线；体验式物流团队，智能配送，1箱到家；与大平台联合仓储，完成城市仓入驻配和城市落地配，力争最快2小时配送完成，为中国千万家庭提供新鲜天然低氘好水服务。

雪都冰泉水源地新疆阿勒泰，被誉为"人类滑雪起源地"，有"中国雪都"美誉，喝好水，游新疆，深度挖掘消费者购物行为，不仅让用户感受到天然生态好水，同时还有免费机会走进新疆一览美景。差异化的新体验，从

服务到情感，满足用户 360°的需求。

　　雪都冰泉低氘水只是低氘项目的开始，未来，低氘是一个产业链，会涉及水、饮料、化妆品、食品等多个领域，开发低氘功能性健康饮料、低氘啤酒、低氘面膜等产品。构建"家庭一站式健康生态产品集中化平台"管理，将更多"大美新疆"孕育的生态产品与全中国共享、与世界分享。以一个产品为突破口，开创一个产业的先河。

　　在我国，目前还没有一家冰川低氘水博物馆或者研究院等，而作为一级水源地的新疆阿勒泰克兰河，从地域、水域再到文化性，都具备开创先河的特质，成为行业的引领者和健康低氘水的开创者。雪都冰泉将一步步建设可持续发展平台，成为新一代低氘产业的倡导者和先行者，推动行业规范化、科学化发展进程。

纯净生活膳食营养研究院
打造健康产业品牌

杜　铭*

摘　要：　纯净生活膳食营养研究院，一个健康养生领域新崛起的企
业，凭借着"纯净生活，无疾自愈"理念，严选原态中药及
食材为原料，开发保健食品、饮品、茶、油等系列产品上百
种，坚持过硬的产品质量、诚实守信的经营理念，以匠人精
神，努力打造中国健康品牌，立足养生科学，造福人类
健康。

关键词：　健康产业　健康品牌　纯净健康

　　纯净生活膳食营养研究院历经 32 年开拓创新，逐步发展成为大健康产
业的龙头企业，以"助农、助老、助创"为抓手，奋发图强，实现农业产业
合作化、一体化经营，通过社会化服务、企业化管理，逐步形成产、供、销
一条龙经营方式，规模经营使更多人增收致富，组织创建健康产业化联合
体，为更多的老人提供科学养生健康长寿方案，帮助更多的人共享健康
福祉。

　　纯净生活膳食营养研究院坚持"助农、助老、助创"的价值理念，始终
关注和支持社会公益事业，把社会责任作为一种使命，特设立"助学金"
"奖学金""办学金"三金一体的助创基金，用于奖励品学兼优的学员，不

* 杜铭，纯净生活膳食营养研究院院长，中国管理科学研究院新兴经济研究所高级研究员、客
座教授，主要从事人类纯净生活健康膳食的研究、传播和教育。

仅带动农民致富，助力老年人健康，还帮助创业的困难群体。

一 前 言

（一）健康产业的定义以及现状

健康是指一个人在身体、精神和社会等方面都处于良好的状态。传统的健康观是"无病即健康"，现代人的健康观是整体健康，世界卫生组织提出"健康不仅是躯体没有疾病，还要具备心理健康、社会适应良好和有道德"。因此，现代人的健康内容包括躯体健康、心理健康、心灵健康、社会健康、智力健康、道德健康、环境健康等。

健康产业是指在维护健康、修复健康、促进健康的相关系列规模产品生产、服务提供及信息传播等产业的统称，涉及医药产品、食疗膳食品、保健用品、营养食品、医疗器械、休闲健康、健康管理、健康咨询等多个与人类健康紧密相关的生产和服务领域。健康产业是一个以大健康观念为前提，与健康直接或间接相关的产业体系，具有产业链条长、涉及面宽、技术含量高、与公众利益密切相关、社会公众高度关注、市场环境特殊、影响因素复杂等特征。健康产业包含了所有与健康相关的产业以及部门的集合，其目的是要树立大健康理念、进行大健康教育、创新大健康技术、发展大健康产业、完善大健康服务。发展大健康产业，提高人群的整体健康水平，就是转变传统医疗产业发展模式，即从单一救治模式转向"防—治—养"一体化防治模式。

发展健康产业对健康城市创建具有重要意义：可为城市人民群众提供更好的健康服务，提高当地居民健康水平；可带动上下游相关产业发展，促进当地经济增长；有助于城市进一步优化产业结构与人才结构；可有效丰富城市居民的物质与文化生活，提高其生活质量，从而有助于促进社会和谐。

（二）学院简介

纯净生活膳食营养研究院组建于 2016 年。学院遵循"传承国粹、纯净膳食、科学调养"的理念，坚持"纯净生活，无疾自愈"传统中医养生文化，以"助农、助老、助创，打造国际健康产业知名品牌"为发展目标，多年来始终专注于纯净健康膳食的研发和生产，形成集产品研发、生产、质检、营销于一体的纯净健康膳食全产业链。

学院现有现代化生产基地 17 万余平方米（260 余亩），是华北地区领先的中药深加工、保健食品、养生食品、健康用品研发生产基地，拥有十万级的无菌生产车间，制作工艺精益求精，保健功能显著，品质卓越。

学院聚集着世界顶尖的生物科技界研究开发人才上百名，在全国各地建立多个研究实验室，是中国产学研合作科技创新示范基地。学院始终严选原态中药及食材为原料，高效高品质，系列产品一经上市，就获得合作伙伴和消费者的一致好评，赢得了来自社会和政府的高度认可。

学院获颁政府和行业的多种荣誉或奖项，如社会责任典范企业、年度质量先锋企业、新兴产业十大消费者信赖品牌、全国诚信经营示范单位等。

（三）行业存在的问题

大健康产业在全球发展很快，是典型的朝阳产业，2018 年全球产业规模为 8.9 万亿美元。美国大健康产业占 GDP 的比重超过 17%，西欧、日本占比超过 12%，中国占比约为 7.78%，未来中国大健康产业增长空间巨大。

我国健康产业行业长期存在着四大问题。一是消费市场没有完全打开。一方面，虽然我国大健康市场人口基数偏大，伴随着城市化的进展和老龄化的到来，人们对大健康的需求会不断地攀升，潜在的市场规模随着需求会更加庞大，但是目前的消费群体仍然局限于中老年及病患者；另一方面，消费者对产业了解和认识仍然不够。

二是产业链分散、商业模式落后。目前，我国大健康产业正处于发展初期，大健康产业链在各个环节上都显得比较分散，对应的资源分布也相对分散。除此之外，我国大健康产业的商业模式也比较单一和落后，大健康属于新兴产业，市场需要一个逐渐适应的过程。大多数健康厂商规模较小，缺乏对竞争力产品、核心技术、健康服务传播路径等的系统整合，不能通过提供完整的健康解决方案和成功的商业模式，让消费者真正持久地拥有健康。因此，产业的发展必须闯出一种以"设计＋推广产品＋技术＋服务＋信息"的创新商业模式。

三是研发和技术创新不足。相对于国际上先进的医疗医药水平，国内与国外在创新研发上还存在较大差距。低水平的重复生产等问题十分严重，特别是研发和技术创新不足。技术基础薄弱、个性化服务不足、健康行业仿制现象频现、高新技术缺乏等问题都阻碍着大健康产业的发展。

四是产业法规有待完善。目前，我国大健康产业法规不完善，市场秩序混乱，假冒伪劣产品依然存在，标准和信息滞后等问题，再加上食品安全和保健品过度宣传等问题凸显，严重威胁我国医疗和大健康产业的安全健康发展。

我们要在"最后一个兆亿市场"多占份额，以上"瓶颈"都要突破，而关键在于健康产业的健康运作。

二　发展前景

（一）中医药"治未病"观念深入人心

新医改提倡预防为主，国家中医药管理局明确提出"治未病"的医疗指导原则，也是中医养生理论的精髓，其主要思想是未病先防和既病防变。随着医疗理念的转变，中医"治未病"的观念不仅被广泛认同，更被推广普及。生命健康是全程呵护的过程，面对疾病，事后对抗性治疗往往为时已晚，因此要以预防为主。现代快节奏的生活和巨大的社会压力，使得亚健康人群比例逐年上升。目前中国亚健康人数占中国总人口的70％，约9.7亿人，其中25～45岁青壮年占比达到75％。

大健康是紧紧围绕着人们期望的核心，让人们"生得优、活得长、不得病、少得病、病得晚、提高生命质量、走得安"。倡导一种健康的生活方式，消除亚健康，提高身体素质，减少痛苦，做好健康保障、健康管理、健康维护，帮助民众从透支健康、对抗疾病的方式转向呵护健康、预防疾病的新健康模式。

（二）我国人口老龄化问题日益加剧

中国大众富裕阶层的核心群体是"60后""70后"，随着他们逐渐步入中老年，各种慢病开始频发，这批人的健康需求将迎来爆发期，而且他们有足够的钱为需求买单，是全面健康最庞大的群体。由这批主力支撑的大健康市场，预计到2030年将达16万亿元。

（三）疫情过后爆发的大健康需求

2020年春节前后，全国笼罩在新冠疫情的巨大阴霾之下。疫情发生之后，人们的整体健康意识提高，对于健康养生、免疫力与保健产品和服务的关系有了全新的认识。更多人认为保健产品和服务可以达到调理、营养、保障机体健康、提高免疫力的目的。根据目前病例分析，抵抗力弱的人群更易中招，身体素质越好，战胜病毒的概率就越高。疫情让提高免疫力成为全民共识，这是一种特殊的机遇，从线上数据和线下专门店流量来分析，我国保健品市场已经进入繁荣发展阶段，保健品需求也呈现出较明显的上升趋势。

三 打造品牌

（一）发展思路

纯净生活膳食营养研究院执行形象统一、标准统一、思路统一、配送统一、培训统一、管理统一的规范模式。实行双平台制，一个教学平台，一个办公平台，不存在任何制度风险。经历过疫情，每个人都珍惜健康，都在渴望在家创业，减少风险。

纯净生活膳食营养平台无须投资创业，人人轻松加入，创业从赚钱开始。所有产品一件代发，产品纯私域，不流通，不存在乱价可能。尊重创业者的每一份付出和努力，每一个伙伴都需要从见习课代表做起，上下级同价购物，学院通过用工平台返还办学金、奖学金和助学金。

（二）统一思想，强化品牌意识

万事开头难。品牌建设是一个长期的过程，无论从观念转变到实际运作都有一个过程。新事物总是有着无穷的生命力，只有统一模式、统一品牌、推行品牌战略才是企业长远发展的策略。

事实上，这个发展策略也是明智和有远见的。纯净生活膳食营养研究院研发出的维生素 D 补充剂，广受消费者的喜爱。同期研发的亚麻籽粉/油、纳豆红曲地龙蛋白等系列明星产品，用独家科学的配比以及严格按照历史名医朱丹溪的制作工艺，帮助消费者明显改善身体的各项指标，真正做到了"纯净生活，无疾自愈"。学院不断优化产品线，提升产品质量，开展"助农、助老、助创"的公益活动，提高了纯净生活膳食营养研究院在消费者心目中的社会形象，从根本上提升品牌的竞争力，成为消费者广为信赖的帮养教学平台。

丰富健康产品市场、提升国人健康水平、提高健康产品附加值，是纯净生活膳食营养研究院的历史使命，也是重要责任。

（三）重视质量，提高品牌竞争力

品牌工作是一个系统工程，纯净生活膳食营养研究院将品牌建设工作纳入企业的整体发展规划，融入企业产品结构调整、科技研发和质量管理工作之中，切实推动企业整体素质的提升。这方面的工作体现在三个方面：一是统一品牌；二是落实产品质量标准和服务标准；三是与技术进步相结合，同时扩大宣传，提高知名度，推动"纯净生活膳食营养研究院"品牌向名牌不断迈进。

健康产业不能是简单的产品相加或企业集合，而是知识高度密集的知识型产业，其产业内容竞争的基础在于不断创新的知识，故其发展模式应坚持以产品或服务技术创新为先导。

纯净生活膳食营养研究院成立之初就详细地制定了产品质量标准，其中包括应检尽检、产品生产、质量管理、质量监督检查、质量责任划分与事故处理、人员管理及奖惩等方面。在服务体系建设方面，采取了一系列措施。积极迎合市场经济发展需要，致力于提高产品品质和服务水准，主动突破传统健康产品经营管理模式，线上、线下营销相结合，实行"全统一物流配送、全方位服务、全年候营业、全过程负责"的"四全"体系。

（四）分类推广：充实品牌内涵

纯净生活膳食营养研究院匠心出品了百余款产品，并进行分类推广。秉持"传承国粹、营造健康，纯净膳食、科学调养"的理念，集形象展示、产品销售、健康服务、开课办学于一体，为消费者提供"健康有保证、调养享生活"的康养食品、保健食品、功能食品，以坚持做国内功能保健产品专营平台为目标，致力于打造国人体质健康服务中心。纯净生活膳食营养研究依托强大的科研实力、丰富的产品线、品牌知名度和品质信任度，针对现代环境、大众饮食及体质特点，精研餐桌营养、功能保健食品，并推出餐桌营养搭配、保健食品、功能食品、营养补充剂、茶饮等系列，涉及营养补益、增强免疫、益气养血、生发防脱、安神助眠、清降四高、调理肠胃、醒脑益智、护睛明目等功能的100多款产品。

纯净生活膳食营养研究院传播"未病先防、既病防变"的传统中医养生文化，向国人倡导并传递正确的调养理念、正确的餐桌营养学，为建设健康中国贡献自己的力量。

大力发展毛健茶产业　助力健康中国建设

钟云波[*]

摘　要：　全面推进健康中国建设，是以习近平同志为核心的党中央从党和国家事业发展全局作出的重大战略部署，充分体现了以人民为中心的发展思想，对我国卫生健康事业发展、增进人民健康福祉产生了深远影响。随着健康中国上升为国家战略，大健康产业已然成为推动经济发展的新引擎。山西神达朝凯芦芽山农业开发有限公司抓住发展契机，与中国农业科学院茶叶研究院等科研院所积极合作，打通产业发展道路，通过科技创新、吸引人才，充分挖掘宁武县地理环境、绿色生态的植物资源独特优势，辐射引导当地农户采摘、种植毛健草等制茶原料，结合传统制茶工艺与现代先进技术，生产加工具有广阔市场前景、产品种类齐全的毛健茶、桑叶茶、沙棘叶茶、黑午茶等各类精制茶叶，走出了一条快速发展的道路。

关键词：　大健康产业　毛健草　茶产业

"健康中国"成为 2022 年全国两会调查十大热词之一，民众关注度持续上升。近日，山西神达朝凯芦芽山农业开发有限公司董事长汤国朝就该话题接受人民论坛专访，重点提及该公司在助力健康中国建设方面的做法及成绩。

---

* 钟云波，中国商业经济学会创新研究院常务副院长，中国生产力学会创新推进委员会委员，山西神达朝凯芦芽山农业发展有限公司市场总监。

全面推进健康中国建设，是以习近平同志为核心的党中央从党和国家事业发展全局作出的重大战略部署，充分体现了以人民为中心的发展思想，对我国卫生健康事业发展、增进人民健康福祉产生了深远影响。随着健康中国上升为国家战略，大健康产业已然成为推动经济发展的新引擎。近年来，国家政策持续加码大健康产业，带动了全民健康的进程和健康消费意识的崛起。茶，在大健康领域正全面展示自身健康价值和应用空间。其中，中药养生茶也因其特有的治病养生属性，迎来良好的发展势头。

2020年3月20日，山西省正式发布"山西药茶"省级区域公用品牌，明确将"山西药茶"打造成为农业转型发展的新引擎。自此，山西省忻州市宁武县土生土长的毛健草，被赋予了全新价值和商业内涵。山西神达朝凯芦芽山农业开发有限公司抓住发展契机，与中国农业科学院茶叶研究院等科研院所积极合作，打通产业发展道路，通过科技创新、吸引人才，充分挖掘宁武县地理环境、绿色生态的植物资源独特优势，辐射引导当地农户采摘、种植毛健草等制茶原料，结合传统制茶工艺与现代先进技术，生产加工具有广阔市场前景、产品种类齐全的毛健茶、桑叶茶、沙棘叶茶、黑午茶等各类精制茶叶，注册"汤朝茗香""汤朝尚品"商标，打造企业品牌，构建畅通销售网络，市场反响良好。当前，该公司已成长为忻州市乃至山西省以生产毛健茶为主的颇具影响力、竞争力的茶企。

汤国朝在接受人民论坛专访时说："山西是我的第二故乡，我深爱这片热土，我原来从事煤炭产业工作时就一直关注当地'三农'问题，除了要带动当地农民共同致富，更要助力当地人民健康生活。我通过调查、走访、分析，结合宁武县地方农产品特色，最终将转型发展的目标锁定具有保健功能的'毛健草'，决心将这种历史悠久的毛健茶推向市场，焕发生机，这既能拉动地域经济，促进共同富裕；更重要的是，茶产业是健康产业，它必将为促进人民健康生活、助力健康中国建设作出贡献。"

汤国朝表示，发展宁武县生态茶产业，恰逢大健康产业发展的行业东风。对企业来说，打造最好的产品才是硬道理。开发宁武县毛健茶的优势很多。

第一，当地政府大力支持，包括提供补贴资金、建设标准化生产园区等，经常为企业搭建产品展销平台，有"扶上马送一程"的政策温暖，增强了企业"撸起袖子加油干"的信心。

第二，公司拥有"百亿茶健康产业园"，现代化的育苗土地、标准化规模化的厂房、几代传承的制茶人才、人口众多的种植农户、大面积的野生茶山，生态茶生长环境位于山西汾河源头，属于原始森林所在地，所产出的毛建草极为珍贵。

第三，毛健茶具有很强的保健功能。毛健茶又名岩青兰，富含黄酮、氨基酸、钙、钠、锌等13种微量元素，除改善胃肠功能、助力消化外，在减少尿酸生成及促进排出、缓解心肌缺血、降低胆固醇等方面均有明显的改善作用。

目前中国茶产品结构不断调整优化，除传统茶类外，科技含量较高的茶深加工产品已成为市场新宠，茶饮料、茶食品、速溶茶满足了人们日益加快的生活节奏需要，从当前中国乃至世界茶产业发展的背景及趋势来看，我们面临的是一个多元化需求与多元化生产的时代，茶产品正从普通的农产品向营养、健康食品转化。茶产业以其绿色健康的价值属性和"宁静致远"的文化内涵，已成为大健康产业不可分割的一部分。茶产业与大健康产业相互之间的产业关联性和技术、产品互通性使其基本实现技术融合、产品融合、业务融合、市场融合，具备产业融合的基础条件。

未来，中国茶产业还有更广阔的发展空间。因为茶叶本身就具有多种保健、预防疾病的功效，通过工艺创新，强化茶叶的功能性，茶产品的消费价值仍将不断提升。汤国朝表示，公司将始终坚持走绿色、有机、无公害之路，把健康的好茶奉献给人民，弘扬茶文化，培育新时代的健康生活方式。

健康中国，砥砺前行。山西神达朝凯芦芽山农业开发有限公司将立足新发展阶段，开拓进取，守正创新，惠及百姓，造福一方，为全面推进健康中国建设助力。

图书在版编目（CIP）数据

中国食疗产业发展报告. 2022 / 林瑞超主编. -- 北京：社会科学文献出版社，2022.12

ISBN 978 - 7 - 5228 - 1017 - 1

Ⅰ. ①中… Ⅱ. ①林… Ⅲ. ①保健食品 - 产业发展 - 研究报告 - 中国 - 2022 Ⅳ. ①F426.82

中国版本图书馆 CIP 数据核字（2022）第 205593 号

中国食疗产业发展报告（2022）

主　　审 / 张伯礼

主　　编 / 林瑞超

出 版 人 / 王利民
组稿编辑 / 任文武
责任编辑 / 王玉霞
责任印制 / 王京美

出　　版 / 社会科学文献出版社·城市和绿色发展分社（010）59367143
　　　　　地址：北京市北三环中路甲 29 号院华龙大厦　邮编：100029
　　　　　网址：www. ssap. com. cn
发　　行 / 社会科学文献出版社（010）59367028
印　　装 / 三河市尚艺印装有限公司

规　　格 / 开　本：787mm × 1092mm　1/16
　　　　　印　张：18.5　字　数：282 千字
版　　次 / 2022 年 12 月第 1 版　2022 年 12 月第 1 次印刷
书　　号 / ISBN 978 - 7 - 5228 - 1017 - 1
定　　价 / 98.00 元

读者服务电话：4008918866